Luise Lunow

AUCH EINE ROSINE HAT NOCH SAFT

80 Jahre zwischen Ost und West,
Bomben und Theater

Für Eckart und Oliver

XPUB GmbH 2016
Ein Unternehmen der Lauscherlounge Gruppe

Luise Lunow ist Schauspielerin. Sie steht auf der Bühne, ist in den Synchronstudios zu Hause und spricht mit ihrer markanten Stimme Hörspiele und Hörbücher. Unter anderem drehte sie mit Loriot und hat für die ARD den Rap „Enkelschreck, die Oma, die mit 80 Jahren immer noch aufs Schärfste rappt" gesungen, der bis heute weit über zwei Millionen junger Hörer begeistert.

Nun hat sie ihr ungewöhnliches, spannendes Leben in ernsten und heiteren Episoden aufgeschrieben. 1932 in Babelsberg geboren, erfuhr sie die Angst der Bombennächte und erlebte, wie wenige Tage vor Ende des Krieges die Stadt Potsdam zerstört wurde. Ohne fremde Hilfe erfüllte sie sich ihren großen Wunsch, Theater zu spielen, verdiente sich ihr Geld als Statistin an Berliner Theatern und erlebte all die großen Schauspieler dieser Zeit. Sie pendelte täglich mit der S-Bahn zwischen Ost- und Westberlin, erfuhr den Schock des Mauerbaus und das unfassbare Glück des Mauerfalls.

Sie spielte auf vielen Bühnen Deutschlands, erzählt vom Theateralltag mit unvergesslichen Kollegen und aus ihrem ereignisreichen Leben mit Flucht und Neuanfang. Mit den „Die drei ???" war sie unter anderem auf der Berliner Waldbühne zu sehen.

Es ist ein Leben zwischen Ost und West – zwischen Lebensfreude und Ent-täuschung – eben ein gelebtes Leben.

***

ISBN: 978-3-9457-0346-5
XPUB GmbH eine Firma der Lauscherlounge Gruppe
Leipzig – Berlin

1. Auflage 2016
©2016 Lauscherlounge, Berlin
Covergestaltung: Lisa Laux
Satz & Layout: Carolin Ulrich

Kopfüber ins Leben

Immer, wenn ich als Kind den Hasensprung durchquerte, einen schmalen Weg, der zwei edle Wohngegenden in Berlin-Grunewald miteinander verbindet, habe ich auf die prachtvollen, parkähnlichen Gärten der Villen rechts und links geschaut, die, durch hohe Zäune gesichert, kaum einen Blick auf die dahinterliegenden Seen freigaben. Ich lief mehrmals wöchentlich nach kurzer S-Bahn-Fahrt zu meiner Tante Alice, die nicht in einem dieser wunderschönen Häuser rund um die Seen wohnte, sondern in einem der kleinen einfachen Siedlungshäuser in der Reinerzstraße, wo es sich in den Gärten voller Apfel- und Kirschbäume, Sträuchern mit Johannisbeeren und vielen bunten Blumen so wunderbar spielen ließ. Mitten im Hasensprung überspannte eine kleine Brücke ein schmales Fließ zwischen Königs- und Dianasee, auf der zwei springende Hasen rechts und links dem Weg seinen Namen gaben.

Nie hätte ich geglaubt, dass ich einmal in einem dieser Häuser am See wohnen würde, und wenn ich heute an meinem Fenster stehe und an sonnigen Tagen die Schwäne auf dem Königssee beobachte, ist dieser Blick fast kitschig schön, beinahe unwirklich und macht mich traurig und glücklich zugleich. In der Großstadt Berlin, nur einen Kilometer vom Ku'damm entfernt, mit so einem Ausblick wohnen zu dürfen, halte ich für ein ganz besonderes Geschenk in meinem Leben, das mir keineswegs in die Wiege gelegt wurde.

Aber – ich bin ein Sonntagskind. Allerdings war es ein Sonntag, der 13., als ich geboren wurde, und so geht es in meinem Leben stets zu, wie auf einer Achterbahn, mal rauf, mal runter und um äußerst gefährliche Kurven. Eben stehe ich noch glücklich in der Sonne, platsch, liege ich in der Pfütze und versuche verzweifelt zu schwimmen. Meine Mutter hat sich während ihrer Schwangerschaft mit mir fast nur von Apfelsinen ernährt und so wurde ich ein Apfelsinenkind, voll südlicher Sonne, heiter, optimistisch und mit großer Lebensfreude. Auch ein bisschen von der kindlichen Naivität ist mir durch all die Jahre erhalten geblieben und der unerschütterliche Glaube an das Unerwartete, das Schöne, das Besondere, das im Leben immer noch kommen könnte …

Schon als Baby im Kinderwagen war ich neugierig auf die Welt und beobachtete mit großen Augen alles, was um mich herum geschah.

Kaum konnte ich laufen, bestand ich darauf, allein zum Bäcker zu gehen und die morgendlichen Schrippen zu holen. Begegnete ich dabei Nachbars Schäferhund, bot ich ihm ein frisches Brötchen aus meiner Tüte an, doch er leckte es nur ab und ließ es fallen, sodass ich es enttäuscht wieder aufhob und zum Frühstück nach Hause brachte.

Geboren wurde ich in Nowawes. Wo das liegt? Zwischen Potsdam und Berlin und es trägt heute den schönen Namen Babelsberg. Friedrich der Große siedelte dort Mitte des 18. Jahrhunderts böhmische Weber mit der Heimatsprache Tschechisch an und nannte es Nowa wes, also „Neues Dorf". Als kleiner Vorort – dicht angeschmiegt an Potsdam, unmittelbar neben Berlin – trug er fast 200 Jahre bis 1938 diesen Namen und besitzt neben einem prächtigen Rathaus und vielen alten Weberhäuschen einen wunderbaren naturbelassenen Park mit einem verwunschenen Schloss und das berühmte Filmgelände der ehemaligen UFA.

Wir bewohnten dort fernab von allem Glimmer nur eine schmale Stube mit einer nicht beheizbaren Kammer im oberen Stockwerk eines kleinen, zweistöckigen Hauses in der schmalen Gasse Bäckerstraße Nr. 5. Und in dieser Stube erblickte ich das Licht der Welt. Nun ja, von Licht kann man allerdings kaum reden, denn es bestand nur aus einer schwachen Glühbirne, die meine Geburt beleuchtete. Doch ich kämpfte mich tapfer aus dem warmen Bauch meiner Mutter kopfüber hinaus, begrüßte nach stundenlanger harter Arbeit die Welt mit einem hellen Jubelschrei und wurde ihr in die liebevollen Arme gelegt, von denen ich mich zeitlebens gewärmt und beschützt fühlte. Die ersten vier Jahre verbrachte ich in dieser engen, kalten Wohnung im Dachgeschoss, wollte unbedingt in den Kindergarten gleich nebenan, um mit den vielen Kindern zu spielen, packte dort aber bereits am ersten Nachmittag meine Sachen wieder zusammen, nahm meine Mutter an die Hand und sagte fest entschlossen: „Hier gehe ich nie wieder hin, hier ist es doof, hier müssen alle Kinder stillsitzen!" Ich musste auch nicht, denn meine Mutter war wie mein Vater arbeitslos und freute sich darauf, den Tag mit mir verbringen zu können. Es war die Zeit der großen Arbeitslosigkeit und mein Vater, ein gelernter Lackierer, durfte sich wöchentlich ganze fünfzehn Mark für seine Familie von der Stempelstelle abholen. Zwar versuchte meine Mutter unsere Haushaltskasse etwas aufzustocken und ging so oft wie möglich putzen, aber auch das brachte nur wenige Mark ein und half kaum, unsere beständige Geldnot zu verringern.

Doch trotz allem war ich ein gewünschtes, geliebtes und glückliches Kind. Meine Mutter häkelte mir aus bunten Wollresten hübsche Kleider und verwöhnte mich mit ihrer grenzenlosen Liebe. Ihr Schrecken war groß, als ich einmal ausnahmsweise allein auf dem Hof spielte, ein Schwein aus der benachbarten Schlachterei ausbrach und auf mich los stürmte. Ich lief schreiend davon und brach mir beim Hinfallen den Arm. Obwohl ich erst zwei Jahre alt war, kann ich mich noch gut daran erinnern.

Auch den Besuch meiner Großeltern zu dieser Zeit habe ich nicht vergessen. Die Eltern meines Vaters, „Russland-Oma" und „Russland-Opa", lebten zu dieser Zeit in Moskau und brachten mir wunderschöne rot-golden bemalte Teller aus Holz und Matrjoschkas mit – das waren kleine, ineinandergesteckte Holzpuppen, die lustige Gesichter hatten und jahrelang zu meinem liebsten Spielzeug gehörten. Mein Großvater war 1930 aus der bedrückenden Arbeitslosigkeit einem Angebot aus der noch jungen Sowjetunion gefolgt, die dringend Facharbeiter suchte, und arbeitete dort als Maschinen-Spezialist. Er hatte seine Frau und das jüngste von ihren fünf Kindern, die 17-jährige Tochter Lotte, mitgenommen, ein hübsches, intelligentes, aufgeschlossenes Mädchen, das schnell mit ihm zusammen die russische Sprache erlernte, Arbeit bekam und sich in Moskau bald sehr wohl fühlte. Meiner Großmutter dagegen fiel das Umgewöhnen schwer; sie sperrte sich gegen die fremde Sprache und das ungewohnte Leben, blieb zu Hause, bekam keinen Kontakt zu Nachbarn oder Kollegen und sehnte sich voller Heimweh immer nur nach Deutschland zurück …

Ein schreckliches Unglück beendete wenige Jahre später schneller als geplant den Aufenthalt meiner Großeltern in Moskau. Sie hatten dort eine für damalige Verhältnisse sehr komfortable Wohnung mit Bad und Gas-Durchlauferhitzer. Eines Abends – sie schliefen im Nebenzimmer – hatte Lotte noch gebadet. Die Gasflamme war aber aus irgendeinem Grunde erloschen und während sie badete, strömte das Gas aus; sie wurde bewusstlos und ertrank in der Wanne. Als ihre Eltern sie ein paar Stunden später entdeckten, konnte ihr niemand mehr helfen.

Meine Großeltern hat dieses Unglück völlig aus der Bahn geworfen. Sie kehrten sofort nach Deutschland zurück, obwohl die Nazis inzwischen an der Macht waren und mein Großvater als ehemaliger Stadtverordneter der KPD in Babelsberg unter ständiger Kontrolle stand und sich regelmäßig bei der Polizei melden musste.

Innerhalb weniger Jahre verloren sie auch ihr zweites Kind, ihren Sohn Otto. Er war Anfang 30, charmant, begabt, sehr gut aussehend und äußerst beliebt. Er hatte einen guten Beruf, ging gern aus, verführte hübsche Mädchen und war voller Lebenslust. Plötzlich begann er sich im Wesen zu verändern. Er machte großartige, unsinnige Einkäufe, gab Bestellungen für Dinge auf, die er nie bezahlen konnte. Die unbezahlten Rechnungen stapelten sich, doch er ignorierte sie einfach und war völlig ohne Schuldgefühl. Er machte wertvolle Geschenke an Freundinnen und Freunde – bis eines Tages die Gerichtsvollzieher kamen. Meine Großeltern hatten während der ganzen Zeit verzweifelt versucht ihm zu helfen, aber es war völlig aussichtslos, und so mussten sie ihn schließlich wegen Schizophrenie in die Heilanstalt für Geisteskranke in Brandenburg-Görden einweisen lassen. Sie hofften dabei fest auf seine baldige Rückkehr in ein normales Leben. Aber nur wenige Monate später wurde ihnen die Asche ihres Sohnes übergeben mit der lakonischen Mitteilung, er sei plötzlich an einer „Lungenentzündung" gestorben. Kurz darauf erfuhren sie von einem befreundeten Pfleger, dass er – wie so viele seiner Leidensgenossen – ein Opfer der Euthanasie geworden war, der Massentötung der Nazis von „unwertem" Leben. Seine Asche wurde auf dem dortigen Friedhof beigesetzt.

Meine Großmutter und ich haben später oft sein Grab besucht. Bis zum Ende ihres Lebens litt sie darunter, dass es ihr nicht gelungen war, ihre beiden Kinder besser zu beschützen.

Als ich vier Jahre alt war, zogen wir in eine größere Wohnung – zwei Zimmer und Küche, allerdings ohne Bad und die Toilette eine halbe Treppe höher auf dem Außenflur – in der Heinrich-von-Kleist-Straße Nr. 11. Mein Vater hatte in der Lokomotiv-Fabrik Orenstein & Koppel endlich wieder Arbeit als Lackierer gefunden. Wir wohnten nun in einem großen Mietshaus mit vielen Kindern und zwei Aufgängen für 17 Familien. Der rechte Aufgang hatte die größeren und besseren Wohnungen mit Bad und Balkon; wir wohnten in den billigeren Wohnungen im Seitenaufgang links, zweiter Stock. Besitzerin war die alte, sehr strenge Frau Knoop in der ersten Etage im Vorderhaus, vor der wir uns alle fürchteten, die nicht duldete, dass wir Kinder im Hof spielten und streng darauf achtete, dass wir im Treppenhaus ruhig und gesittet die Treppen benutzten, was uns aber – wenn wir uns unbeobachtet fühlten – nicht daran hinderte, die Treppengeländer hinunterzurutschen und dabei einen ohrenbetäubenden Lärm zu veranstalten. Zu ihr trug ich an jedem 1. des Monats die 24,– Mark Miete, die sie würdevoll in unserem Mietbuch quittierte.

Über uns lebte im 3. Stock die noch junge, aber unglaublich dicke Frau Thomas mit ihren beiden Kindern. Sie konnte nur sehr selten ihre Wohnung verlassen, weil sie die vielen Treppen zwar hinunterkam, aber ihren massigen Körper die steilen Treppen nur schwer wieder hinaufschieben konnte. Dabei hatte sie ein sehr hübsches und freundliches Gesicht und einen schlanken, attraktiven Mann, der sie sehr liebte und ihr jeden Weg abnahm, bis er als Soldat eingezogen wurde und sie sich und ihre Kinder selbst versorgen musste. Am Ende des Krieges war sie durch die kärglichen Rationen auf den Lebensmittelkarten und durch die vielen Bombenalarme, bei denen sie gezwungen war, die vier Stockwerke hinunter in den Keller und wieder hinaufzulaufen, gut auf die Hälfte geschrumpft, was sie plötzlich sehr schön machte. Ihr Mann hat das allerdings nicht mehr erlebt; er kam aus dem Krieg nicht zurück.

Daneben wohnte der Milchhändler Sommer mit seiner Frau. Täglich schleppte er die schweren Milchkannen frühmorgens scheppernd durch den schäbigen Hausflur nach oben in den 3. Stock, bevor er sie dann wieder von Wohnung zu Wohnung hinunterbugsierte und die Milch mit Trichter und Messbecher in die bereitgehaltenen Töpfe goss, oft auch das beliebte Leinöl, das zusammen mit Salz und frischen Brötchen noch heute zu meinem Lieblingsessen gehört. Übrigens brachte er auch gleich morgens vom Bäcker die knusprigen Schrippen mit und füllte sie in die an den Türen hängenden Leinenbeutel. Begleitet wurde er dabei immer von seinem Gehilfen Josef, einem leicht debilen, ungepflegten jungen Mann mit strähnigen Haaren, vor dem wir Kinder uns sehr fürchteten. Wenn wir verbotenerweise auf dem Hof spielten, jagte er uns mit seinen gruseligen Grimassen einen so riesigen Schrecken ein, dass wir schreiend auseinanderliefen und uns vor ihm versteckten.

Obwohl kurze Zeit später der Zweite Weltkrieg begann und die Bombennächte kamen, habe ich in diesem Haus eine sehr glückliche und behütete Kindheit verbracht. Von unserer Wohnung blickten wir auf die kleine Straße mit den vielen Rotdorn-Bäumen. Dort spielten wir Kinder Völkerball und Verstecken, liefen zum Baden über die nahen Nuthewiesen zum schmalen, aber mit seiner starken Strömung nicht ungefährlichen Flüsschen Nuthe und nutzten im Winter die überschwemmten Wiesen zum Schlittschuhlaufen. Natürlich hatten wir nicht die entsprechenden Schuhe – ich hatte nur Halbschuhe mit angeschraubten Schlittschuhen, die ich immer wieder verlor –, aber für uns Kinder war das völlig ohne Bedeutung; wir kannten keinen Luxus und fanden unser Leben wunderbar.

Hatte ich Hunger, rief ich: „Mutti, schmeiß mal 'ne Stulle runter!" und Mutti schmierte eine Stulle, wickelte sie in Zeitungspapier und warf sie vom 2. Stock aus dem Fenster.

Ich war ein fröhliches, leicht erziehbares Kind, aufgeschlossen, lernbegierig und neugierig auf alles, was um mich herum geschah. Meine Mutter musste mich nur selten bestrafen und wenn, dann taten es „ein paar hinter die Löffel", damit ich wieder spurte. Einmal habe ich allerdings eine Tracht Prügel mit dem Teppichklopfer bekommen: Ich war so sechs oder sieben Jahre alt und hatte mit meinen Freunden den ganzen Tag in einem fremden Keller gespielt. Meine Mutter hatte mich stundenlang verzweifelt gesucht und wollte gerade die Polizei einschalten, als ich quietschvergnügt wieder auftauchte. Die Angst und der Frust ließen sie zum Teppichklopfer greifen. Das war die einzige Prügel, die ich wirklich mal bekommen habe, angedroht wurde sie allerdings öfter. Sie hatte aber auch eine nachhaltige Wirkung, denn ich kam später immer zur verabredeten Zeit nach Hause, selbst wenn ich mit meinen Freundinnen zum Tanzen unterwegs war. Ich wusste, dass meine Mutter so lange wach lag, bis sie meinen Schlüssel in der Wohnungstür hörte.

Als ich fünf Jahre alt war, wurde meine Schwester Marianne geboren. Ich freute mich zwar über das neue Baby, aber da ich nicht wie mit eine Puppe mit ihr spielen durfte, erlahmte mein Interesse bald und ich war lieber wieder mit meinen neuen Freunden zusammen. Das blieb auch später so, als wir älter waren. Fünf Jahre Altersunterschied sind schon zu viel, um etwas gemeinsam zu unternehmen. Als ich das erste Mal verliebt war oder tanzen ging, spielte meine Schwester noch mit Puppen. Als sie tanzen ging und ihren ersten Freund hatte, war ich schon ziemlich erwachsen, wohnte in einem eigenen Zimmer bei meinen Großeltern und ging bald in mein erstes Engagement in einer anderen Stadt. So habe ich wenig von ihrer Entwicklung miterlebt. Auch war sie ungeheuer schüchtern und kontaktscheu und wir hatten von Anfang an sehr unterschiedliche Interessen. Während ich schon als Kind Theaterspielen, tanzen, mich verkleiden wollte, war das nicht so ihre Welt; sie war eher sportlich engagiert, spielte mit ihrem Cousin mit Autos oder mit der Eisenbahn, aber wenn ich ehrlich bin, weiß ich eigentlich viel zu wenig über ihr Leben. Das hat sich auch später kaum verändert. Wir sahen und sehen uns selten und haben nur eine sehr lockere Beziehung, was mich immer wieder traurig macht. Ich hätte mich auch sehr gefreut, wenn sie mal in eine meiner Theatervorstellungen gekommen wäre, aber sie hat trotz unzähliger Einladungen keine einzige meiner Vorstellungen besucht. Warum – das konnte ich bis heute nicht ergründen und nun wird es wohl auch nicht mehr oft die Möglichkeit dazu geben. Wir haben noch nie – außer in oberfläch-lichen Gesprächen – mal ganz in Ruhe über unser Verhältnis zueinander gesprochen, über eventuelle Verletzungen oder Missverständnisse, die vielleicht schon lange zurückliegen und über die nie geredet wurde. Meine Mutter versuchte immer wieder uns einander näherzubringen, aber leider erfolglos. Seltsamerweise ist unsere Beziehung zueinander nach dem Tod meiner Mutter etwas entspannter geworden. Vielleicht spielt uneingestandene Eifersucht eine Rolle? Ich weiß es nicht und werde es wohl bis zum Ende meines Lebens nicht mehr erfahren. So schrecklich viel Zeit bleibt ja nicht mehr.

Als ich etwa acht Jahre alt war, bin ich mit meiner kleinen Schwester gemeinsam in eine äußerst gefährliche Situation geraten und wäre beinahe ertrunken. Ich war ohne Wissen meiner Mutter mit ihr zum Spielen an die Nuthe gelaufen. Wir warfen eine kleine Puppe immer wieder vom steil abfallenden Ufer ins Wasser und zogen sie anschließend an Land, um sie zu retten. Einmal warf ich sie versehentlich etwas zu weit und beim Angeln nach der Puppe rutschte ich ab und fiel in den Fluss. Er war nicht nur durch seine Strömung gefährlich, sondern auch gleich am Ufer ziemlich tief. Meine 3-jährige Schwester lief weinend am Ufer entlang und drohte ebenfalls in den Fluss zu fallen. Ich konnte zu der Zeit noch nicht schwimmen und wäre sicher ertrunken, hätte uns nicht zufällig eine Frau schon einige Zeit besorgt beobachtet und mich in letzter Sekunde – ich war schon mit dem Kopf unter Wasser – an Land gezogen. Völlig geschockt und ohne mich bei ihr zu bedanken, nahm ich meine Schwester an die Hand und rannte klitschnass nach Hause. Dort kam ich bereits wieder trocken an und erzählte meiner Mutter kein Wort von unserem gefährlichen Erlebnis. Traf ich diese Frau dann später auf der Straße, machte ich einen großen Bogen um sie und würdigte sie keines Blickes. Ich hatte immer Angst, dass sie meiner Mutter davon berichten könnte. Der Vorfall war mir ungeheuer peinlich und ich schämte mich sehr.

Es wird dunkel in
unserer Stadt

Der Eckladen in unserem Haus gehörte zu einer Bäckerei. Der Bäcker, Herr Fräßdorf, wurde gleich 1939 zu Anfang des Krieges gegen Polen zur Wehrmacht eingezogen und fiel nach nur wenigen Tagen. Als seine Frau die Todesnachricht erhielt, schwang sie sich sofort aufs Fahrrad, um ihren Schwiegereltern das schreckliche Ereignis mitzuteilen. Es war noch Sommer und sie trug ein weißes Kleid. Eine weinende Frau, ein wehendes weißes Kleid auf dem Fahrrad – so hat sich der Beginn des Krieges bei mir eingeprägt.

Auf einmal wurde unsere Stadt stockdunkel. Um feindlichen Fliegern die Orientierung zu erschweren, musste jeder seine Fenster mit schwarzen Rollos verdunkeln, kein Lichtschimmer durfte abends nach außen dringen, die Straßenlaternen wurden abgeschaltet, Autos mussten mit abgedunkeltem Licht fahren. Ein Blockwart – meist ein älterer Mann mit Parteiabzeichen – kontrollierte streng die Einhaltung dieser Vorschriften! Wer dagegen verstieß, musste mit hohen Strafen, ja sogar mit der Todesstrafe wegen „Feindbegünstigung" rechnen. Kein Wetterbericht verriet mehr die Wetterlage in Deutschland, nichts sollte den feindlichen Bombern ihren Weg weisen. Und große Plakate warnten: „Pst – Feind hört mit – Vorsicht bei jeder Unterhaltung!" Das Leben hatte sich verändert.

Auch mein Vater wurde sofort nach Ausbruch des Krieges zur damaligen Wehrmacht eingezogen und kurz danach an die Front geschickt.

Schon bald bekamen auch wir den Krieg zu spüren. Als die Fliegeralarme begannen, war ich mit unserer Nachbarin Frau Gericke immer die erste, die in den Luftschutzkeller lief. Dieses schreckliche Auf- und Ab-Geheul der Sirenen, das ich noch heute im Ohr habe, machte mir ungeheure Angst; ich musste sofort mit Bauchschmerzen aufs Klo eine halbe Treppe höher im Flur und rannte dann mit meinem Köfferchen und meiner geliebten Puppe Christel im Arm runter in den Keller, den ich sonst furchtsam mied, der immer gruselig und dunkel war und nur bei Alarm eine kleine blaue Notbeleuchtung bekam. Noch heute habe ich den muffigen, modrig-kalten Geruch des Luftschutzkellers in der Nase. Er war, wie in den meisten alten Mietshäusern, nur ganz primitiv mit ein paar Balken abgesteift und wenn uns eine Bombe getroffen hätte, so wären sie sicher zusammengeknickt wie ein paar Streichhölzer. Niemals hätten sie die Trümmer unseres dreistöckigen Hauses abfangen können, doch zur Sicherheit gab es noch einen Durchbruch zum Nebenhaus, der zwar notdürftig zugemauert, aber eine Fluchtmöglichkeit für den Notfall war. Ein weißer Pfeil zeigte von außen, an welcher Stelle des Hauses sich eventuell noch Menschen im Luftschutzkeller befinden. Jeder Hausbewohner hatte im Keller seinen Stuhl, seine Decke – denn es war immer eiskalt in dem unbeheizten Keller –, später sogar noch eine Gasmaske und das wichtigste Stück Handgepäck griffbereit dicht neben sich. Ein Eimer mit Wasser, eine Hacke und ein Beil standen ebenfalls am Eingang. Mit einem kleinen Radio verfolgten wir über Drahtfunk mit angehaltenem Atem den Anflug der englischen oder amerikanischen Bomber und meist hieß es: „Die Bombengeschwader befinden sich über dem Raum Hanno-ver-Braunschweig im Anflug auf Berlin." Worte, die mich vor Angst fast lähmten, niemand im Keller sprach ein Wort, jeder wartete auf das Brummen der näher kommenden Flugzeuge und das Einsetzen der Flak. Wenn dann die „Weihnachtsbäume" abgeworfen wurden, das waren die Leuchtraketen, die die Ziele für die Bomben sichtbar machen sollten und die Stadt taghell erleuchteten, und der Blockwart selbst im Keller Schutz suchte, der von außen die Lage beobachtet hatte und dafür verantwortlich war, dass jeder rechtzeitig den Luft-schutzkeller aufsuchte, dann wussten wir, jetzt geht es los …

Es waren 1940 die ersten Bomben auf Berlin und Potsdam, als in Babelsberg in der Nacht vom 21. zum 22. Juni die Post in der Lindenstraße unmittelbar neben dem Krankenhaus getroffen wurde. Jeden Sonntag pilgerten hunderte Menschen aus der ganzen Umge-bung dorthin, um diese erste Bombenruine zu sehen. In der Nacht vom 7. zum 8. August im selben Jahr wurden die Bethlehem-Kirche und auch das kleine Häuschen der Familie Zöllner am Neuendorfer Anger getroffen. Ich kannte die Zwillinge Gerda und Günter gut, denn wir gingen zusammen zum Kindergottesdienst. In dieser Nacht war Fliegeralarm gegeben worden und Frau Zöllner war mit ihren Kindern im Luftschutzkeller ihres Hauses, als sie kurz vor die Tür trat, um zu gucken, ob schon Flugzeuge zu sehen wären. In diesem Augenblick fiel eine Bombe genau auf ihr Haus mit den Kindern. Beide waren sofort tot, die Mutter draußen wurde zur Seite geschleudert, blieb aber fast unverletzt. Ich erinnere mich noch wie heute an die Beerdigung der Kinder. „Gerda, Gerda, komm doch zurück und wenn Du nicht kannst, dann Günter" – gellende, verzweifelte Schreie, bei denen ich mir die Ohren zuhielt und die ich nie vergessen werde.

Einmal, nach einem Bombenangriff am Vormittag, ging ich mit meiner Mutter die Großbeerenstraße hinter dem Bahnhof Drewitz entlang. Dort brannten noch die Reste eines Siedlungshauses, das kurz zuvor eine Bombe getroffen hatte. Die Hälfte des Zimmers im ersten Stock stand noch, eine Uhr hing an der Wand und ein Sofa schwebte halb über der zerstörten Vorderwand. Die Mutter wurde tot aus den Trümmern gezogen, während ihr Baby vom Luftdruck in den Garten geschleudert wurde und wie durch ein Wunder unverletzt überlebte. Kurz darauf begegneten wir der 7-jährigen Tochter mit der Schulmappe auf dem Weg nach Hause. Sie ahnte noch nichts von dem Unheil, das sie erwartete. Eine Nachbarin ging ihr entgegen, um sie behutsam auf das schreckliche Ereignis vorzubereiten.

Meine Tante Alice kriegte in einer einzigen Nacht weiße Haare – sie war erst 35 Jahre alt –, als der Luftschutz- und Splittergraben neben ihrem Siedlungshaus in Grunewald einen Volltreffer bekam. Es war der Splittergraben, in dem sie sich sonst immer während der Alarme aufhielt, nur in dieser Nacht war sie nach einer Geburtstagsfeier bei einer Nachbarin im Nebenbunker. Das rettete ihr das Leben.

Nach dem Angriff half sie mir, all ihre toten, entsetzlich verstümmelten Nachbarn aus dem Schutt zu bergen, mit denen sie noch kurz zuvor gelacht und gefeiert hatte.

Während des Krieges mussten wir mit unserer Schulklasse immer wieder in andere Schulgebäude in Babelsberg oder Potsdam umziehen, wo wir – soweit es die Fliegeralarme zuließen – im Schichtbetrieb unterrichtet wurden. Das hieß, je nach Länge des nächtlichen Fliegeralarms begann der Unterricht bei Alarm bis 23 Uhr normal um 8, bis 24 Uhr um 10 und bei Alarm bis 2 Uhr nachts und länger um 11 Uhr mit verkürzten Unterrichtsstunden.

In den letzten beiden Kriegsjahren wurde dieser Unterricht auch noch fast täglich von Tagesalarmen unterbrochen und wir mussten bereits bei „Voralarm" – das waren drei langgezogene Sirenentöne – die meist etwas entfernter liegenden Luftschutzkeller aufsuchen. In den Wochen vor Kriegsende gab es dann schließlich gar keinen Unterricht mehr, denn wir konnten unsere Keller überhaupt nicht mehr verlassen. Schule war unwichtig geworden, jetzt ging es für uns nur noch ums Überleben. Wir Kinder aus diesen Kriegsjahren werden wohl immer mit einem gewissen Defizit an Schulwissen leben müssen – aber reicher als spätere Generationen sind wir sicher an schmerzhafter Lebenserfahrung.

Ich war mit meiner Klasse ab 1942 in Potsdam in der Schule in der Charlottenstraße untergebracht. Für mich war das ein langer Schulweg, den ich mit der Straßenbahn der Linie 4 von Babelsberg in das noch weitgehend unzerstörte Potsdamer Zentrum zurücklegen musste. Ich fuhr über die Lange Brücke durch die schöne Altstadt, vorbei am Schloss und am Palast Barberini, am Kanal entlang und an der beeindruckenden Nikolaikirche bis zum Wilhelmplatz. Bei Voralarm konnten die nahe wohnenden Schüler schnell nach Hause laufen und dort in den Keller gehen, ich aber musste mit anderen in den großen Bunker am Wilhelmplatz. Dort saßen wir verängstigt dicht an dicht in dem völlig überfüllten Luftschutzraum. Noch heute habe ich das durchdringende, fast drohende Heulen der Alarmsirenen nicht vergessen, das dunkle Röhren der anfliegenden Bomber und dazu das ununterbrochene Hämmern der Flak. Uns wurde immer gesagt, wenn du die Bombe heranheulen hörst, dann trifft sie dich nicht. Wie oft haben wir dieses pfeifende Geräusch gehört, den Kopf eingezogen, die

Ohren zugehalten und uns auf den Boden geduckt. Dann krachten die Einschläge, der Boden bebte und schwankte wie auf hoher See, die Wände wackelten und wir kannten nur noch ein Gefühl – entsetzliche, hilflose Angst! Jeden Tag Alarme, jeden Tag Bomben und jeden Tag wieder diese Angst – und trotzdem lachten und spielten wir in der Zeit dazwischen, lärmten und zankten uns, streiften durch Ruinen, suchten Bombensplitter als Talisman und waren immer unausgeschlafen.

Ich erinnere mich noch genau an den 14. April 1945, wenige Tage vor Kriegsende, als ein Luftangriff die alte Garnisonstadt Potsdam zerstörte. Es war ein sonniger und schon warmer Frühlingstag und wir sehnten uns danach, endlich wieder draußen spielen zu dürfen, über die Wiesen zu laufen und ohne Angst vor Fliegeralarm und Bomben in der Nacht schlafen zu können. Aber kurz nach 22 Uhr heulten wieder mal die Sirenen und um 22.39 Uhr begann der große Angriff auf die wunderschöne Stadt Potsdam mit all ihren unersetzlichen Kulturdenkmälern. Innerhalb von nur 20 Minuten luden 724 Flugzeuge der Royal Air Force 1752 Tonnen Spreng- und Brandbomben über der Stadt ab.

Unser Haus wogte in Wellen auf und ab, wir lagen auf der Erde, die Decke über den Kopf gezogen, Frau Sommer schrie: „meine Betten, meine Betten!!", die Schornsteinklappe flog auf, Ruß und Staub drangen heraus, Putz fiel von Decken und Wänden, wir erstickten fast, drückten feuchte Tücher auf unser Gesicht, meine Mutter hielt meine Schwester und mich eng umschlungen, wir alle erwarteten jeden Augenblick das schreckliche Ende. Unerträglich lange erschien uns die Zeit bis die tödlichen Geräusche verebbten und Stille eintrat, Entwarnung … Zitternd schlichen wir vorsichtig aus dem Keller, traten auf der Treppe über zerborstene Fensterscheiben, Kalk und Putz, und waren doch glücklich, dass unser Haus den Angriff überstanden hatte und wir unsere Wohnung im zweiten Stock erreichten. Aus unserem Fenster, das keine Scheiben mehr hatte, sahen wir entsetzt auf die brennende Stadt Potsdam. Qualm und Hitze drangen uns ins Gesicht, wir hörten das knisternde Rauschen der Flammen und dazwischen ständige Explosionen. Alles roch nach Brand und Rauch, grauer Trümmernebel biss uns in Augen, Nase und Mund und machte das

Atmen schwer. Aber wir lebten. Mehrere meiner Mitschülerinnen sind bei diesem schrecklichen Angriff ums Leben gekommen, von Trümmern erschlagen und erstickt oder verbrannt von Phosphorbomben.

Am nächsten Tag war Potsdam nicht mehr wiederzuerkennen. Die ganze Innen- und Vorstadt war zerstört, die Straßen, durch die ich jeden Tag mit der Straßenbahn zur Schule gefahren war, gab es nicht mehr, das Schloss, den Palast Barberini, das beliebte Café, das schöne alte Theater, in dem ich jedes Jahr das Weihnachtsmärchen gesehen hatte, die Kirchen, alle Häuser am Kanal und am Wilhelmplatz – nur noch rauchende Trümmer. An ausgebrannten Fassaden, die wie schwarze Skelette in den Himmel ragten, standen oft mit Kreide erste Nachrichten: Wir leben Inge, Heinz und Gabi. Oder: Oma Ursel, wo bist Du? Melde Dich, wenn Du lebst – Zeichen für die verzweifelt suchenden Angehörigen.

Wir liefen vorbei an der zerstörten ehemaligen Tuchfabrik Pitsch in der Wichertsraße in Babelsberg mit den Baracken für die französischen Zwangsarbeiter. Ihnen, wie allen ausländischen Zwangsarbeitern, war es streng verboten, die schützenden Luftschutzkeller aufzusuchen. Jetzt waren die Gebäude zerstört, alles war durch Phosphorbomben verbrannt und überall lagen verkohlte Menschen herum. Sie waren nur noch so groß wie Puppen …

Mitten im Krieg – etwa 1942 – kam ein Mädchen in unsere Klasse; sie war genauso alt wie wir, wirkte aber viel älter, war voll entwickelt, größer und kräftiger als wir und – hatte eine dunkle Hautfarbe. Sie hatte lange schwarze, glatte Haare und wir nannten sie liebevoll Negerbaby. Sie hieß Helga Schulze und kam mit ihren Eltern aus Brasilien. Ihr Vater hatte dort in der deutschen Botschaft gearbeitet. Sie sprach ein völlig akzentfreies Deutsch und wurde in unserer Klasse trotz ihres exotischen Aussehen sofort voll angenommen – was zu dieser Zeit weitaus ungewöhnlicher war als heute. Sie war sehr beliebt und auch unsere Lehrer begegneten ihr mir großer Freundlichkeit. Etwa zwei Jahre blieb sie bei uns, dann war sie plötzlich weg. Niemand sagte uns, wo sie geblieben war, es hieß, sie sei weggezogen … Ich habe nie wieder etwas von ihr gehört.

Die ständigen Fliegeralarme hatten mich doch mehr belastet, als meine Eltern zunächst annahmen, besonders nachdem eine schwere Luftmine in unserer unmittelbaren Nähe im Barberow-Weg einschlug und auch drei meiner Spielgefährten unter den Trümmern ihrer Häuser erschlagen wurden. Ich schrie regelmäßig nachts auf und erwachte schweißgebadet und zitternd. Als ich kurz darauf an hohem Fieber erkrankte und meine Mutter für nur wenige Minuten die Wohnung verließ, um einzukaufen, fand sie nach ihrer Rückkehr ein Chaos in unserem Wohnzimmer vor. Ich hatte in Angst- und Fieberträumen alle Stühle auf unserem Wohnzimmertisch zerschlagen und schlief erschöpft auf der Erde. Ich konnte mich später erinnern, dass ich schreiend und in Panik auf ein schwarzes Loch, in das ich hineinzustürzen drohte, verzweifelt eingeschlagen habe. Meine Mutter zog unseren Hausarzt zu Rate, der ihr dringend empfahl mich in ein Gebiet zu bringen, das nicht durch Bombenangriffe belastet war. Und so wurde ich meiner Schulklasse hinterhergeschickt, die gerade zwei Wochen zuvor nach Neu-Schleffin an der pommerschen Ostseeküste evakuiert worden war und zu der meine Eltern für mich noch ihr Einverständnis verweigert hatten. Wegen der Bombengefahr fuhren die Züge mit den Kindertransporten fast immer nachts los. Es war für mich eine schreckliche Fahrt, so mitten in der Nacht mit Schülern einer fremden Schule und einem Schild um den Hals von Umsteigestation zu Umsteigestation geschleust zu werden, bis mich eine Helferin dann noch bei Dunkelheit in der kleinen Ferienvilla Haus Erika ablieferte, in der sich meine Klasse schon seit zwei Wochen befand. Man brachte mich in ein Zimmer mit drei anderen Mädchen, die am Morgen voller Staunen eine fest schlafende Mitbewohnerin vorfanden. Ich hatte keine Schwierigkeit, mich in der neuen, friedlichen Umgebung einzugewöhnen, und fand mein seelisches Gleichgewicht in kurzer Zeit wieder. Meine Albträume verschwanden, und endlich konnte ich ein normales Leben ohne nächtliche Fliegeralarme führen. Wir hatten vormittags im sonnigen Wintergarten Schulunterricht, nach dem Mittagessen wurden die Hausaufgaben erledigt und dann ging es an den Strand oder wir machten Spiele mit Traudl und Ruth, Studentinnen, die uns betreuten und die wir sehr liebten. Unsere Lehrer kochten für uns und jeder von uns hatte seine Aufgaben, die alle drei Tage wechselten, vom Küchendienst und Servierdienst bis zur Reinigung der Zimmer. Wir lebten wie eine große Familie und endlich wieder wie normale Kinder ohne ständige Bombenangst. Nach dem halben Jahr an der Ostsee sollte es im Winterhalbjahr eigentlich weiter in ein anderes Lager in den Karpaten gehen. Aber glücklicherweise kam diese Reise nicht mehr zu Stande, denn die Front im Osten rückte nun langsam näher und wir wären vielleicht in den letzten Kriegswirren nicht mehr nach Hause zurückgekommen. So wurden wir im Herbst wieder nach Berlin gebracht, mitten hinein in die Bombennächte.

Auch der Weg zu meiner Tante in Grunewald wurde nun von immer mehr Ruinen gesäumt, viele der wunderschönen alten Villen waren von Bomben zerstört, die Gärten waren ungepflegt und verwildert, so auch die Villa Hettlage gegenüber den Siedlungshäusern, in denen meine Tante wohnte und in deren Garten ich oft mit den Kindern gespielt hatte.

Die Russen kommen

Der harte Winter 1942/43 hatte die Wende im Russland-Krieg mit den Kämpfen um Stalingrad und im Februar 1943 mit dem Fall von Stalingrad und dem Tod oder der Gefangenschaft von hunderttausenden deutscher Soldaten gebracht. Ich erinnere mich an den Tag, als die Nachricht von der Niederlage bei Stalingrad kam und unsere Musiklehrerin Frau Lorenz während des Unterrichts weinend vor unserer Klasse stand; sie hatte gerade die Nachricht erhalten, dass ihr einziger Sohn vor Stalingrad gefallen war.

1945 kam die Front nun unaufhaltsam näher, die Fähnchen auf unserer Landkarte, die den Verlauf der Front anzeigten, rückten täglich ein Stückchen weiter in Richtung Berlin. Ab Januar zogen bei eisiger Kälte wochenlang endlose Trecks mit Flüchtlingen aus den deutschen Ostgebieten, aus Ostpreußen oder Westpreußen, aus Pommern und Schlesien durch unsere Stadt, meist zu Fuß mit Kinder- oder Handwagen, vollgepackt mit dem Wenigen, was sie retten und tragen konnten. Die nicht mehr gehfähigen Großeltern und kleineren Kinder saßen oben auf den völlig überfüllten Wagen, die oft genug die Last nicht mehr aushielten und zusammenbrachen. Meist endete ihr Weg am Abend in einer unserer Schulen oder Turnhallen. Wir Kinder sahen voller Staunen auf die erschöpften, ausgehungerten und völlig übermüdeten Menschen, die dann auf Pritschen oder sogar auf der Erde liegend froh waren, sich wenigstens für ein paar Stunden ausruhen zu dürfen, und für die wir zuvor stundenlang Brote geschmiert hatten, bevor sie am nächsten Morgen weiter ins Ungewisse ziehen mussten. Nur wenige hatten das Glück noch irgendwo in einer Wohnung unterzukommen, meist mit der ganzen Familie in einem einzigen Zimmer, aber sie hatten erst einmal ein Dach über dem Kopf und mussten nicht weiter.

Alle Einwohner waren bereit zu helfen und rückten enger zusammen, nur der Pfarrer unseres Ortes, der immer so von Nächstenliebe gesprochen hatte, weigerte sich, in seinem Einfamilienhaus Flüchtlinge aufzunehmen. Das konnte niemand verstehen …

Eines Tages hieß es, die Russen sind kurz vor Berlin, aber drei Ausflugsschiffe stehen in Potsdam bereit, um Frauen und Kinder über die Havel nach Brandenburg und weiter Richtung Westen zu bringen. Meine Mutter wollte in Panik sofort mit uns Kindern weg, aber meine Großeltern haben sie angefleht, kein Risiko einzugehen und zu bleiben. Welches Glück für uns, denn alle drei Schiffe wurden bombardiert und sind mit den vielen Flüchtlingen an Bord untergegangen.

Ab Januar '45 wurden die Fliegeralarme zum Daueralarm und wir lebten nur noch notdürftig versorgt Tag und Nacht im Keller. Wir hatten alle schreckliche Angst vor den Russen und haben tagelang im Radio die furchterregenden Nachrichten über die näher rückende Front gehört. Das Wummern der Geschütze in unserer unmittelbaren Nähe wurde immer lauter und hörte bald gar nicht mehr auf. Alle noch verfügbaren Männer – oft noch halbe Kinder von 15/16 Jahren und alte Männer – wurden zum letzten Aufgebot, dem Volkssturm, eingezogen. Schon zuvor wurden die Jungen von der Schule weggeholt und mussten als Flakhelfer die Fliegerabwehrkanonen bedienen helfen, die überall auf den Dächern standen und die bevorzugtes Ziel für Tiefflieger und Bomben waren. Zum Entsetzen der zurückbleibenden Frauen und Mütter wurden sie nun – kaum ausgebildet – mit Panzerfäusten ausgerüstet, sollten Panzersperren errichten und wurden in den Kampf geschickt. Wer sich entziehen wollte, wurde unweigerlich erschossen oder noch in letzter Minute aufgehängt mit einem Schild um den Hals „Ich bin ein Feigling".

Noch heute erinnert eine Tafel am Berliner Bahnhof Friedrichstraße an zwei junge Soldaten, die unmittelbar vor Kriegsende wegen ihrer „Feigheit" von fanatischen SS- Leuten aufgehängt wurden.

In Schwerin gehe ich bei jedem Besuch zum großen Bahnhofs-vorplatz mit der Laterne, an der am 2. Mai 1945, wenige Tage vor Ende des Krieges, die junge Lehrerin Marianne Grunthal für ihre Worte nach Hitlers Tod „Gott sei Dank, dann gibt es Frieden" von entmenschten SS-Leuten aufgehängt wurde. Der Platz trägt heute ihren Namen.

Eines Tages im Frühling vernahmen wir entsetzt die seltsam vibrierenden, singenden Geräusche von Panzern, die immer näher kamen, und dann hieß es plötzlich, die Russen sind bereits am Stadtrand, aber Babelsberg soll kampflos übergeben werden. Es war der 25. April 1945 und der Ring um Berlin war geschlossen worden, vereinzelt liefen noch deutsche Soldaten durch die Straßen, aber die Frauen riefen ihnen zu: „Nicht mehr schießen, nicht mehr schießen!" – schon hingen die ersten weißen Betttücher aus den Fenstern, doch immer wieder wurde aufgeregt gewarnt: „Nehmt die Tücher weg, sonst werdet Ihr aufgehängt!!" …

Dann: Schlagartig Stille. Es war fast kurios: Wir alle – Kinder, Frauen, alte Leute – laufen in dieser höchst gefährlichen Situation aus den Kellern auf die Straße, stehen links und rechts an der mitten durch den Ort führenden Großbeerenstraße und hören die Schreckensnachricht: Die Russen sind schon am Ortseingang!

Es ist unglaublich, aber alle bleiben an der Straße stehen, auch ich stehe mit meiner Mutter und meiner kleinen Schwester am Straßenrand, doch alle hatten wahnsinnige Angst, es könnte noch irgendein Fanatiker aus einem Fenster schießen oder eine Handgranate werfen und damit einen Häuserkampf provozieren.

Plötzlich – kilometerweit zu sehen – ein russischer Soldat – er läuft mit schussbereiter Maschinenpistole mitten auf dem Damm aus Richtung Drewitz kommend an uns vorbei die Großbeerenstraße entlang, gefolgt von einem Offizier auf einem Motorrad und einem Panzer mit oben aufsitzenden Soldaten mit Maschinenpistolen.

Noch heute unvorstellbar: Wir stehen in dieser gefährlichen Situation wie versteinert am Straßenrand, keiner sagt ein Wort, niemand schießt – Babelsberg ist tatsächlich ohne Kampf übergeben worden.

Danach kam die kämpfende Truppe der russischen Soldaten. Wir hatten große Angst vor den doch sehr fremdartig und meist recht furchterregend aussehenden Männern, denen schreckliche Geschichten vorauseilten, und versteckten uns zitternd im Keller. Sie durchkämmten mit der Maschinenpistole in den Händen die Häuser auf der Suche nach deutschen Soldaten und wir hatten großes Glück; in unserem Haus wurde niemand verletzt, niemand vergewaltigt, nur einige Uhren wurden mitgenommen. Im Hause meiner Großeltern aber wurde die dort lebende Nichte ihrer Nachbarn, die 16-jährige, mit ihren langen dunklen Haaren bildhübsche Ellen von russischen Soldaten mitgenommen und, als sie zu fliehen versuchte, auf der Straße erschossen.

Auf unseren Nuthewiesen stellten die Russen ihre berüchtigten Stalinorgeln mit ihrem unerträglich pfeifend, sirenenhaft singenden Geheul auf und dann schickten sie Tag und Nacht ihre Raketen auf die Stadt Potsdam, die noch von deutschen Soldaten verteidigt wurde, und von dort schoss die deutsche Artillerie ihre Granaten zurück. Wir saßen weiter völlig verängstigt im Keller. Kurz darauf wurde von deutschen Soldaten die Lange Brücke gesprengt, um den russischen Truppen den Weg nach Potsdam zu erschweren. Sie war die wichtigste Verbindung über die Havel von Babelsberg nach Potsdam und zu dieser Zeit war sie voll mit Menschen, die vor den Russen flüchteten wollten. Ohne Rücksicht auf die dort laufenden Frauen und Kinder wurde sie einfach in die Luft gejagt. Auch eine Klassenkameradin von mir kam dabei ums Leben.

In den kurzen Feuerpausen stellten wir uns beim Bäcker nach Brot an, immer voller Angst von einer Granate getroffen zu werden. Kaum ging der Beschuss wieder los, stob die ganze Warteschlange auseinander und jeder suchte Schutz in einem nahen Keller. Es war ein verrücktes Leben, aber immer mit der großen Hoffnung, bald ist alles vorüber, bald ist Frieden.

Ein paar Tage später wurde das zerstörte Potsdam von den Russen eingenommen. Aber immer wieder wurden Parolen verbreitet „Der Werwolf kommt zurück, nehmt Eure weißen Tücher von den Fenstern, sonst erschießen sie Euch". Der Werwolf, das waren fanatische deutsche Soldaten, die nach dem Einzug der Russen Angst und Schrecken unter der Bevölkerung verbreiteten, weil sie androhten jeden zu erschießen, der sich den russischen Truppen ergibt. Auch wir in unserem Haus hatten Angst – aber vor allem vor den russischen Soldaten. Wir schlossen das große Hoftor ab und versteckten alles Wertvollere, was wir noch besaßen, im Keller unter Kohlen oder hinter Bretterwänden, u.a. auch mein Akkordeon, das die ersten durchziehenden Soldaten schon sehr aufmerksam betrachtet hatten, aber als kämpfende Truppe nicht mitnehmen konnten. Eines Tages wummerten wieder Soldaten an das Tor und brüllten, dass wir aufmachen sollten. Nach längerem Herauszögern öffnete ein älterer Mann aus unserem Haus das Tor, worauf sie hereinstürmten und „Akkordeon, Akkordeon" riefen.

Meine Mutter hatte unser Akkordeon zwar inzwischen gut versteckt, aber aus Angst gab sie es gleich heraus und sie zogen glücklich mit ihrer Beute ab. Akkordeons waren bei den russischen Soldaten äußerst beliebt und man hört sie überall bei ihren Siegesfeiern auf der Straße.

Frieden

Bis zum 2. Mai 1945, dem Tag der bedingungslosen Kapitulation, gingen die Kämpfe in unserer näheren Umgebung weiter. Dann war plötzlich Ruhe – kein Geschützdonner mehr, keine Bomben – es ging wie ein Lauffeuer durch die Straßen – es ist Frieden. Keine Glücksschreie, kein Freudentaumel, nur grenzenlose Erschöpfung und Dankbarkeit bei uns, dass wir alles lebend überstanden hatten. Von den russischen Soldaten drangen Freudengesänge, Lachen und Ziehharmonika-Klänge zu uns herüber. Sie waren in einem regelrechten Glücksrausch der Sieger.

Wir krochen endlich aus den Kellern, in denen wir viele Monate fast ausschließlich auf provisorischen Liegen gelebt hatten, zurück in unsere Wohnungen.

Alles war dort sehr ungemütlich: Die Möbel und unsere Betten waren mit Decken und Tüchern gegen die Splitter abgedeckt, alles Entbehrliche wie Geschirr, Wäsche und Kleidung war in den Keller gebracht worden und es gab weder Wasser noch elektrisches Licht. Obwohl die Fenster mit Pappe vernagelt waren, weil alle Scheiben vom Luftdruck der Bomben und Granaten zerborsten waren und überall abgefallener Putz von den Decken und Wänden herumlag, waren wir glücklich, dass unser Haus noch stand, und begannen langsam unser Leben zu normalisieren. Kerzen ersetzten die Lampen und endlich konnten wir uns auch wieder waschen. Weil die Wasserleitungen noch nicht funktionierten, holten wir das Wasser in Eimern von einer Pumpe auf der Straße, vor der wir stundenlang anstanden. Aber nun gab es keine Bombennächte mehr und ich konnte das erste Mal nach Jahren wieder durchschlafen und mich zum Schlafen ausziehen, denn in den letzten Jahren musste ich immer angezogen ins Bett gehen, um bei Fliegeralarm keine Zeit zu verlieren und ganz schnell in den Keller zu kommen.

Ich erinnere mich an meine Geburtstage in der Kriegszeit. Meine Mutter schaffte es immer, uns Kindern trotz der sehr eingeschränkten Lebensmittelzuteilungen eine Geburtstagstorte zu backen. Die stand dann nachts, wenn die Sirenen heulten, schon auf dem Geburtstagstisch – einmal sogar mit Apfelsinen aus der Sonderzuteilung für die schweren Alarme – und wir schleppten sie mit in den Luftschutzkeller, aus Angst, sie könnte von den Bomben getroffen werden.

Wir Kinder eroberten uns nun vorsichtig wieder unsere Wiesen, kletterten waghalsig über die verrosteten Eisenträger der zerstörten Nuthebrücke und sahen mit Entsetzen die vielen Leichen und toten Tiere, die flussabwärts trieben und sich an der Brücke stauten.

Jetzt war der Krieg vorbei, aber der Hunger war groß und wir mussten sehen, wo wir was zu essen herbekamen. Wenn es hieß, heute gibt es beim Bäcker Brot, dann standen wir oft viele Stunden in einer langen Schlange, um ein halbes Brot zu ergattern. Die Brote wurden meist noch geteilt, damit möglichst viele in der Warteschlange etwas abbekamen. Oft waren sie dann noch ganz klitschig, das heißt innen nass, weil sie nicht richtig durchgebacken wurden, doch wir haben sie mit Heißhunger gegessen, auch wenn uns danach schlecht wurde. Mit dem Zentimetermaß haben wir zu Hause abgemessen, wie viel jeder in der Familie vom Brot abbekommen konnte, und wir hungrigen Kinder wurden dabei immer etwas besser bedacht als Mutter oder Großeltern. Doch wie oft war es ausverkauft, wenn wir an der Reihe waren, und wir mussten hungrig nach Hause gehen …

Alles war zerstört, viele Fabriken brannten. Aber es waren auch Lager mit Lebensmitteln darunter und so holten wir aus einer halb ausgebrannten Mühle in der Babelsberger Straße unter Lebensgefahr einen halben Sack Mehl und ein paar Tüten Zucker und mein Großvater ergatterte eine kleine Kiste Margarine. Natürlich waren überall noch die Plakate, dass Plündern unter Todesstrafe verboten sei, aber es gab nur die Alternative zu verhungern oder zu plündern. In der Nähe vom Brauhausberg brannte eine Fabrik mit jeder Menge Büchsen mit Fleisch, Gemüse, Obst, Marmelade und Suppen. Meine Mutter, meine Tante Alice, mein Cousin Hans-Joachim und ich liefen mit einem Handwagen dorthin; wir kletterten über Schutt in die noch brennende

Fabrik, stiegen über die heißen Büchsen hinweg, die unentwegt kochend zerknallten, verbrannten uns die Hände, aber luden trotzdem, so viel wir tragen konnten, auf unseren Wagen. Meine Mutter und meine Tante stellten uns Kinder dann mit dem gefüllten Handwagen etwas seitlich ab, um noch weitere Lebensmittel zu holen, als mein Cousin und ich durch eine Detonation zur Erde geschleudert wurden. Ein Junge hatte ganz in der Nähe von uns mit der überall herumliegenden Munition gespielt. Sie war explodiert und hatte ihn schwer verletzt. Wir sahen entsetzt, wie er schreiend mit großen Brandverletzungen im Gesicht, an Armen und Beinen auf einen Handwagen geladen und weggefahren wurde. Es ist für mich heute noch unfassbar, wie wir Kriegskinder mit der unmittelbaren Gefahr umgingen, in brennende, explodierende Fabriken kletterten und unsere Mütter, die immer so besorgt um uns waren, das als selbstverständlich duldeten.

Übrigens war meine Tante Alice eine sehr couragierte Frau. Sie hat bei aller Gefahr im Krieg den kriegsgefangenen Russen durch den Zaun oft Brot und andere Lebensmittel zugesteckt und die haben ihr dann aus Dankbarkeit selbstgefertigte Taschen aus Stroh geschenkt. Einmal hab ich auch eine davon bekommen, wobei mir eingeschärft wurde, mit niemandem darüber zu sprechen.

Mit ihr bin ich unmittelbar nach den Kriegshandlungen nach Potsdam gelaufen, um Brot zu besorgen. Neben der zerstörten Langen Brücke hatten die Russen ein Brücken-Provisorium über die Havel aufgebaut. Überall auf der Straße lagen erschossene Pferde mit aufgeblähten Kadavern, die in der Mai-Hitze jeden Augenblick zu zerplatzen drohten, und an der Ecke, wo das zerstörte Schloss begann, lag mitten auf dem Weg ein junger toter Soldat; er lag da wie im Schlaf, ohne sichtbare Verletzungen, und die Menschen liefen einfach vorbei. Ich musste immer wieder hinsehen und konnte es nicht fassen, dass sich niemand um ihn kümmerte, niemand deckte ihn zu, niemand begrub ihn. Sein Gesicht hat sich mir eingeprägt.

Am nächsten Tag war ich mit meiner Tante im Wald von Steinstücken, wo zuvor die letzten großen Kämpfe zwischen den deutschen und den russischen Soldaten stattgefunden hatten. Das war äußerst gefährlich, denn überall lag Munition herum und wir hätten von russischen Soldaten entdeckt, erschossen oder vergewaltigt werden können. Doch wir begegneten keinem lebenden Menschen. Die Russen hatten ihre Toten bereits weggeschafft, aber überall in den Unterständen, oft noch an Geräten sitzend, in Gräben und davor, lagen die toten deutschen Soldaten. Es waren hunderte. Sie hat ihnen die Erkennungsmarken abgenommen und an eine Sammelstelle gegeben. Wir waren ganz allein dort zwischen den Toten und den Spuren einer der letzten Kämpfe rund um Berlin. Eindrücke, die ich nicht vergessen kann.

Kurze Zeit später wurde im damaligen Ufa-Stadt, einem Teil von Babelsberg, wo die Filmateliers standen und viele der Stars wohnten, ein großer Teil der Villen von den Russen beschlagnahmt. Die Bewohner mussten ihre Häuser sofort ohne Mitnahme ihres Eigentums verlassen und das ganze Gebiet wurde danach weiträumig eingezäunt. Tagelang fuhren russische Lastwagen vollgeladen mit Büchern, Einrichtungsgegenständen und Kleidung in den Wald von Steinstücken und luden dort den Inhalt der Häuser ab. Nur wenige wussten davon und kaum jemand traute sich damals aus Angst vor den russischen Soldaten in den Wald, um von den Sachen etwas für sich nach Hause zu holen, denn Schilder in russischer und deutscher Sprache untersagten das „Plündern" mit der Androhung „Wer plündert, wird erschossen".

Auch das Haus, in dem meine Großeltern in Babelsberg lebten, wurde zu dieser Zeit von den Russen beschlagnahmt und sie mussten ihre Wohnung nur mit etwas Handgepäck sofort verlassen. Ihre Nachbarin, Frau Richter, wollte noch ihr Silber retten und in den Keller tragen und wurde dabei auf der Kellertreppe erschossen. In das Haus zogen russische Offiziere mit ihren Frauen ein. Nur wenige Wochen später wurde ein Teil der Wohnungen wieder frei gegeben und meine Großeltern konnten in ihre alte Wohnung zurück.

In der Nebenwohnung lebte noch die russische Offiziersfamilie Besarab mit ihrem wenige Monate alten Sohn Wladimir. Da ich sehr kinderlieb war, habe ich nur kurz nach Beendigung des Krieges das russische Baby spazieren gefahren und einen sehr freundschaftlichen Kontakt zu den Eltern gehabt. Sie luden mich ein, gaben mir von ihrer Offiziersverpflegung zu essen und wir konnten uns sogar verständigen, denn sie hatten in der Schule ein wenig Deutsch gelernt. Als sie nach einiger Zeit in eine andere Stadt versetzt wurden, musste ich wieder Abschied nehmen von meinem kleinen Freund Wladimir und von liebenswerten Menschen, die noch wenige Monate zuvor meine Feinde waren.

Familie

Wir waren eine große, harmonische Familie – meine Großeltern mütterlicherseits, ihre beiden Töchter Alice und Hertha, ihr Sohn Berthold und die fünf Enkelkinder, von denen ich die älteste war, sowie die Schwiegersöhne Alfred und Fritz und die Schwiegertochter Anni. Wir kamen zu jedem Fest, zu jedem Geburtstag bei den Großeltern zusammen. Frisch gebadet und in unseren Sonntagskleidern feierten wir den Heiligabend gemeinsam und hatten Spaß am Respekt gebietenden Weihnachtsmann, den jahrelang meine Mutter Hertha spielte, die immer gerade dann noch ein paar Besorgungen machen musste, wenn in der Zwischenzeit der Weihnachtsmann erschien. Alle haben wir brav unsere Gedichte aufgesagt und gemeinsam Weihnachtslieder gesungen und auch später, als wir wussten wer der Weihnachtsmann war, haben wir dieses Spiel mitgemacht, weil es so aufregend war und erst die richtige Weihnachtsstimmung verbreitete.

Selbst in der Kriegs- und Nachkriegszeit gab es – woher auch immer – Mohnpiel, unser traditionelles Gericht aus geriebenem Mohn, eingeweichten Brötchen, Milch, Rosinen, Zucker und Nüssen. Eine große Reibesatte stand extra dafür bereit und in ihr wurde der Mohn stundenlang mit einer dicken Keule „weichgerieben". Ich weiß nicht, wie unsere Oma damals die Zutaten heranschaffte, aber sie war eine Zauberkünstlerin im Überleben, und selbst in der schlechten Zeit wurden immer Plätzchen gebacken, zuerst sogar aus Kartoffeln, Mohrrüben, Rübensirup und Bucheckern. Immer stand etwas zu essen auf der Weihnachtstafel und der Weihnachtsbaum, den wir aus dem Wald holten – manchmal war es nur eine ziemlich verwachsene „Krücke", die wir fanden – wurde von meiner Oma mit besonders schönem, alten Baumschmuck geschmückt, mit bunten Körbchen aus Blech, originellen Kugeln, viel Lametta und natürlich mit echten Kerzen. Dazu klimperte ein altes Symphonium Weihnachtslieder. Unsere Puppen hatte der Weihnachtsmann ein paar Wochen vorher abgeholt, um sie uns dann neu eingekleidet wiederzubringen. Auch ein von meiner Mutter aus einem alten aufgetrennten Pullover neu gestrickter Pulli für mich, ein paar eingetauschte, fast neue Schuhe, ein aus einer alten Decke genähter Mantel oder auch ein Buch waren wunderbare Geschenke, über die ich glücklich war. Natürlich haben auch wir Kinder damals in den Wochen vor dem Fest gebastelt, gesägt und gemalt, um Eltern und Großeltern eine Freude zu machen.

Und alles spielte sich in einem einzigen Zimmer, dem Wohn- und Schlafzimmer meiner Großeltern, ab; in einem zweiten Zimmer lebte damals ihre Untermieterin Fräulein Helene Ließner, eine alleinstehende ältere Dame. Während der letzten Kriegsjahre lebten auch noch mein Cousin und meine Cousine bei ihnen, weil deren Wohnung in Berlin durch Bomben schwer beschädigt worden war. Aber komisch, es war immer genug Platz für alle da, wir hatten nie das Gefühl, dass es zu eng sei, und benutzten den langen Korridor für unsere Spiele – sicher nicht gerade zur Freude der Nachbarn, die sich aber erstaunlicherweise nie beschwert haben.

Das alte Fräulein von Puttkammer wohnte über meinen Großeltern; sie war die ehemalige Hausdame bei Familie Pitsch, über die noch zu reden sein wird. Sie kam nachmittags oft zu uns ins Wohnzimmer und dann spielten wir gemeinsam mit meiner Oma Karten oder „Mensch ärgere dich nicht". Sie war eine sehr vornehme alte Dame mit weißem Haar und legte besonderen Wert auf gute Manieren. Wir Kinder fanden das zwar lästig, aber so manche Lektion ist dabei doch bei uns angekommen, und um sie nicht zu verstimmen, haben wir uns bemüht, uns wenigstens einigermaßen gut zu benehmen – und nur hin und wieder zu schummeln.

Freitags war bei meinen Großeltern stets das Badefest für die gesamte Familie. Dann wurde der Badeofen geheizt und wir Enkel kamen nacheinander ins Badewasser, manchmal auch miteinander und das war dann immer ein großes Geschrei und Gespritze, bis das ganze Badezimmer zum Entsetzen meiner Großmutter unter Wasser stand. Anschließend zogen wir uns frische, wunderbar duftende Wäsche an und alle drei Wochen oder vier Wochen wurden an diesem Tage die Betten neu bezogen und das wohlige Gefühl in frisch gewaschener Bettwäsche schlafen zu dürfen, hat sich bis in die heutige Zeit erhalten.

Zum Wäschewaschen mussten wir – das heißt meine Oma und meine Mutter – hinunter in die Waschküche im Keller, wo der große Waschkessel stand, der mit Holz und Kohle beheizt wurde und wo sie die Wäsche noch per Hand mit Kernseife auf dem großen Waschbrett bearbeitet haben. Eine schwere, anstrengende Arbeit war das, denn die Waschküche stand nur alle drei bis vier Wochen für die einzelne Wohnung zur Verfügung und entsprechend groß war der Wäscheberg für die ganze Familie. Je nach Jahreszeit wurde die Wäsche dann im Hof oder oben auf dem Wäscheboden zum Trocknen aufgehängt, was allerdings im Krieg wegen der Brandbomben-Gefahr verboten war, sodass die Wäsche im Winter draußen oft steif gefroren war und wir Kinder aus Spaß Hosen und Hemden wie Figuren auf die Erde stellten.

Anschließend fuhren wir sie mit dem Handwagen zur Rolle, wo dann die großen Stücke wie Bettwäsche oder Tischtücher mit einer schweren Handkurbel glatt gerollt wurden. Kein Wunder, dass die Waschtage zu den gefürchtetsten in jedem Haushalt gehörten.

Zu den Festtagen wurde eine große Tafel gedeckt und dabei ging es oft sehr lustig zu – besonders Tante Anni aus Prenzlauer Berg mit ihrer großen Berliner Schnauze trug zur allgemeinen Erheiterung bei und erzählte unzählige spannende Geschichten aus ihrem Leben, die uns Kinder vor Lachen fast unter den Tisch warfen. Die Männer spielten stundenlang Schach – mit Zigarette oder noch besser Zigarre im Mund, und Opa rauchte seine Pfeife, die er selten ausgehen ließ und immer wieder bedächtig neu stopfte, später, nach dem Krieg, sogar mit selbst gezogenem und auf einer Leine im Wohnzimmer getrocknetem Tabak.
Bei einem solchen Fest an einem Nachmittag langweilten wir Kinder uns und kamen auf den Einfall, zum gegenüberliegenden Bahnhof zu gehen, mit der S-Bahn nach Potsdam zu fahren, dort in den Fernzug Richtung Berlin zu steigen, der in Wannsee halten musste, und dann mit der S-Bahn zurück nach Babelsberg zu kommen. Wir waren drei,

vier, sechs, sieben und neun Jahre alt, lösten also zwei Fahrkarten nach Potsdam zu je 20 Pfennige für uns beiden Größeren, stiegen in die S-Bahn und in Potsdam in den nächsten D-Zug Richtung Berlin. Wir blieben im Gang stehen und kein Kontrolleur befragte uns, da man glauben konnte, wir gehörten zu den übrigen Fahrgästen. Wir fuhren an Omas Wohnung vorbei und freuten uns wie die Schneekönige, als wir die nichtsahnende Verwandtschaft durchs offene Fenster im Zimmer sitzen sahen. Gleich würden wir in Wannsee sein und umsteigen in die S-Bahn, um zurückzufahren. Aber – oh Schreck – der Zug durchfuhr den Bahnhof Wannsee und hielt auch nicht in Grunewald oder Charlottenburg. Langsam verging uns das Lachen. Endlich Bahnhof Zoo – der Zug hielt. Wir rannten zum S-Bahnsteig, aber – wir hatten keine Fahrkarten für die Rückfahrt und kein Geld!! Und es war inzwischen auch schon dunkel geworden, die Familie würde uns suchen! Damals gab es ja noch die Sperre mit einem Knipser und Kontrolleur am Eingang zum Bahnsteig. Wir überlegten aufgeregt und kamen endlich zu dem Schluss: Wir müssen betteln! Also gingen mein ältester Cousin und ich zu den Leuten am Bahnhof und sagten: „Entschuldigen Sie, haben Sie vielleicht zehn Pfennige für uns, wir haben keinen Fahrschein und müssen nach Hause." Einige Leute schüttelten den Kopf, aber andere gaben uns das Geld, beobachten aber genau, ob wir wirklich Fahrkarten kaufen würden. Glücklich und erleichtert fuhren wir die 40 Minuten lange Strecke nach Babelsberg zurück, klingelten zu Hause und sahen, dass alle noch am Kaffeetisch saßen, plauderten und nicht mal bemerkt hatten, dass wir fast drei Stunden lang verschwunden waren. Erzählt haben wir die Geschichte erst viel später – sonst hätte es wohl doch noch ein Donnerwetter gegeben.

Erna –
ein Leben ohne Beine

In dieser Zeit war eine Freundin meiner Mutter – unsere Tante Erna – eng mit unserer Familie verbunden. Sie war als 17-jähriges Mädchen von ihrem Freund schwanger geworden – zu jener Zeit eine unerhörte Schande. Ihre Eltern waren entsetzt und machten ihr schwere Vorwürfe. Und obwohl ihr Freund sie liebte und sie schnell heiraten wollte, stürzt sie sich eines Abends verzweifelt und voller Panik vor einen Zug, der ihr beide Beine bis obenhin abfuhr. Bewusstlos blieb sie eine ganze Nacht lang unbemerkt im Gebüsch neben den Gleisen liegen. Erst am nächsten Morgen entdeckte man sie und wie durch ein Wunder war sie nicht verblutet. Sie wurde gerettet, aber das Kind musste ihr abgenommen werden und ihr Freund trennte sich von ihr. Trotz ihres schweren Schicksals imponierte sie mir meine ganze Jugend hindurch mit ihrem Optimismus, ihrer Lebensfreude und ihrem Lachen, das sie wiedergewonnen hatte. All ihre Kraft, die sie für ihr ungeborenes Kind gebraucht und nicht gehabt hatte, fand sie nun zurück. Mit ihren beiden Prothesen und zwei Krücken stieg sie jede Treppe hoch, kam zu unseren Geburtstagen, unternahm mit ihrem Rollstuhl Reisen, ging ins Theater und konnte selbst nicht mehr begreifen, wie leicht sie einmal ihr Leben wegwerfen wollte. Wenn sie bei uns übernachtete, schnallte sie ganz selbstverständlich ihre Beinprothesen ab und bat mich, sie an die Wand zu lehnen. Etwas beklommen sah ich dann auf ihre Beinstümpfe und die Prothesen, aber sie machte ein paar witzige Bemerkungen über ihre „Holzstelzen", lachte und machte sie damit ganz selbstverständlich zur Normalität. Nur wenig später im Krieg begegnete ich überall auf den Straßen verwundeten Soldaten, die Arme oder Beine verloren hatten, und auch dieser Anblick gehörte bald zum Kriegsalltag.

Meine Tante lernte nach dem Krieg einen Mann kennen, dem eine Granate beide Arme weggerissen hatte. Sie heirateten und haben sogar ihren Haushalt selbst bewältigt, gekocht, sauber gemacht, Wäsche gewaschen und gemeinsam eingekauft. Sie fuhr mit ihrem Rollstuhl und lud ihn voll mit den Einkaufstaschen, die sie dann beide in die Wohnung schleppten. Und da er keine Arme hatte und sie an zwei Krücken ging, benutzten sie Umhängetaschen. Mit einer erstaunlichen Geschicklichkeit und großem Einfallsreichtum schafften sie sich trotz ihrer Behinderungen ein glückliches und selbständiges Leben. Später, als sie alt waren und nicht mehr allein für sich sorgen konnten, mussten sie in ein Pflegeheim, aber da es damals in der DDR nur getrennte Heime für Männer und Frauen gab, bekamen sie kein gemeinsames Zimmer, sondern wurden in verschiedenen Häusern untergebracht. Alt und behindert war es ihnen unmöglich, sich gegenseitig zu besuchen, und so wurden sie für das Ende ihres Lebens getrennt. Jeder starb für sich allein – ohne dass sie sich noch einmal wiedersehen konnten.

Der gelbe Stern

Mein Großvater war gelernter Gärtner und hat fast sein ganzes Leben lang für die jüdische Familie Pitsch in Neubabelsberg – später hieß es Ufa-Stadt und heute Griebnitzsee – als Privatgärtner gearbeitet, erst bei den Eltern, dann beim Sohn Ernst und dessen junger Frau und den zwei Kindern.

Die Familie Pitsch hatte eine Textilfabrik in Babelsberg und war mit meinen Großeltern zeitlebens sehr befreundet. Mein Großvater legte die wunderbare, riesige Gartenanlage mit Tennisplatz und Spalierobst an, betreute Haus und Garten und blieb auch bei der Familie, als sie von den Nazis gezwungen wurde, ihr großes Haus abgeben und ins Gartenhaus zu ziehen und ihr Leben von unzähligen Schikanen bedroht wurde. In der Progromnacht im November 1938 wurde Ernst Pitsch verhaftet, sein Auto angesteckt und verbrannt. Mein Großvater erzählte damals aufgeregt, dass selbst die Schulmappe des kleinen Sohnes Werner mit allen Schulbüchern mitverbrannt sei und die Familie von SA-Leuten bedrängt wurde. Meine Tante Alice fuhr daraufhin stundenlang mit seiner Frau und den beiden Kindern mit dem Fahrrad durch den Wald, um sie vor weiteren Übergriffen zu schützen. Familie Pitsch hatte zu der Zeit bereits ein Visum, eine Ausreisegenehmigung mit dem Schiff nach Australien und die Schiffspassage war schon gebucht. Dem unerschrockenen und geradezu hochstablerischen Einsatz von Luise Brandt, die gerade das Gartenhaus von Familie Pitsch zu einem normalen Preis gekauft hatte – was bei jüdischen Immobilien zu dieser Zeit absolut nicht selbstverständlich war –, und ihren guten Verbindungen zu höchsten Naziverantwortlichen ist es zu verdanken, dass Ernst Pitsch noch aus dem Konzentrationslager auf das Schiff gebracht werden konnte und so mit der ganzen Familie, mit Frau Gerda und den Kindern Aenne und Werner in Australien überlebte. Sofort nach Ende des Krieges nahmen sie die Verbindung zu meinen Großeltern wieder auf, schrieben viele Briefe und schickten trotz ihrer eigenen schwierigen Situation einige liebevoll gepackte Pakete.

Die Eltern von Ernst und Gerda Pitsch hatten sich aufgrund ihres Alters nicht mehr zur Emigration entschließen können, wurden ins KZ Theresienstadt gebracht und sind in der Gaskammer umgekommen.

Übrigens war Aenne ein bildhübsches, blondes, völlig „arisch" aussehendes Mädchen, das einem Fotografen, der sie auf der Straße fotografierte und nichtsahnend als deutsches Mädchen in seinem Schaufenster in Babelsberg ausstellte, erheblichen Ärger einbrachte. Aenne und Werner leben noch heute mit ihren Familien in Sydney und mein Kontakt zu Aenne ist sehr eng geblieben. Jedes Jahr kommt sie nach Deutschland und besucht uns in Berlin.

Auch Günter Thomas Meyer, ein naher Verwandter der Familie, der damals im Haus neben meinen Großeltern wohnte und dessen gesamte Familie ebenfalls beim Holocaust ermordet wurde, überlebte als Dirigent in Amerika und dirigierte Anfang der achtziger Jahre ein Konzert in Ostberlin mit dem Sinfonieorchester Berlin, zu dem er mich und meinen Mann einlud. Es war der Beginn einer engen Freundschaft bis zu seinem Tode im Jahre 2004.

Etwa 1940 sah ich übrigens zum ersten Male bewusst zwei junge Frauen mit dem gelben Stern auf der Brust. Ich weiß es noch genau, ich war auf dem Weg zu meiner Tante Alice, als ich im „Hasensprung" den zwei Frauen begegnete und ihr anschließend aufgeregt davon berichtete. Zu dieser Zeit lebten noch viele jüdische Familien im reichen Grunewald, deren Leben in dieser Zeit besonders bedroht war, und auf meine aufgeregten Fragen erzählte mir meine Tante mehr über das Schicksal und gefährdete Leben von Juden in dieser Zeit. Nach dem Krieg hat mich der Defa-Film „Ehe im Schatten" von Kurt Maetzig mit Ilse Steppat und Paul Klinger in den Hauptrollen tief beeindruckt. Ich habe ihn mindestens zehnmal gesehen und er hat mich immer an diese Begegnung erinnert. Ich habe oft darüber nachgedacht, welches Schicksal diese beiden unbekannten Frauen wohl erlitten haben. Auch das Gleis 17 auf dem Bahnhof Grunewald, von dem aus von 1941 bis 1945 über 50.000 jüdische Männer, Frauen und Kinder in die Vernichtungslager geschickt wurden, erinnert mich immer wieder an das grausame Schicksal dieser Menschen in der Nazizeit.

Ungefähr 1949 geriet ich als ganz junges Mädchen durch Zufall in eine Lesung von „Korczak und seine Kinder" mit Ilse Steppat in einem Saal in der Fasanenstraße in Berlin. Ich hatte auf einem Plakat von dieser Lesung erfahren und saß nun allein zwischen all den Menschen im Saal, die sich alle zu kennen schienen und sich sehr emotional umarmten und begrüßten. Ich glaube, ich war in eine Veranstaltung der jüdischen Gemeinde geraten, hinter mir saßen Arthur Brauner und seine bildhübsche junge Frau Maria. Ich glaube, fast alle in diesem Saal hatten nahe Angehörige, Eltern, Kinder, Geschwister oder Freunde in den Vernichtungslagern verloren. Bei „Korczak und seine Kinder" geht es um den Weg von jüdischen Kindern in die Gaskammer, auf dem ihr Lehrer sie begleitet. Mit kleinen Geschichten versucht er sie von der schrecklichen Realität abzulenken und ihnen ihre Angst zu nehmen. Es ist eine unglaublich erschütternde Erzählung, die im Saal unter all den betroffenen Menschen eine tiefe Trauer und Verzweiflung hervorrief; alle weinten und ihr verzweifeltes Schluchzen habe ich nie vergessen können. Durch diesen Abend begriff ich zum ersten Mal bewusst viel von dem Leid und der unfassbaren Grausamkeit gegen jüdische Menschen in Nazideutschland.

Geborgenheit

Ich muss noch etwas über die Eltern meiner Mutter erzählen, die mein Leben prägten und bei denen ich einen großen Teil meiner Kindheit und Jugend verbrachte.

Mein Großvater war ein Mann mit eisernen Prinzipien: Täglich um 7 Uhr begann er als Gärtner bei der Familie Pitsch mit der Arbeit, um 11.40 Uhr machte er Mittagspause, Punkt 12 Uhr saß er zu Hause am Mittagstisch, 10 Minuten nach 12 Uhr war er mit dem Essen fertig, 10 Minuten ruhte er auf dem Sofa, 5 Minuten vor halb 1 Uhr fuhr seine Bahn zurück und pünktlich um 12.40 Uhr begann er wieder mit der Arbeit. Er sprach wenig, liebte seine Ruhe und Behaglichkeit und ließ sich rundum von meiner Oma verwöhnen.

Übrigens, während die Familie Pitsch im Sommer im Urlaub war, wohnte einmal eine Familie aus der japanischen Botschaft in ihrem Haus, die eine kleine Tochter in meinem Alter hatte. Mein Großvater wurde gebeten, mich täglich als Spielgefährtin für die kleine Yoshi mitzubringen. Ich war so vier oder fünf Jahre alt und wir spielten wunderbar zusammen, fuhren die Katze im Puppenwagen spazieren, malten und hatten jeden Nachmittag eine Stunde Akrobatik mit einer extra dafür ins Haus kommenden Lehrerin. Ich fand alles aufregend schön. Zu Mittag aßen wir meist auf der Terrasse Gerichte, die ich nicht kannte, aber die ich neugierig probierte. Einmal gab es leckere Eierkuchen, als sich plötzlich eine Biene auf Yoshis Eierkuchen setzte; sie wurde vertrieben, aber sofort wanderte der gesamte Eierkuchen in den Müll und ein neuer wurde serviert. Ich konnte es nicht fassen, der ganze wundervolle Eierkuchen wurde weggeworfen – nur weil eine Biene davon gekostet hatte! Am Abend erzählte ich es aufgeregt meiner Oma, die kopfschüttelnd sagte, ja, Kind, das ist sehr traurig, denn man hätte den schönen Eierkuchen ruhig weiteressen können – auch wenn genug Geld für viele neue da ist. Und Essen wegzuwerfen, das wäre bei meiner sparsamen Oma nie passiert.

Sie war stets der Mittelpunkt in unserer Familie, meine über alles geliebte Großmutter, meine Oma Luise, deren Namen ich eigentlich als Zweitnamen führe, aber den ich inzwischen in liebevoller Erinnerung an sie zum Erstnamen gewählt habe. Zu ihr ging ich täglich nach der Schule, aß dort zu Mittag, machte meine Schularbeiten am großen Küchentisch, und dann wartete sie oft schon feingemacht mit alter, goldener Halskette und Handtasche auf mich, um zu „verreisen", das heißt, wir fuhren mit der S-Bahn zu Geburtstagen oder den verschiedensten Anlässen in allen Teilen Berlins und ich durfte sie begleiten. Einmal waren wir bei ihrer Schwester Linda in Stahnsdorf zum Geburtstag, die einen Bauernhof mit Kuhstall hatte. Als ich die Kühe im Stall besuchte, rutschte ich aus und fiel in die Abflussrinne voller Kuhscheiße. Mein schönes weißes Kleid war hin, ich stank entsetzlich, alle lachten, ich wurde in den Wasserkübel gesteckt, abgeschrubbt und musste in geliehenen Sachen nach Hause fahren. Meine Oma hatte später viel zu tun, um den Gestank wieder aus meiner Kleidung herauszuwaschen.

Sie ist bei bester Gesundheit und klarem Kopf genau wie mein Großvater 92 Jahre alt geworden. Sie war witzig, einfallsreich, stets guter Laune und eine wunderbare Zauberköchin, die auch in schlechtesten Zeiten immer etwas Gutschmeckendes – meist Eintopf – auf den Tisch brachte. Selbst Kohlrüben, Brennnesseln als Spinat gekocht, Wirsing- und Weißkohl wurden zum Leibgericht von uns Kindern. Besonders „schmackhaft" allerdings wurde uns das Essen sehr oft durch meine Mutter gemacht, die alle Kinder um sich herum versammelte, mit dem Löffel rundum fütterte und dabei die von ihr selbst erdachten Geschichten von Paul und Klärchen erzählte. Die waren für uns so spannend, dass wir immer noch um Nachschub bettelten, nur um weiter zuhören zu können. Als besondere Belohnung gab es sogar hin und wieder Kompott, aber immer nur in kleinsten Portionen, und so war mein sehnlichster Traum als Kind, mich einmal an Erdbeerkompott satt essen zu können. Als ich mein erstes eigenes Geld verdiente, habe ich diesen Traum wahr gemacht, habe mir ein großes Glas Erdbeerkompott gekauft und es hintereinander aufgegessen, bis mir schlecht wurde.

Aber meine Oma hatte auch so einige „Scherze" drauf. Als später einmal ein Freund bei mir übernachtete, schüttete sie ihm, als er morgens leise aus der Haustür trat, einen Topf Wasser über den Kopf – zur „Abkühlung", wie sie lachend zugab. Zum Glück hatte er Humor und ertrug die kleine Morgenwäsche mit Fassung – abgekühlt hat sie seine leidenschaftliche Liebe zu mir allerdings nicht.

Ein Spatz, ein Dorf und
andere Begebenheiten

In meine Klasse ging während der Kriegsjahre ein Mädchen, das aus einem Dorf bei Stendal kam und das vorübergehend bei ihrer Tante in Potsdam lebte, um eine bessere Schulbildung zu erhalten. In ihrem Dorf Niedergörne bei Arneburg gab es nur eine Ein-Klassenschule, in der ihr Vater der Schulmeister und zugleich der Schäfer des Dorfes war. Sie hieß Edith Baucke, war ein liebes, intelligentes, rotbäckiges Mädchen, und wir freundeten uns bald an.

Kurz vor Ende des Krieges, als Potsdam bei dem großen Bombenangriff zerstört wurde, holten ihre Eltern sie besorgt wieder nach Hause zurück. Wir schrieben uns regelmäßig, und ein paar Monate nach Ende des Krieges lud sie mich ein, in den Ferien ein paar Wochen in ihrem Dorf zu verbringen, um mich mal wieder richtig satt essen zu können. Ich freute mich wahnsinnig, denn trotz der bei Kriegsende erbeuteten, gehamsterten oder auf andere Weise herangeschafften Lebensmittel litten wir unter großem Hunger. Selbst Kartoffelschalen und Brennnesseln wurden gekocht, Bucheckern gesucht und mühsam ausgepalt. Alles, was irgendwie entbehrlich war – Wäsche, Bestecke, Teppiche, Kleidung, Schmuck – wurde unter großen Schwierigkeiten auf dem Lande beim Bauern gegen etwas Essbares, also Kartoffeln, Eier, Speck oder Mehl getauscht, meist weit unter dem Wert, aber wir hatten keine Wahl und wollten leben. Wir hingen dabei wie die Affen auf Trittbrettern und Dächern der völlig überfüllten Vorortzüge, die aber glücklicherweise nicht sehr schnell fuhren, sonst hätten sie uns unterwegs wie reife Pflaumen abgeschüttelt. Wie stolz waren wir, wenn wir einen halben Rucksack mit Kartoffeln nach Hause brachten, und oft waren die sogar geklaut, das heißt, wir haben sie heimlich von den Feldern gestoppelt und durften uns dabei nicht von den Bauern erwischen lassen.

Ich erinnere mich, dass ich in dieser Zeit bei einer anderen Schulfreundin, die aufs Land gezogen war, zum Essen eingeladen wurde. Wir aßen im Wohnzimmer und auf jedem Teller lag ein kleiner Braten, also in dieser Zeit eine große Delikatesse, und wir verspeisten alles bis auf den letzten Brocken. Kurz nach dem Essen brachten wir das Geschirr in die Küche. Dort sah ich auf dem Tisch einen ganzen Berg dunkelgrauer Federn liegen. Ich fragte, was das für Federn seien. Meine Freundin sagte, ach, das sind nur die Federn von den Spatzen, die wir eben gegessen haben … Mir ist noch heute übel, wenn ich daran denke, obwohl ich zugeben muss, dass mir der kleine Spatz damals sehr gut geschmeckt hat.

Eines Tages, in den Herbstferien, fuhr ich der Einladung meiner Freundin Edith folgend allein mit dem Zug bis nach Arneburg bei Stendal, wo mich meine Freundin und ihr großer Bruder Fritz mit dem Pferdefuhrwerk vom Bahnhof abholten und mit mir nach Niedergörne fuhren. Es war ein ganz winziges Dorf mit nur wenigen Häusern, selbst die Einklassenschule war inzwischen stillgelegt worden. Die Eltern hatten einen kleinen Bauernhof, empfingen mich dünnen, blassen Stadtmenschen sehr liebevoll und warmherzig und wollten mich erst mal wieder aufpäppeln. Natürlich musste jeder auf dem Hof und auf dem Feld mithelfen, und so ging ich mit aufs Feld, half auf dem Hof, hütete die Schafe und sah zu, wie man „butterte", also in einem Holzgefäß aus der Sahne die Butter schlug. Ich bekam frische Milch zu trinken, wunderbare nahrhafte Eintöpfe und Kartoffeln mit Fleisch und Gemüse zu essen, alles Dinge, die es zu Hause schon lange nicht mehr gab. Ich fühlte mich richtig wohl.

Nur einmal erlebte ich Stadtmensch einen Schock. Die große Schäferhündin hatte Junge bekommen. Sechs süße kleine Knuddeltiere. Eines Tages waren sie verschwunden. Ich fragte, wo sie denn seien. Ach, die sind weg, wurde mir geantwortet. Etwas später brachte ich Abfall zum Misthaufen. Dort lagen die sechs, erschlagen, mit blutigen Mündern. Ich war entsetzt. Aber man sagte mir, so sei das nun mal auf dem Land mit jungen Hunden – und junge Kätzchen würden in der Wassertonne ertränkt …

Die ersten zwei Wochen vergingen wie im Flug. Ich schlief mit Edith in ihrem Bett und abends redeten wir noch stundenlang, bis wir todmüde einschliefen. Eines Tages bemerkte ich, dass es an meinen Beinen und Armen zu jucken begann und sich rote Stellen bildeten, die sich zu schmerzenden Eiterbeulen entwickelten. Ich fühlte mich hundeelend und schwer krank. Auch Edith und ihre Eltern waren erschrocken. Sie vermuteten, dass ich das ungewohnte gute Essen nicht vertrage und deshalb mein Körper rebellierte. Ich musste unbedingt zu einem Arzt und so beschlossen wir, dass ich am besten auf schnellstem Wege nach Hause zurückkehren sollte. Sie fuhren mich wieder mit dem Pferdefuhrwerk bei strömendem Regen zum Bahnhof und ich nahm todkrank den nächsten Zug nach Stendal und von da aus den Zug nach Berlin. Dort kam ich aber erst mitten in der Nacht an, und vom Bahnhof Westkreuz fuhr keine S-Bahn mehr nach Babelsberg. Ich war ganz allein auf dem Bahnsteig. Also legte ich mich frierend im Wartehäuschen auf die Bank, deckte mich mit einer Zeitung zu und versuchte trotz der Kälte und des Regens, der durch das Dach tropfte, zu schlafen. Nach einiger Zeit entdeckte mich bei seinem Rundgang die Bahnhofsaufsicht und nahm mich mit in den warmen Aufsichts-raum, wo ich dann bis zum ersten Zug gegen 5 Uhr bleiben durfte. Natürlich war meine Mutter entsetzt, als sie mich sah. Sie ging sofort mit mir zum Arzt, ich fühlte mich sehr krank, hatte Fieber, Schmerzen und konnte meine geschwollenen Beine und Arme kaum noch bewegen. Glücklicherweise schlugen die Medikamente und Salben, die mir der Doktor verordnete, bald an und die schrecklichen Beulen heilten ab. Die Narben konnte man noch lange sehen. Welche Nachkriegsseuche ich mir da aber eingefangen hatte, weiß ich bis heute nicht. Sicher hatte sie etwas mit meinem Aufenthalt auf dem Lande zu tun.

Ein paar Wochen später erwachte ich morgens mit Fieber und starken Halsschmerzen. Zuvor hatte ich oft in dem Buch „Unser Hausarzt" ge-stöbert und über allerhand Krankheiten und ihre Anzeichen gelesen. Ich schaute also in den Spiegel und sah im Rachen dicke weiße Beläge, worauf ich zu meiner Mutter sagte: „Mutti, ich habe Diphtherie!" Meine Mutter lachte ungläubig und sagte: „Woher willst du denn das wissen", aber sie ging doch sofort mit mir zu unserem Hausarzt. Der guckte mir in den Hals und sagte kurz und knapp: „Diphtherie. Muss sofort ins Infektionskrankenhaus. Ist sehr ansteckend." Also fuhr ich mit meiner Mutter trotz des hohen Fiebers und der großen Ansteckungsgefahr für alle anderen Fahrgäste mit der vollbesetzten Straßenbahn nach Potsdam ins Krankenhaus, denn eine andere Fahrgelegenheit gab es damals nicht. Dort landete ich in einem riesigen Saal mit etwa 20 Betten und lauter erwachsenen Frauen, hörte tolle Liebes- und Lebensgeschichten und weniger für Kinderohren Geeignetes, sodass ich nach zwei Wochen in ein Kinderzimmer mit einem 2-jährigen kleinen Mädchen verlegt wurde. Ich musste insgesamt sechs Wochen in diesem Krankenhaus bleiben, ohne Besuche, denn da es ein Infektionskrankenhaus war – untergebracht in einer alten Schule –, durften Besucher nur unten auf der Straße stehen. Auch meine Mutter musste draußen bleiben, und so konnten wir uns über all die Zeit nur durch Winken oder lautes Rufen aus dem Fenster verständigen.

Als ich wieder zur Schule durfte, hatte ich eine Menge nachzuholen, denn niemand hatte mich in diesen Wochen mit Hausaufgaben versorgt und meine Lehrerin hat nur kühl gesagt, ich müsste mich allein drum kümmern, den Stoff nachzuholen, sie hätte keine Zeit dafür. Glücklicherweise hatte ich eine Mitschülerin, die mir half den Anschluss zu finden, sonst hätte ich es wohl kaum allein geschafft.

Wie wenig sich unsere damaligen Klassenlehrerinnen um das Wohl der ihnen anvertrauten Schülerinnen kümmerten, bemerkte ich auch am Beispiel einer Mitschülerin, die von der ersten Klasse an ungewaschen und in schmutziger Kleidung in die Klasse kam. Ihr Kopf hatte eine dunkle Dreckkruste, die Haare strähnten und ihr Kleid wurde nie gewaschen, bis es ihr quasi vom Körper fiel. Nie hat eine der Lehrerinnen die Eltern aufgesucht oder die Mutter zu einem Gespräch gebeten, um das an sich intelligente, aber durch ihr Äußeres abstoßende und ausgegrenzte Kind aus ihrer schrecklichen Situation zu befreien. Erst als Inge älter und selbstständiger wurde, hat sie selbst mehr auf ihr Äußeres geachtet und sich und ihre Kleidung selbst gewaschen. Als ich sie einmal nach Hause begleitete, war ich über den Zustand der

Wohnung entsetzt, in der sie mit ihren Eltern und drei Geschwistern lebte. Die ungemachten Betten hatten keine Bezüge, sie schliefen alle in den schmutzigen Inletts, die Mutter saß im Zimmer und las oder strickte, während alles um sie herum verdreckt und unaufgeräumt war. Als die Kinder größer wurden und selbst ihre Umwelt wahrnahmen, haben sie alle mitgeholfen, sich und die Wohnung einigermaßen in Ordnung zu halten, aber die körperliche Verwahrlosung ihrer frühen Jahre hatte niemand verhindert.

Noch eine schreckliche Erinnerung habe ich an Inge und ihre Familie. Ich hatte mir als etwa 8-jährige von meinem Taschengeld zwei weiße Mäuse gekauft, mit dem zur Aufbewahrung geeigneten Glasbehälter und etwas Spielzeug für sie. Ich fütterte die beiden lustigen Mäuse und beobachtete sie voller Freude bei ihrem Spiel mit dem Laufrad. Was ich allerdings nicht bedacht hatte, war, dass sie sich in Windeseile vermehrten und ehe ich mich versah, hatte ich statt der zwei Mäuse zehn, zwanzig, ja, immer mehr kamen hinzu. Meine Mutter sah das mit Sorge und empfahl mir, die Tiere doch auch an Schulfreundinnen zu verschenken. Inge war gleich bereit, die gesamte Mäusefamilie zu übernehmen, und nahm sie freudestrahlend mit nach Hause. Ihr Vater sah die Mäuse, nahm ihr den Behälter aus den Händen und schütte den gesamten Inhalt mit den Tieren in den brennenden Ofen. Weinend erzählte mir Inge am nächsten Tag die Geschichte und mir wird noch heute schlecht, wenn ich an diese schreckliche, grausame Handlung ihres Vaters denke. Obwohl ich ihn kaum kannte, habe ich ihn dafür gehasst.

Vater

Mein Vater spielte in meinem Leben leider nur eine untergeordnete Rolle. Ich kann mich nicht erinnern, jemals mit ihm gespielt oder sonst etwas zusammen mit ihm unternommen zu haben – außer, dass wir, als ich noch sehr klein war, ein- oder zweimal mit den Fahrrädern zum Pilze sammeln in den Wald und an den Teufelssee gefahren sind. Er war ja fast meine ganze Kindheit hindurch nicht zu Hause. Gleich am Anfang des Krieges wurde er zur Wehrmacht eingezogen, nach einem Jahr für kurze Zeit reklamiert, weil er als Lackierer in einer kriegswichtigen Fabrik arbeitete, aber dann kam er wieder an die Front, diesmal in Russland, geriet in russische Gefangenschaft und kehrte erst 1948 krank, aufgeschwemmt und völlig verändert nach Hause zurück. Die Ehe mit meiner Mutter, die in den Kriegs- und Nachkriegsjahren allein für sich und uns Kinder gesorgt hatte, die arbeitete und inzwischen gewohnt war, ihre eigenen Entscheidungen zu treffen, sich nicht mehr unterzuordnen, wie sie es in den ersten Jahren ihrer Ehe getan hatte, war nicht mehr zu retten und nur wenige Jahre darauf wurde sie geschieden. Ich lebte zu dieser Zeit bereits bei meinen Großeltern und sah meinen Vater nur selten. So blieb er immer ein Fremder für mich und der Kontakt zu ihm war auch später auf wenige Begegnungen beschränkt. Heute weiß ich, wie sehr mir mein Vater in meiner Entwicklung gefehlt hat, wie sehr ich seine Geborgenheit, seine Sicherheit, seine Liebe und seinen Rat gerade als Kind und auch später als Heranwachsende gebraucht hätte. Als er aus der Gefangenschaft nach Hause kam, hatte auch er Hemmungen, auf seine inzwischen fast erwachsenen Töchter zuzugehen, deren Kindheit er durch den Krieg nicht miterleben durfte und die ihm nach seiner Rückkehr als fremde junge Mädchen gegenüberstanden. Besonders als es eine neue Frau in seinem Leben gab, scheute er den Kontakt mit uns; ich hatte den Eindruck, es war ihm peinlich uns seine neue Lebensgefährtin vorzustellen. Er heiratete sie kurz nach der Scheidung von meiner Mutter. Christa war seine große Liebe, eine junge Mitarbeiterin Mitte 20; er war damals Anfang 50. Beide bezogen eine gemeinsame Wohnung, meinem Vater ging es wieder gut, sie waren glücklich und sparten für eine AWG-Neubauwohnung. Seine junge Frau verschwieg ihm aber, dass sie kurz nach der Heirat an Unterleibskrebs erkrankte, verschwieg es ihm aus Liebe bis zuletzt. Erst als sie wenige Tage vor ihrem Tod mit unerträglichen Schmerzen in eine Klinik eingeliefert werden musste, erfuhr mein Vater geschockt, dass seine geliebte Frau sterben würde. Er hat ihren Tod nie überwunden. Kurz darauf war seine AWG-Wohnung bezugsbereit, für die er jahrelang eingezahlt hatte. Sie durfte aber nur mit zwei Personen bezogen werden. Er heiratete also eine flüchtige Bekannte, bezog mit ihr die Wohnung, erkrankte kurz danach ebenfalls an Krebs und starb ungeliebt und vereinsamt in seiner Wohnung. Ich hab ihn während dieser Monate ein paar Mal besucht, aber uns blieb nur noch wenig Zeit Versäumtes nachzuholen – der Krieg mit all seinen Folgen hatte unsere Familie zerstört.

Meine Mutter

Meine Mutter hatte in unserer Familie für mich die dominierende Rolle. Sie war meine ganze Kindheit hindurch meine engste Bezugsperson, die mich beschützte, ernährte, die mir die ersten Märchen vorlas und viele selbst erdachte Geschichten erzählte. Die Scheidung von unserem Vater nach vielen Ehejahren, von denen sie allerdings durch Krieg und Gefangenschaft nur wenige miteinander verleben konnten, hat sie nur schwer verkraftet und ihm nie verziehen. Zu hart traf sie die Demütigung, schon bald nach seiner Rückkehr aus Russland wegen einer wesentlich jüngeren Frau verlassen worden zu sein, ohne Anspruch auf irgendeine finanzielle Unterstützung durch ihn – wie es bei Scheidungen in der DDR damals üblich war. Jeder hatte anschließend nur für sich selbst zu sorgen, sogar nach einer lange bestehenden Ehe mit Kindern. Glücklicherweise hatte sie schon früh und in den Kriegsjahren ihr Leben selbst in die Hand genommen. Um für uns Kinder tagsüber da zu sein, trug sie jahrelang frühmorgens Zeitungen aus. Damals musste man die Zeitungen noch bis in die obersten Etagen der mehrstöckigen Häuser bringen, die Briefkästen unten im Hausflur, so wie heute meist üblich, gab es noch nicht. Wie oft habe ich ihr vor der Schule, am Wochenende oder in den Ferien beim Zeitungsaustragen in aller Frühe geholfen. Der schwere Zeitungsberg wurde aufs Fahrrad geladen und dann ging es von Haus zu Haus, treppauf-treppab, immer bis unters Dach der oft vierstöckigen Häuser – das war Schwerarbeit. Viele Jahre später konnte sie dann glücklicherweise einen körperlich leichteren Job bekommen und arbeitete als Kassiererin bei einer großen Firma in Babelsberg.

Uns Kindern gegenüber war sie immer offen für alles, was wir unternahmen, versuchte unsere Wünsche und Wege zu verstehen und zu unterstützen, auch wenn sie für sie völlig unbekannt waren. Sie war eine wunderbare, äußerst aktive, allem Neuen zugewandte Frau. Aber in dieser für sie sehr kräftezehrenden Zeit des Krieges und der

Nachkriegszeit, wo es darum ging, das Lebensnotwendige zu organisieren, blieb wenig Kraft für ihre eigenen Interessen und so auch kaum Zeit, ein Buch zu lesen. Bei uns zu Hause gab es in meiner Kindheit überhaupt nur drei Bücher, die einsam in unserem Schrank standen. Ich erinnere mich an „Drei Männer im Eis", „Unser Hausarzt" und den „Knigge" – wer weiß, woher sie den hatten –, den ich schon im Alter von acht oder neun Jahren aufmerksam studierte und dabei die Grundbegriffe des menschlichen Miteinander erlernte. Von da an beobachtete ich interessiert, wer wem in den Mantel half, die Tür öffnete und den Vortritt ließ. Ich konnte es nicht erwarten lesen zu lernen, und kaum konnte ich erste Sätze entziffern, stürzte ich mich auf jedes Buch, wurde schnell regelmäßiger Gast in der Leihbücherei und streifte auf eigene Faust quer durch die Weltliteratur. Bücher begannen mich zu faszinieren, ich verschlang sie regelrecht. Ich nutzte jede Minute, um in irgendeiner Ecke zu „schmökern" – wie meine Mutter immer sagte und warnte: „Du verdirbst Dir die Augen!!" Trotzdem hat sie mir später zu jedem Fest Bücher geschenkt und noch heute ist es so, dass ich die Welt vergesse, wenn ich mich in ein fesselndes Buch vertiefen kann, da können sich neben mir Menschen unterhalten, der Fernseher oder das Radio laufen, es stört mich nicht. Damals aber halfen mir Bücher, mich aus der Wirklichkeit des schrecklichen Krieges und der Nachkriegszeit in die wunderbaren und faszinierenden Geschichten fremder Personen, Welten und Orte hineinzuträumen.

Meine Mutter begann erst spät im Alter, als sie endlich mehr Zeit für sich selbst hatte, begeistert Bücher zu lesen und mit uns darüber zu sprechen. Als ihre Augen schlechter wurden und ihr das Lesen schwer fiel, brachte ich ihr oft Hörbücher und interessierte sie für das Hören von Konzerten und ganzen Opern. Es war eine späte, aber sehr glückliche Erfahrung für sie. Übrigens fuhr sie bis ins hohe Alter von über 95 Jahren täglich mit zwei Bussen zu uns in die Wohnung, machte sich nützlich soweit es ging und war glücklich, während unserer Reisen unsere Wohnung und die Katze hüten zu dürfen. Nur selten ließ sie sich mit dem Auto abholen oder nach Hause fahren. Sie genoss es, dass sie sich mit den Leuten unterwegs im Bus unterhalten konnte und dass sie erstaunt gefragt wurde: „Was, Sie sind schon über 90 und noch so fit und unternehmungslustig?" Sie war von einer unglaublichen Vitalität, sehr phantasiereich im Erfinden von Geschichten und – schauspielerisch recht begabt, wie wir erst spät feststellten. Dann führte sie uns perfekt gespielt und mit großer Ernsthaftigkeit aufs Glatteis und genoss amüsiert unsere Verblüffung.

Gestörte Träume

Das große Mietshaus, in dem meine Großeltern wohnten, hatte einen Hof, der unmittelbar an den Schulhof des Beethoven-Lyzeums grenzte, und ich konnte den Mädchen täglich in ihren Pausen beim Spiel zusehen. Mein sehnlichster Wunsch war es, ebenfalls dort zur Schule zu gehen. Von den Schulleistungen her wäre das kein Problem gewesen, aber meine Eltern und auch meine Großeltern hatten nicht den Mut, mich auf ein Lyzeum zu schicken; für sie war es etwas für die „besseren" Leute, da gehörten wir nicht hin. Niemand in unserer Familie hatte zuvor ein Lyzeum besucht und das Abitur abgelegt und so befürchteten sie, dass man mich dort ausgrenzen würde und ich es nicht schaffen könnte. Außerdem kostete es Schulgeld!! Ich teilte ihre Sorgen nicht, hätte es zu gern probiert und war todunglücklich. Aber gerade zu dieser Zeit wurde für begabte Kinder, die nicht zum Lyzeum durften, ein neuer Schulstrang eingerichtet, der ohne Schulgeld mit einem breit gefächerten Stundenplan bis zur Mittleren Reife führte. Ich wurde dafür ausgewählt und war froh über diese für mich unerwartete Möglichkeit.

Ich habe von meiner Mutter und meinen Großeltern unendlich viel Liebe empfangen und viel Verständnis gefunden für alles, was ich anstrebte, aber ich wollte Wege gehen, die sie nicht kannten, die ihnen Angst machten, weil sie sie nicht kannten und bei denen sie mir nicht helfen konnten. So stand ich bei allen für mich lebensweisenden Entscheidungen immer wieder alleine da und musste mir schon als Kind und junges Mädchen mühsam jeden Schritt vorwärts selbst suchen. Ich habe in meiner Unerfahrenheit unendlich viele Fehler und Umwege gemacht und auf dem Weg zu meinen Berufswünschen viel kostbare Zeit verloren, die mir später immer wieder fehlte und die ich nie mehr aufholen konnte.

Ich wollte unbedingt Tänzerin werden, aber niemand in meiner Familie oder näheren Umgebung hatte damit Erfahrung. So habe ich erst über einen großen Umweg zur Stoll-Peterka-Schule in Westberlin gefunden und später, als die Staatliche Ballettschule in Ostberlin gegründet wurde, war ich schon zu alt für die 6- oder 7-jährige Ausbildung, für mich kam nur noch die 3-jährige in Frage, die meine berufliche Karriere als Tänzerin von vornherein eingrenzte. Daneben spielten natürlich Krieg und Nachkriegszeit eine entscheidende Rolle; es war die denkbar ungünstigste Konstellation für den Beginn eines Lebens mit Zerstörung, Neuorientierung, den erst langsamen Wiederaufbau und letztendlich mit der Teilung unseres Landes, bei der ich in den östlichen Teil Deutschlands gehörte, die Grenze zu Westberlin lag direkt vor unserem Wohnort.

Bei meiner Schwester fünf Jahre später war alles schon besser geordnet, die Chancen für Arbeiterkinder waren größer und sie hat – auch durch Ansporn und Wegbereitung durch ihre Klassenlehrerin – den Weg zu Abitur und Studium geschafft; sie ist Journalistin geworden.

Verliebt

Als ich so etwa 15 Jahre alt war, gingen alle meine Mitschülerinnen in die Tanzstunde, um die gängigsten Schritte wie Walzer, Foxtrott und Tango zu lernen. Obwohl ich mit dem Tanzen keine Schwierigkeiten hatte, ging ich voller Neugierde mit, denn diese Kurse waren der erste Treffpunkt für uns Mädchen mit den Jungen, die meist ein oder zwei Jahre älter waren als wir und deren angedeutete schüchterne Verbeugung wir meist kichernd erwarteten. Natürlich waren diese Kurse auch zugleich eine Lektion für gutes Benehmen und von der Tanzstundenlehrerin, Frau Gallo, wurde streng auf die wichtigsten Grundregeln geachtet, wie zum Beispiel die kleine Verbeugung vorm Auffordern und das Zurückbegleiten der Partnerin zu ihrem Platz nach dem Tanz sowie die zumindest einigermaßen korrekte Kleidung. Ich zog mein schönstes Kleid an, es war himmelblau mit Smoke-Stickerei an den Schultern, und ich erinnere mich an diese Tanzstunde als eine aufregend prickelnde Zeit, an das erste Verliebtsein und die große Enttäuschung, wenn der Auserwählte ein anderes Mädchen aufforderte als mich. Wenn ich mich allerdings beim Tanzen im großen Spiegel heimlich betrachtete, musste ich feststellen, da war „vorne nichts und hinten nichts", ich hatte zu meinem Kummer noch so gar keine weiblichen Formen und die Jungen hielten sich für ihre ersten erotischen Erlebnisse lieber an die etwas älteren Mädchen mit etwas Busen. Ich war damals in Fritz, einen schwarzhaarigen Jungen aus der Nachbarschaft, heimlich verliebt. Einmal fuhr er mich nach der Tanzstunde auf der Lenkstange seines Fahrrades nach Hause und küsste mich verlegen aufs Haar. Das war alles. Etwas später begleitete mich Rolf, ein schon etwas älterer Junge. Vor unserer Kellertür küsste er mich heftig, wurde ziemlich zudringlich und versuchte, mich in den Keller zu drängen. Ich wehrte mich mit Händen und Füßen. So hatte ich mir die Liebe nicht vorgestellt. Mit Klaus, einem bildschönen blonden Jungen, wurde ich durch seine Mutter regelrecht verkuppelt. Sie lud mich oft ein und sorgte dafür, dass er mit mir tanzen und ins Theater ging. Mit ihm war ich das erste Mal in einer Oper. In der Westberliner Städtischen Oper am Zoo sahen wir „Carmen". Ich hatte mein Konfirmationskleid an, schwarze Pumps und Seidenstrümpfe, die aber ein wenig um meine dünnen Beinchen schlackerten, und war sehr aufgeregt. Die Oper gefiel mir sehr, aber von der Sängerin der Carmen war ich unsäglich enttäuscht. Sie war in meinen Augen viel zu alt, zu dick und noch dazu hässlich. Obwohl sie eine bekannte Sängerin war, passte sie so gar nicht zu der Rolle der schönen, temperamentvollen, rassigen Zigeunerin. Trotzdem faszinierten mich die Musik und das erregende Geschehen auf der Bühne. Mein Partner war ebenfalls begeistert, auch er liebte das Theater und dachte daran Bühnenkostüme entwerfen. Er hatte Schneider gelernt und wollte sich schnellstens an einem Theater für eine weitere Ausbildung bewerben. In dieser Beziehung verstanden wir uns ausgezeichnet und ich war gern mit ihm zusammen. Wir „gingen" eine ganze Weile miteinander und waren noch oft im Theater oder im Konzert. Er brachte mich danach stets bis vor die Haustür, küsste mich zum Abschied auf die Wange und – das war's! Zuerst dachte ich völlig naiv: „Was für ein anständiger, schüchterner Junge", bis mir eines Tages bewusst wurde, dass er mich nur auf Drängen seiner Mutter immer wieder einlud, dass er sich aber für Mädchen überhaupt nicht interessierte. Seine kluge Mutter hatte frühzeitig erkannt, dass er homosexuell veranlagt war und versuchte nun mit aller Kraft, ihn mit einem netten Mädchen zusammen zu bringen, was natürlich nicht gelingen konnte. Wir fanden uns sympathisch und unternahmen gern etwas gemeinsam, aber ich wusste damals noch nichts über Homosexualität und stand seinem Verhalten ziemlich hilflos gegenüber. Viel später am Theater wurde ich über das Thema aufgeklärt und habe dann oft mit schwulen Kollegen zusammengearbeitet und mich meist wunderbar mit ihnen verstanden. Charmant und feinfühlig sind sie fast immer besonders liebenswerte Kollegen, mit denen man selbst heiße Liebesszenen sehr glaubwürdig spielen kann. Von Klaus habe ich nie wieder etwas gehört. Er ging damals bald in den Westen, aber ich bin sicher, dass er seinen Weg zum Theater gefunden hat.

Ein Paar rosa
Spitzenschuhe

Wie schon angedeutet, gingen all meine Wünsche immer zum Ballett. Ich wollte tanzen. Kaum den Windeln entwachsen, drehte ich mich zu jeder Musik. Mein erster Auftritt sollte in der ersten Schulklasse in einem Weihnachtsmärchen als Schneeflocke sein. Wir hatten schon geprobt und meine Mutter hatte ein schönes, weißes Nachthemd von mir mit vielen Wattebäuschchen zur Schneeflocke verziert, als ich eine fieberhafte Mittelohrentzündung bekam und nicht mitmachen durfte. Mein Kummer war riesengroß! Etwas später wurde durch ein Filmteam in unserer Schule ein 6-jähriges Mädchen für eine Filmrolle gesucht. Ich wurde ausgewählt, aber kurz vor Beginn der Aufnahmen fielen mir vorn die beiden Schneidezähne raus und ein anderes Mädchen wurde genommen, erste große Enttäuschungen bei meinen künstlerischen Ambitionen – später im Leben kamen noch viele dazu, aber diese ersten wogen besonders schwer.

Als ich so etwa acht oder neun Jahre alt war, nahm mich eine Freundin als Begleitung mit zur Ballettschule Lucia Gallo. Wir hatten zwar kein Geld, aber ich durfte probeweise mitmachen und weil ich Talent zeigte, bot Frau Gallo meiner Mutter an, mich kostenlos zu unterrichten. Ich war außerordentlich biegsam, hatte einen hohen Spann und hohe Beine und brachte so alle körperlichen Voraussetzungen für das Ballett mit. Ich bekam von Frau Gallo ein Paar gebrauchte rosa Spitzenschuhe geschenkt, der Inbegriff all meiner Wünsche! Um die Zehen zu schützen, wurde deren Vorderteil dick mit Watte ausgestopft und mit Pflaster beklebt, aber trotzdem hatte ich beim Training immer wieder blutende, schmerzende Zehen. Doch mein Ehrgeiz war geweckt, ich biss die Zähne zusammen und ging so oft wie möglich begeistert zum Unterricht – bis der „totale Krieg" von Goebbels ausgerufen wurde und ab 1. September 1944 das Ende aller Theater und auch der Ballett-schulen brachte.

Erst Jahre später, als der Krieg zu Ende und meine Schulzeit abgeschlossen war, führte mich der Weg über einige Umwege in die Ballett-Schule von Anni Stoll-Peterka in Berlin-Witzleben. Zuvor war ich 1947 mit meiner Schulklasse zum ersten Mal in einer Operette, nein, es war mehr eine Ausstattungsrevue, die uns Kindern den Atem verschlug. Es waren die „Nächte in Shanghai" von Friedrich Schröder in der „Neuen Scala", einem ehemaligen Kino in der Schönhauser Allee. Die Ausstattung war umwerfend prächtig – und das in der ersten Nachkriegszeit, in der noch überall größter Mangel herrschte. Das Ballett und die blutjunge Sonja Ziemann, die nicht nur bildhübsch war, sondern spielen, singen und tanzen konnte, begeisterten mich so, dass ich auch die Melodien daraus bis heute nicht vergessen habe: „Komm mit mir nach Tahiti" und besonders „Träume kann man nicht verbieten". Auch mein Traum, einmal auf der Bühne zu stehen, wurde nun so stark wie nie zuvor. Zwar war ich zu dieser Zeit ein kleiner Pummel, denn als es endlich wieder mehr zu essen gab, stopfte ich ausgehungert alles in mich hinein, was auf dem Tisch stand. Als ich eines Tages einen ganzen Kastenkuchen, den meine Mutter gebacken hatte, allein hintereinander aufgegessen hatte und anschließend eine Schulfreundin traf, guckte sie mich prüfend an und sagte dann: „Ich glaube, es ist besser, wenn Du bald heiratest. Wenn Du weiter so fett wirst, kriegst Du keinen Mann mehr!" Also das gab mir doch zu denken und seit dieser Zeit habe ich bei allem, was ich esse, immer ein bisschen mein Gewicht im Hinterkopf. Als ich in die Ballettschule von Frau Peterka kam, schaute sie mich an und sagte: „Du bist begabt, mein Kind, aber der Speck muss weg. Also streng Dich an!!!" Innerhalb von nur vier Wochen hatte ich durch das tägliche Training eine schlanke Figur und sie lobte mich. Frau Peterka war zu dieser Zeit Ballettmeisterin im Metropol-Theater in der Friedrichstraße im damaligen Ostberlin, eine temperamentvolle, quicklebendige kleine Frau mit starker Ausstrahlung. Wir Schüler liebten und verehrten sie sehr. Obwohl sich ihre Schule in Westberlin befand und ich im Osten wohnte, konnte ich mein Schulgeld, das Frau Peterka für mich auf die Hälfte reduzierte, in Ostmark zahlen. Sie bekam es dann, wie zu jener Zeit üblich, vom Senat in Westmark umgetauscht. Meine Mutter konnte natürlich auch dieses Geld nicht aufbringen, aber das war für mich kein Problem. Sie hatte mich in der Schulzeit zu einem Steno-grafie- und Schreibmaschinen-Kurs geschickt, und so konnte ich mir nach dem Ballettunterricht, der täglich von 9 bis 14 Uhr stattfand, am Nachmittag mit vier Stunden Schreibarbeit in einem Büro in Pots-dam das Schulgeld verdienen. Das war ziemlich anstrengend, aber für mich selbstverständlich. Seit kurzem bewohnte ich auch das Zimmer der ehemaligen Untermieterin bei meinen Großeltern und hatte somit endlich meinen eigenen Raum, ein sehr schönes Erkerzimmer. Da meine Großeltern nur von einer sehr kleinen Rente lebten, war klar, dass ich für Kost und Logis ein monatliches Kostgeld von 70,– Mark an sie zahlte. Schon ein Jahr später konnte ich meinen Büro-Job aufgeben und mir dann mein Geld als Kleindarstellerin und in kleinen Ballettaufgaben an Berliner Theatern verdienen, so z.B. am Deutschen Theater oder im Theater am Schiffbauerdamm. Meine Abendgage lag damals zwischen sieben und zehn Ostmark, aber es war eine wunder-bare Zeit und ich habe all die berühmten Schauspieler jener Jahre aus nächster Nähe erlebt. Damals hatte fast niemand aus dem Theater ein Auto und so trafen sich alle – ob Schauspieler, Regisseure, Kleindarsteller oder Techniker – auf dem Weg zum Bahnhof oder in der S-Bahn. Wir fuhren miteinander, unterhielten uns und waren uns so näher, als es heute meist der Fall ist.

Ich habe all die berühmten Brecht-Inszenierungen dieser Zeit gesehen, so z.B. „Herr Puntila und sein Knecht Matti" – mit Kurt Bois als Puntila, Erwin Geschonneck als Matti und Regine Lutz als Eve, „Die Gewehre der Frau Carrar" mit Helene Weigel und Ekkehart Schall, die „Mutter Courage" mit Helene Weigel, Ekkehard Schall und Hilmar Thate sowie der wunderbaren Angelika Hurwicz als stummer Katrin; „Der gute Mensch von Sezuan" mit Käthe Reichel und „Der Kaukasische Kreidekreis" mit Angelika Hurwicz und Helene Weigel sowie Ernst Busch als Richter. In jeder freien Minute war ich im The-ater und bei vielen Proben als geduldete Zuschauerin bei Brecht dabei, und auch bei Wolfgang Langhoff, dem damaligen Intendanten des

Deutschen Theaters. Ich saugte alles, was ich sah, wie ein Schwamm in mich auf. Ich erlebte die wunderbare Kostümbildnerin Christine Stromberg bei der Arbeit und den Zauber-Kascheur Eddy Fischer in seiner Werkstatt beim Berliner Ensemble. Einmal traf ich ihn in Babelsberg auf dem Bahnhof, als ich gerade zur Ballettschule fahren wollte, und da fragte er mich, ob ich ihm für eine seiner Arbeiten Modell stehen wolle. Erschrocken habe ich abgelehnt. Leider.

Für eine Abendgage von zwölf Mark durften wir Ballettschülerinnen auch in dem Märchen „Aschenputtel" im Theater am Schiffbauerdamm – damals unter der Intendanz von Fritz Wisten – in der Regie von Franz Kutschera mittanzen. Die Titelrolle spielte die Ballerina Nora Mank und Michael Degen war der wunderschöne Prinz. Ich tanzte eine kleine Katze und wir alle schwärmten für unseren Traum-Prinzen. Als er später andere Verpflichtungen hatte, übernahm der junge Armin Müller-Stahl diese Rolle.

Obwohl ich fast täglich bis spät abends in Berlin auf der Bühne stand und am nächsten Morgen um 9 Uhr schon wieder pünktlich beim Training war, gehört diese Zeit mit zur glücklichsten meines Lebens; ich spürte keine Anstrengung, alles machte mir Spaß, ich war in ständiger Hochstimmung, alles fiel mir leicht.

Neben uns Schülerinnen trainierten in unserer Ballettschule auch Gäste und viele fertige Tänzerinnen, die schon an Theatern engagiert waren. Eines Tages erschien dort auch ein etwa 10-jähriges, blondes, etwas kräftiges Mädchen mit ihrem Großvater, um mit zu trainieren. In einer Pause ging sie ans Klavier und fragte: „Soll ich Euch mal etwas vorsingen?" Kaum einer beachtete die Frage, als sie plötzlich eine Arie aus der Oper Butterfly sang, mit der Stimme einer ausgebildeten Sängerin, leicht, glockenrein, sich selbst am Klavier begleitend. Das Studio lag im Erdgeschoss und die Fenster waren in der Pause geöffnet. Draußen blieben die Leute stehen. Alle klatschten danach, aber Anja lächelte nur, als sei es nichts Besonderes. Es war Anja Silja, der spätere internationale Gesangsstar, die wunderbare Wagnersängerin, die damals mit ihrem Großvater, der sie schon als Kind in Gesang unterrichtet hatte, für kurze Zeit zum Ballettunterricht kam.

Schock

In dieser Zeit der ersten Theaterarbeit und der vielen gemeinsamen S-Bahn-Fahrten und unterhaltsamen Gespräche mit Schauspielern, Technikern und anderen Mitarbeitern der Theater, führte ich auch häufiger sehr interessante väterlich-freundliche Gespräche mit einem schon etwas älteren Dramaturgen. Eines Tages fragte er mich, ob ich nicht Lust hätte, mit ihm gemeinsam zu Abend zu essen; seine Frau sei verreist und er würde so ungern allein essen. Er lud mich in seine Wohnung ein. Nach einem sehr schönen Abendessen, zu dem er mir auch ein Glas Wein servierte – obwohl mir Wein zu dieser Zeit noch so gar nicht schmeckte – unterhielten wir uns ein wenig, doch dann stand ich auf, um mich zu verabschieden, denn ich hatte plötzlich den Eindruck, dass er irgendwie etwas verwirrt und seltsam wirkte, was mir Angst machte. Er bat mich um einen Augenblick Geduld und verschwand im Nebenzimmer. Nach wenigen Minuten kam er zurück, stand splitterfasernackt in der Zimmertür und ehe ich etwas sagen konnte, stürzte er mit einem Aufschrei zur Erde, sein Gesicht lief blau an, sein dunkelblau verfärbter Penis stach in die Höhe, sein Köper zuckte auf und nieder – ich schrie, schrie voller Entsetzen und Panik. In diesem Augenblick ging auch schon die Wohnungstür auf und eine Nachbarin erschien. Sie lief auf den auf der Erde liegenden, zuckenden Mann zu, verdeckte ihn mit einem Tuch und rief mir zu: „Gehen Sie, gehen Sie!!" Ich rannte zur Tür hinaus, rannte, rannte, rannte wie um mein Leben die Straßen entlang, schluchzend und voller Entsetzen. Der Schock in mir war tief und noch wochen-, ja monatelang habe ich mich nicht davon erholen können und zitterte bei jedem Gedanken daran. Als ich diesem Kollegen kurze Zeit später etwas ängstlich begegnete, begrüßte er mich aber völlig unbelastet und freundlich wie immer. Ich hatte den Eindruck, dass er nicht die geringste Erinnerung an unseren gemeinsamen Abend und das für mich so schreckliche Erlebnis durch seinen epileptischen Anfall hatte. Die dazukommende

Nachbarin mit dem Wohnungsschlüssel war sicher darauf vorbereitet und hatte diese Anfälle schon öfter erlebt. Für mich war er der erste große Schock in meinem Leben.

Kunst im Doppelpack

Schon während meiner Ballettausbildung und Mitwirkung als Kleindarstellerin an den Berliner Sprechtheatern hatte ich mein Interesse am Schauspiel entdeckt. Ich stand während der Vorstellungen ständig in der Kulisse und schaute den Schauspielern zu. Einmal begegnete ich hinter der Bühne des Deutschen Theaters Helene Weigel. Ich war so erschrocken, dass ich mich still in eine Ecke drückte. Da kam sie auf mich zu und sagte mit großer Freundlichkeit: „Guten Tag, mein Name ist Helene Weigel"; ich nannte verschreckt meinen Namen, aber ich hätte nie gewagt sie anzusprechen. Im Deutschen Theater hatte damals Berthold Brecht mit seinem Berliner Ensemble für einige Zeit das Gastrecht, bevor er sein eigenes Theater am Schiffbauerdamm erhielt. Am Deutschen Theater spielten zu dieser Zeit Ursula Burg, Willy A. Kleinau, Hans-Peter Thielen, Anje Ruge, Paul Henker, Inge Keller, Margret Homeyer, Fred Düren und Margarete Taudte sowie am Schiffbauerdamm Friedrich Siemers, Maria Axt, Hannelore Schüler, Gerry Wolff, Edwin Marian, Kurt Schmidtchen, Pit Albrecht, Günter Haack, der bei einem Autounfall früh verstarb, oder die bildschöne Ursula Meißner, die eine Meisterin im Schminken war und deren Verwandlungskunst ich damals zutiefst bewunderte. Sie konnte sich von einer privat fast unscheinbaren Frau in eine bewunderte Bühnenschönheit verwandeln. Später erlebte ich dieses Phänomen auch bei anderen Schauspielerinnen, aber auch bei männlichen Kollegen, die – privat fast farblos – auf der Bühne plötzlich eine faszinierende Ausstrahlung haben. Doch auch umgekehrt habe ich erlebt, wie privat bildschöne Kolleginnen auf der Bühne neben anderen völlig verblassen und einfach nicht „über die Rampe" kommen. Die Bühnenausstrahlung ist schon ein besonderes Phänomen und hat mit Schönheit nur wenig zu tun. Sie ist das „Gewisse Etwas", das man hat oder nicht hat.

Eines Tages stand für mich fest: Ich will Schauspielerin werden. Auslöser dafür war seltsamerweise eine Vorstellung von Hauptmanns „Ratten", die ich zufällig am Potsdamer Hans-Otto-Theater sah. Die Witwe Knobbe wurde von der skurrilen, wunderbaren Schauspielerin Agnes Kraus gespielt, und da machte es plötzlich klick bei mir und mein Berufswunsch stand fest. Bei meiner späteren Abschluss-Prüfung habe ich aus diesem Stück mit Erfolg die Piperkarcka gespielt, das polnische Dienstmädchen, das ihr Kind weggibt, es später wiederhaben möchte und dafür umgebracht wird. Eine tolle Rolle, die ich gern auf der Bühne gespielt hätte, die mir aber leider nie begegnet ist.

Natürlich wollte ich mein Ballettstudium nicht abbrechen, sondern bis zum Abschluss bringen, aber ich wollte auch keine Zeit verlieren und schnellstmöglich parallel mit dem Schauspielunterricht beginnen. Das ging nicht auf einer der großen Schauspielschulen, sondern nur mit privatem Unterricht. Und so holte ich mir bei erfahrenen Schauspielern Rat. Da ich gerade am Deutschen Theater im Stück „Schwejk im Zweiten Weltkrieg" in einer Barszene mitwirkte, befragte ich den Schwejk-Darsteller Herbert Richter. Er bot an, mir Schauspielunterricht ohne Bezahlung zu erteilen, wenn ich ihm dafür gelegentlich die Wohnung saubermachen würde. Ich freute mich über das Angebot und wir erarbeiteten ein oder zwei Szenen des Gretchen aus dem „Faust". Aber leider erwies es sich, dass der Unterricht nur sporadisch stattfand, je nach Zeit und Laune meines Lehrers oder – besser gesagt – wenn seine Wohnung mal wieder reinigungsbedürftig war. Da er mir den Unterricht aber quasi gratis erteilte, konnte ich nicht auf feste Unterrichtsstunden bestehen. Das allerdings genügte mir nicht, denn ich wollte mein Ziel Schauspielerin zu werden unbedingt und schnell erreichen, und das war mit diesem Zufallsunterricht nicht möglich. Außerdem begann er mich körperlich zu bedrängen, versuchte zärtlich zu werden, was mich zutiefst in Angst versetzte. Ich ging nicht mehr hin.

Ich suchte Rat bei Paul Henker, ebenfalls Schauspieler am Deutschen Theater. Er hatte zwar nicht die Zeit für kontinuierlichen Unterricht, gab mir aber die Empfehlung für Günter Langenbeck, einen erfahrenen Schauspieler und Schauspiellehrer in Westberlin, der schon mehrere erfolgreiche Privatschüler hatte, sowie für Ingeborg Schade, die Unterricht in Sprecherziehung und Stimmbildung erteilte. Ich war eine geborene Babelsbergerin und so hatte ich einen richtig schönen, verwaschenen Babelsberger-Berliner Slang drauf. Den konnte ich zwar bald durch intensives Üben in schönstes, gepflegtes Hochdeutsch verwandeln, aber in meinen späteren Theaterjahren habe ich sogar meinen echt Berliner Dialekt hin und wieder hervorholen können und in mehreren Stücken mit größtem Vergnügen gesprochen.

In dieser Zeit hatte ich auch zum ersten Mal einen Einsatz als Kleindarstellerin beim Film. In der Berliner Filmbörse am Alexanderplatz suchten die Regieassistenten jeweils die Kleindarsteller für die anstehenden Filmaufnahmen aus. Ich wurde für eine Massenszene in dem Film „Sein großer Sieg" mit Claus Holm ausgewählt. In Johannisthal war auf dem Defa-Gelände eine riesige Tribüne aufgebaut. Ich wurde filmgerecht geschminkt und dann jubelten wir paar hundert Kleindarsteller dem großen Rennen zu. Während der Umbaupausen suchte der Regisseur Franz Barrenstein mit einem Fernglas die Reihen der Zuschauer ab. Plötzlich ertönte durch ein Megaphon die Stimme: „Sie da, in der zehnten Reihe links, die Kleine mit den dunklen Haaren und dem weißen Bubikragen, kommen Sie doch bitte mal zu mir runter". Ich dachte gar nicht, dass ich gemeint war, aber alle drehten sich zu mir um und sagten: „Ja, Sie, Sie sind gemeint, nun gehen Sie schon". Barrenstein fragte mich, was ich mache und ob ich schon mal gefilmt hätte und dann besetzte er mich mit einer kleinen Rolle. Na ja, es war nicht die große Filmkarriere, die mir da unversehens zugefallen war, aber es war eine erste hübsche kleine Aufgabe, hat mir viel Spaß gemacht und – wie vom Himmel gefallen – hat sie mir 300 Mark eingebracht. Was meinen Großvater allerdings fassungslos machte, denn er konnte nicht begreifen, wie man als junges Mädchen beim Film in wenigen Tagen so viel Geld verdienen konnte.

Pendeln zwischen Ost und West

Zu dieser Zeit fuhr ich also jeden Morgen mit der S-Bahn in die Ballettschule nach Berlin-Witzleben, dreimal wöchentlich nachmittags zum Schauspielunterricht nach Berlin-Steglitz, zu Stimmbildung und Sprecherziehung nach Kleinmachnow und fast jeden Abend zum Geldverdienen nach Berlin-Friedrichstraße in die Theater. Wir Schüler kamen sowohl aus dem Westen als auch aus dem Osten, was aber untereinander überhaupt keine Rolle spielte. Ich kam mir nie arm vor. Niemand von uns hatte Geld, keiner konnte sich tolle „Klamotten" kaufen, aber wir entbehrten sie auch nicht, wir liebten das Theater und nur das war uns wichtig. Ich besaß kein Westgeld und der Wechselkurs von 1:5 stand nach der Währungsreform von 1948 für uns Ostler sehr schlecht, wir mussten also fünf Ostmark für eine Westmark eintauschen, wenn wir uns mal einen hübschen Pullover oder eine Tafel Schokolade kaufen wollten, und das geschah selten genug. Allerdings konnten wir mit unserem Ausweis für Ostgeld im Westen ins Theater oder ins Kino gehen, und die Kinos besonders an der Grenze hatten Hochkonjunktur. Ich habe alle Filme gesehen, die in den westlichen Kinos liefen, die Defa-Filme oder russischen Filme interessierten uns damals weniger. Allerdings gab es auch da herausragende Filme, die wir nicht versäumten, wie „Die Mörder sind unter uns", „Ehe im Schatten", „Der Untertan", „Das kalte Herz" oder „Der kleine Muck". Wunderbare russische Filme zu dieser Zeit waren „Ein Menschenschicksal", „Der stille Don" oder etwas später „Die Kraniche ziehen" mit der zauberhaften Tatjana Samoilowa.

Auch das Strandbad Wannsee in Westberlin hatte seine große Anziehungskraft mit seinem breiten Strand und dem weißen Sand wie an der Ostsee, den Strandkörben, den vielen jungen Leuten und den Wandelgängen mit schönen Geschäften. Den Eintritt konnte ich ja in

Ostmark bezahlen, aber sonst hatte ich nicht mal das Westgeld für ein Eis. Einmal habe ich von meinem Onkel 50 Pfennige West geschenkt bekommen, die ich wie ein Kleinod hütete und lange überlegte, welche Nascherei ich mir dafür wohl kaufen könnte.

Meine Mutter fuhr in diesen Jahren immer auf den Markt am nächsten West-Bahnhof – und das war Wannsee –, um einen Bückling, ein Päckchen Schichtkäse, ein paar Apfelsinen oder die heute so oft belächelten Bananen zu kaufen, Leckerbissen, die es im Osten nicht gab und für die sie ihr bisschen Geld zu dem hohen Kurs einwechseln musste. Da wir dicht an Westberlin wohnten, war der Unterschied besonders hart zu spüren. Schon in der Kriegszeit waren die Berliner – die Stadtgrenze lag unmittelbar hinter Babelsberg – uns gegenüber immer bevorzugt gewesen, denn sie wurden viel besser versorgt, bekamen Sonderzuteilungen an Kaffee, Tee, Zigaretten, Südfrüchten und Lebensmitteln für die vielen Fliegeralarme und Bombenangriffe, die sie durchstehen mussten. Aber wir hatten genauso viele Alarme und gingen meist leer aus.

Schon wenige Monate nach Kriegsende wurden die Menschen in den Westberliner Bezirken wieder besser versorgt. Zwar gab es hüben wie drüben gestaffelte Lebensmittelkarten für Normalbürger, Schwer- und Schwerstarbeiter für die wichtigsten Lebensmittel wie Fleisch, Butter, Zucker, Mehl, Kartoffeln, Hülsenfrüchte etc., sogar Zigaretten, Kaffee, Holz und Kohlen waren Zuteilungsware, aber die Westberliner waren immer wieder besser dran als wir in den Randbezirken, und sie bekamen im Gegensatz zu unserem dunklen Brot herrliches weißes Brot, um das wir sie beneideten und das wir zu gern mal probiert hätten.

Der Schwarzmarkt blühte überall im Land und wer etwas zu tauschen oder zu verkaufen hatte, der versuchte es dort. Natürlich war das verboten; die Polizei war immer vor Ort und es gab viele Razzien, aber über die kleinen Schwarzmarktgeschäfte sah sie meist großzügig hinweg, während Großschieber mit saftigen Strafen rechnen mussten.

Besonders beliebt waren damals die Tauschzentralen, bei denen alles getauscht werden konnte, was man fürs Leben brauchte: Getragene Schuhe, Kleidung, Dinge des täglichen Bedarfs von der Seife bis zum

Fahrrad, von der Bettwäsche bis zum Eimer Brikett oder bis zur Wohnungstür. Besonders Briketts waren als Tauschmittel sehr beliebt – fast alle hatten ja noch Ofenheizung – und sie wurden in den ersten Jahren nach dem Krieg auch als Eintrittsgeld fürs Theater erbeten – je Karte auch ein oder zwei Briketts. Für Zentralheizungen gab es ja kaum den notwendigen Koks, da wurde oft ein kleiner Kanonenofen in einen Raum gestellt, der, mit Briketts und Holz beheizt, die einzige warme Stelle in einem ganzen Haus war.

Natürlich überlegte auch ich damals, in den Westsektor von Berlin zu ziehen und bei meiner Tante zu wohnen – die Menschen zogen damals massenhaft vom Ost- in den Westteil Deutschlands –, aber noch konnte man problemlos zwischen Ost und West pendeln, die Grenzen waren offen. Viele Ostler arbeiteten im Westteil Berlins und umgekehrt auch Westler im Osten, besonders Künstler an den Theatern und Ärzte in den Kliniken. Aber meine Mutter und meine Großeltern, selbst meine Westverwandten, rieten von einem Wechsel ab und zu dieser Zeit gab es für mich ja auch keinen dringenden Anlass. Ich hatte die S-Bahn vor der Tür und konnte zu jeder Zeit innerhalb von wenigen Minuten den West- und auch den Ostteil Berlins erreichen. Allerdings hatte ich immer Sorge, dass eines Tages die Grenzen geschlossen werden und ich meine Ausbildungen nicht zu Ende führen könnte. Besonders, als sich dann mit der monatelangen Blockade Westberlins die Situation zuspitzte und es starke Kontrollen durch die Volkspolizei an den Übergängen zu Westberlin gab, das nur noch durch amerikanische Flugzeuge, die sogenannten Rosinenbomber, versorgt werden konnte.

Ich war zu dieser Zeit zwar nicht unbedingt hübsch, aber mit meinen dunklen Locken, den kessen, spöttisch blickenden braunen Augen, dem vollen Mund, dem üppigen Busen, der schmalen Taille und dem runden Po wohl ausgesprochen attraktiv und sexy geworden. Ich selbst empfand das allerdings überhaupt nicht und hatte ausgesprochene Minderwertigkeitskomplexe; ich empfand mich eher hässlich und unattraktiv. Deshalb trug ich nur hochhackige Schuhe, die mich schlank machen und mir einen leichtfüßigen, fast erotischen Gang verleihen sollten.

Zu dieser Zeit lernte ich auch meinen ersten richtigen Freund in der S-Bahn kennen. Er wohnte wie ich in Babelsberg und wir fuhren jeden Morgen mit dem gleichen Zug, er zur Hochschule – er studierte Architektur –, ich in die Ballettschule. Nachdem wir schon eine ganze Weile Blicke getauscht hatten, warf eine scharfe Kurve meine ebenfalls recht scharfen Kurven in seine Arme und gab so den Anlass für eine erste Kontaktaufnahme. Er hieß Eberhard und war trotz des braven Namens ein toller italienischer Typ, allerdings nicht so draufgängerisch wie ein Italiener, sondern eher recht schüchtern. Er lud mich in ein Café ein und ich fand ihn sympathisch. Doch er war grenzenlos verliebt in mich, wir gingen zusammen spazieren oder ins Kino. Ich erinnere mich, unser erster gemeinsamer Film hieß „Ein Herz und eine Krone" mit Audrey Hepburn, aber alles war immer sehr artig und ohne Angriff auf meine Jungfräulichkeit – nur ein paar Küsse im Dunkeln –, was ich aber damals sehr in Ordnung fand. Er hatte wohl auch noch nie zuvor mit einem Mädchen geschlafen und holte sich, wie er mir später mal erzählte, seine Aufklärung aus dem „Van de Veldre", dem damaligen Aufklärungsbuch, worauf sein Vater zu ihm sagte: „Machen, Junge, machen, nicht so viel Theorie!" Als er seine Abschlussarbeit schreiben musste, bot ich ihm an, sie für ihn abzutippen, was wohl nicht so meine Stärke war, und er ließ sie bald woanders schreiben. Obwohl ich auch sehr oft bei ihm zu Hause zu Gast war, sahen seine Eltern unsere Beziehung nicht so gern, denn sie hatten Angst, dass sich ihr Sohn zu früh binden könnte.

Einmal pfiff er mich spätabends noch aus dem Bett. Ich hatte schon geschlafen – wie immer ohne Bekleidung. Die Haustür unten war verschlossen, also warf ich mir nur meinen Mantel über und lief schnell die zwei Etagen runter. Er fragte mich, ob ich nicht auf ein Glas Wein in ein kleines Café nur ein paar Schritte entfernt kommen wolle, er hatte eine Arbeit verhauen, konnte noch nicht schlafen und wollte etwas Ablenkung. Ich lehnte ab, denn ich hatte nicht Lust, mich noch einmal anzuziehen und sagte, dass ich ja schon im Bett gelegen hätte und unter dem Mantel nichts anhabe. Das fand er total erregend und lustig und überredete mich, die Haustür abzuschließen und so nur mit einem Mantel bekleidet mit ihm ins Café zu gehen. Ich hatte das Gefühl, jeder, der uns begegnete, sah mir meine Nacktheit an und ich fühlte mich ziemlich unbehaglich, zumal der Wind kalt durch meine Blöße pfiff. Im Café fanden wir einen Tisch ganz in einer Ecke und haben den Abend ausgelassen kichernd verbracht, indem wir uns vorstellten, in welch Situationen ich so halbnackt rein zufällig geraten könnte und wie wohl die Wirkung auf die anderen Gäste wäre, wenn sie wüssten, dass … Es war der einzig naiv erotisch angehauchte Abend unserer Beziehung.

Schon bald sind seine Eltern mit ihm bei Nacht und Nebel nach Hamburg geflohen. Er war todunglücklich und wollte, dass ich nachkomme. Ich habe ihn dann vor dem Mauerbau einmal in Hamburg besucht, stellte aber fest, dass er nicht meine große Liebe war, für die ich alle Berufspläne aufgeben würde, und kehrte nach Berlin zurück. Er stand damals weinend am Zug, aber meine Entscheidung war endgültig. Über 40 Jahre später habe ich ihn und seine Frau gemeinsam mit meinem Mann in Süddeutschland besucht. Wir haben uns sehr gefreut, uns wiederzusehen, aber all die Charakterzüge, die mich 40 Jahre zuvor davon abgehalten hatten, ihn zu lieben, waren unverändert vorhanden und ich war froh, damals die richtige Entscheidung getroffen zu haben.

Nach dem Bau der Mauer am 13. August 1961 war die S-Bahn-Verbindung von Babelsberg nach Berlin vollständig abgeschnitten. Die Bahnhöfe Griebnitzsee, Babelsberg und Potsdam-Stadt, sonst voller Leben mit vielen tausend Fahrgästen am Tag, verödeten; es gab nur noch einen kleinen Pendelverkehr zwischen Babelsberg und Potsdam-Stadt, aber dieser Bahnhof hatte seinen Lebensnerv verloren und spielte praktisch kaum noch eine Rolle. Das war schon sehr deprimierend. Wer jetzt von Babelsberg nach Ostberlin wollte, musste den weiten Weg mit dem Sputnik benutzen – so nannte man damals diesen Vorortzug, der vom neuen, schnell erbauten Hauptbahnhof südwestlich von Potsdam über die Umgehungsstrecke südlich um Westberlin herum geleitet wurde. Das war eine Reise von über zweieinhalb Stunden bis zur Friedrichstraße. Der Westteil Berlins war nach dem Mauerbau für uns sowieso tabu und außerhalb der Erreichbarkeit, alle

Übergänge waren geschlossen und für den normalen DDR-Bürger nicht mehr passierbar. Wir sahen nur noch die Interzonenzüge von Westberlin nach Westdeutschland an unseren Fenstern vorbeifahren und mussten voller Trauer und Sehnsucht zurückbleiben.

Riskante Begegnung

Doch noch einmal zurück zu den Jahren vor dem Mauerbau. Nach meinem kurzen Besuch in Hamburg – übrigens hatte ich mir da als erstes für meine vorher eingetauschte Westmark eine tolle Kurzhaarfrisur schneiden lassen, die kein Friseur später wieder so hinbekam – ging ich in Berlin weiter zur Ballett- und Schauspielschule und lebte in einem ständigen Glücksgefühl, weil ich ausgelastet war mit Dingen, die mir unbändigen Spaß machten und mich daher überhaupt nicht anstrengten.

Als am Potsdamer Hans-Otto-Theater eine Tänzerin ausfiel, fragte man mich, ob ich kurz vor meiner Abschlussprüfung Lust hätte, einige Vorstellungen mitzutanzen, dass ich natürlich mein Training und die Ausbildung an der Staatlichen Ballettschule, an die ich inzwischen gewechselt war, in diesen Monaten fortführen könnte. Ich freute mich, sagte zu und tanzte in mehreren Operetten – z.B. in der „Lustigen Witwe", „Wie einst im Mai" oder der „Czardasfürstin" sowie in zwei Ballettabenden und als Engel in der Oper „Hänsel und Gretel" von Humperdinck und legte kurz darauf meine Abschlussprüfung als Tänzerin ab.

Das Theater hatte ein Freundschaftsabkommen mit dem ebenfalls in Potsdam stationierten russischen Armeetheater und hin und wieder fanden auch freundschaftliche Begegnungen zwischen beiden Theatern statt. Diese Treffen sollten zwar ein Zeichen für die deutsch-sowjetische Freundschaft sein, aber private Kontakte zwischen den Künstlern waren absolut unerwünscht. Trotzdem kam es – wenn ein paar Sprachkenntnisse vorhanden waren – immer mal wieder zu versuchten Gesprächen miteinander. An einem dieser Abende tanzten kaukasische Mitglieder des russischen Ensembles einen feurigen Kosakentanz; ihre Finger hielten sie dabei wie Messer im Mund und ihre Beine wirbelten temperamentvoll über den Boden. Einer dieser Tänzer war ein

Regisseur des Ensembles, der nicht wie die meisten eine Uniform trug, sondern zivil gekleidet war. Im Laufe des Abends unterhielten wir uns, er sprach ein wenig deutsch, und er erzählte mir, dass er aus Ordshenikidse im Kaukasus stammt und Magomet heißt, ein Name, den ich seltsamerweise nicht vergessen habe. Er erzählte mir von seiner Heimatstadt und dass seine Mutter, die er sehr geliebt habe, gerade gestorben sei. Sogar den Anzug, den er trug, hatte sie für ihn genäht. Ich sprach von meinem Leben, von meinen Großeltern und von meiner Ausbildung in Westberlin. An den nächsten Abenden wartete er nach der Vorstellung vor dem Theater und begleitete mich bis zur Straßenbahnhaltestelle. Ich glaubte, er hätte sich ein bisschen in mich verliebt. Wir unterhielten wir uns über viele Dinge, aber sein größtes Interesse galt Westberlin, über das er alles wissen wollte. Es faszinierte ihn, dass er nur wenige Kilometer vom schillernden, glitzernden Kurfürstendamm mit seiner strahlenden Leuchtreklame entfernt war. Er wäre zu gern nur einmal über den Kurfürstendamm gebummelt. Ich war in politischen Dingen völlig unerfahren und naiv und so beschloss ich, ihm den Ku'damm zu zeigen. Nichts leichter als das, dachte ich, und so schlug ich ihm vor, am nächsten Tag gemeinsam mit der S-Bahn nach Westberlin zu fahren und über den Ku'damm zu schlendern. Wir verabredeten uns in der Nähe des Bahnhofs, doch als er am anderen Tag kam, sagte er aber unsere Fahrt plötzlich ab. Ihm war nach einiger Überlegung klar geworden, welch riesengroßes Risiko er damit eingehen würde. Tatsächlich wäre es, wie ich heute weiß, für ihn und mich lebensgefährlich gewesen. Wenn jemand davon erfahren hätte, wären wir sofort festgenommen worden. Ihn hätte man nach Russland zurückgeschickt, wo er eine hohe Strafe zu erwarten gehabt hätte, und auch für mich hätte es schreckliche Konsequenzen haben können. Ich danke noch heute meinem Schicksal für seinen Entschluss, denn einem Angehörigen der Sowjetischen Armee — wenn er auch zivil gekleidet war — Westberlin zeigen zu wollen, war an Leichtsinn nicht zu überbieten; es war nicht nur naiv, sondern hätte auch mich für alle Zeit in einem russischen Straflager verschwinden lassen können.

Ein paar Tage später wurde das Armeetheater von Potsdam nach Berlin-Karlshorst in das dortige Offiziers-Casino am Bahnhof verlegt.

Als ich ein paar Wochen später zufällig dort in der Nähe war, dachte ich mir, ich könnte ihn doch aufsuchen und ihm guten Tag sagen. Dem wachhabenden Soldaten am Eingang sagte ich, wen ich sprechen wollte. Er telefonierte lange und begleitete mich in die Haupthalle, wo mich die anwesenden Offiziere äußerst erstaunt ansahen und ihnen die Kinnlade herunter fiel, als so ein junges Mädchen einfach in die Hochburg der russischen Offiziere hereinspaziert kam, um jemanden aus ihrer Mitte zu besuchen. Das war ihnen wohl noch nicht vorgekommen. Aber sie schickten nach ihm und tatsächlich erschien er kurz darauf, begrüßte mich freundlich, doch ich merkte, dass mein Besuch an diesem Ort wohl eher unerwünscht und absolut ungewöhnlich war. Ich verabschiedete mich bald wieder und fuhr etwas verunsichert nach Hause zurück. Kurze Zeit später fand ich im Theater einen Brief vor, in dem er mir schrieb, dass er sofort zurück nach Russland versetzt worden sei. Ich habe ihn nie wieder etwas von ihm gehört.

Endlich Schauspielerin

Ich hatte zu der Zeit schon fast drei Jahre Schauspielunterricht und sollte auch darin meine Prüfung ablegen, als ich eine schwere Grippe bekam. Ich lag mit hohem Fieber im Bett und konnte zu meiner großen Enttäuschung nicht an der Prüfung teilnehmen. Die nächste Möglichkeit gab es erst ein halbes Jahr später, aber ich wollte kein Theaterjahr versäumen, wollte auch nicht mehr tanzen, sondern in ein Schauspielengagement. Es war inzwischen aber schon Sommer und kurz vor den Theaterferien, als ich mich im Zentralen Bühnennachweis in Ostberlin vorstellte. Natürlich gab es keine Vakanzen mehr. Lediglich der Intendant vom Theater Zeitz, Otto Hoch-Fischer, suchte eine Schauspielerin, die er aber eigentlich schon in einer jungen Westberlinerin gefunden hatte. Die Genehmigung für deren Engagement bekam er jedoch nur, wenn er mich als Ostberlinerin ebenfalls engagierte. Kurz entschlossen ließ er uns beide vorsprechen und da wir völlig unterschiedliche Typen waren – meine Kollegin Rotraud Schindler eine Naive, ich jugendliche Liebhaberin und Charakterspielerin, damals engagierte man noch in diesen Kategorien –, gab er uns beiden einen Vertrag, mir allerdings unter der Bedingung, dass ich meine Bühnenreifeprüfung zum nächstmöglichen Termin nachholen würde.

Ich bekam in Zeitz gleich viele schöne Rollen zu spielen. Als erste die Regine in den „Gespenstern" von Ibsen. Da ich diese Rolle bereits im Schauspielunterricht erarbeitet hatte, kam ich gut vorbereitet zur ersten Probe und konnte mir die Sympathie und Akzeptanz des Oberspielleiters und Regisseurs Dietrich Gelbe-Hausen wieder zurückgewinnen, die ich gleich am ersten Tag beim Mittagessen in der Theaterkantine durch eine unbedachte, flapsige Bemerkung verspielt hatte und den Kollegen gegenüber geäußert hatte: „Dieser kleinen, frechen Berlinerin werde ich bei den Proben mal zeigen, wer hier das Sagen hat!" Na ja, diese Hürde hatte ich glücklich überwunden und mit der „Schlauen Susanne" von Tirso De Molino – Dieter Wien spielte damals meinen feurigen Liebhaber –, „und das am Montagmorgen" von Priestley, wo ich eine kesse sexy Halbstarke spielte sowie der „Komödie der Irrungen" hatte ich gleich genug zu tun und war glücklich über meine tollen Aufgaben. Dann fuhr ich im Herbst nach Berlin, um an der Staatlichen Schauspielschule extern meine Bühnenreifeprüfung abzulegen. Zu dieser Prüfung mussten alle Schauspieler, die privaten Unterricht hatten oder schon am Theater tätig waren, um die Erlaubnis zu erhalten, auf einer Theaterbühne zu spielen. Wir waren eine große Anzahl von Bewerbern, die sich angemeldet hatten, und wurden immer in kleinen Gruppen zu zweit zur Prüfung eingeladen. Mit mir gemeinsam hatte der junge Ezard Hausmann seinen Termin. Er war wie ich zu dieser Zeit schon an einem Theater engagiert, hatte bereits einige Rollen gespielt und fand es blöd, hier so trocken vorsprechen zu müssen. Mir wäre es auch lieber gewesen, wenn man sich eine Vorstellung mit mir angesehen hätte, aber letztendlich haben wir beide die Prüfung bestanden und sogar – wie ich danach hörte – als einzige von all den vielen Anwärtern. Vorstand der Prüfungskommission war damals Adolf Peter Hoffmann vom Deutschen Theater, der mich zu Beginn bat, mir doch mal die Haare aus dem Gesicht zu kämmen, da man es sonst so schlecht sehen könne. Ich hatte eine etwas wilde Frisur, aber sagte überzeugt: „Das geht nicht". Auf seine erstaunte Frage „Warum" antwortete ich: „Na, weil ich so eine hohe Stirn habe", worauf die Prüfungskommission in schallendes Gelächter ausbrach und mir bestens gelaunt zusah.

Gleich zu Anfang meiner Arbeit in Zeitz hat mir der Regisseur Gelbe-Hausen, unter dessen Regie ich in den beiden Zeitzer Jahren viele schöne Rollen spielte, während einer Vorstellung von Ibsens „Gespenster" gleich noch einen Denkzettel über Disziplin auf der Bühne gegeben, den ich mein ganzes Theaterleben hindurch nicht vergessen habe. In diesem Stück hat Regine mit Oswald, den Helmut Franz damals spielte, hinter der Bühne eine kurze Szene, in der er sie bedrängt und sie ihn abwehrt, eine für das Stück wesentliche Szene, in der die Mutter vom Verhältnis ihres Sohnes zum Dienstmädchen erfährt. Bei einem der üblichen Theaterabstecher nach Naumburg haben wir diese Szene veralbert und verkichert. Der Vorhang zur Pause hatte sich kaum geschlossen, als der anwesende Regisseur auf mich zustürzte, mich lautstark zurechtwies, mir eine verschmierte Vorstellung vorwarf, fehlende Achtung vorm Publikum – und noch einiges mehr, das ich in meiner Aufregung gar nicht mehr mitkriegte. Ich war darüber so erschrocken, dass ich einen regelrechten Weinkrampf bekam. Diese Zurechtweisung gleich zu Anfang meiner Theaterlaufbahn hatte immerhin die Wirkung, dass ich seither stets versucht habe, saubere Vorstellungen von der ersten bis zur letzten – und wenn es 500 vom selben Stück waren – zu spielen. Verschmierte Vorstellungen sind mir verhasst und peinlich, selbst den mehr oder weniger „lustigen" Einfällen bei den letzten Vorstellungen eines Stücks kann ich keinen rechten Spaß abgewinnen.

Nicht gewappnet bin ich dagegen vor Lachanfällen auf der Bühne, wenn etwas Unerwartetes passiert; so marschierte z.B. in einer ernsten Szene im Hansa-Theater eine Katze durch den Hintereingang auf die Bühne, setzte sich seelenruhig in die Mitte, schaute uns an, miaute und fing dann an sich zu putzen. Da war es natürlich um unsere Fassung geschehen und das Publikum lachte mit uns. Auch wenn man plötzlich die Türklinke in der Hand hat und vor verschlossener Tür steht, einen irrwitzigen Versprecher hat oder wenn der Stuhl zusammenbricht oder, oder …

Auch wenn ich im Publikum sitze und verstehe, warum die Schauspieler auf der Bühne plötzlich außerhalb ihrer Rolle lachen müssen, dann bin ich versöhnt und lache gegebenenfalls mit. Ärgerlich werde ich nur, wenn ich nicht verstehe, warum sich Schauspieler auf der Bühne privat amüsieren.

Zu den lebenslang wirkenden Ratschlägen gehört auch der einer alten Maskenbildnerin ganz am Anfang meiner Theaterzeit, die sagte: „Kind, schminke Dich immer korrekt – selbst das Dekolleté vergiss nicht – und schludere nie bei einer Vorstellung: Erstens hat das Publikum dafür bezahlt und außerdem: Du weißt nie, wer ohne Dein Wissen gerade in dieser Vorstellung sitzt …". Wie oft war ich später froh, ihren Ratschlag befolgt zu haben.

Übrigens ist der Regisseur Gelbe-Hausen gegen Ende meiner zweiten Spielzeit plötzlich verschwunden. Er war über Nacht in den Westen geflohen.

Theaterleben

Unsere Gagen waren damals sehr gering. Eine Schauspielerin bekam als Anfängerin zwischen 300,– und 350,– Mark im Monat. Ich hatte Glück, ich begann mit 350,– Ost- Mark, aber davon mussten das möblierte Zimmer für 50,– Mark, Kleidung, Bühnengarderobe, die noch selbst gestellt werden musste, Schminke, Essen und natürlich eine oder zwei Bahnfahrten je nach Spielplan nach Hause bezahlt werden. Immer, wenn ich auch nur zwei Tage frei hatte, nutzte ich die Zeit, um nach Berlin zu fahren. Fast jeden Abend war ich dann irgendwo im Theater, natürlich auf Frei- oder Steuerkarte, die man als Angehöriger eines anderen Theaters überall bekam, und so kannte ich zu dieser Zeit fast den gesamten Berliner Spielplan.

Obwohl wir mittags in der Theaterkantine für sehr wenig Geld essen konnten und auch sonst alle recht einfach und sparsam lebten, war unsere Gage so ab 20. des Monats verbraucht und da erwies es sich als Rettung in der Not, dass wir mit unserem Drei-Sparten-Theater – Oper, Operette, Schauspiel – wie fast alle kleineren Bühnen Abstecher in die umliegenden Dörfer und Städte machten und dafür 3,– Mark Spesen abends bar auf die Hand erhielten. Welch ein Glück! Denn von diesem Geld ernährten wir uns dann bis zum ersehnten Monatsende: Abends wurden ein Tee für 20 Pfennige und eine Bockwurst mit Brötchen oder Salat für ungefähr 80 Pfennige bis 1,– Mark bestellt und der Rest reichte noch für ein Frühstücksbrötchen mit Marmelade und das Kantinenessen am Mittag. Aber wir kamen uns weder arm noch unglücklich vor, sondern fieberten jeder neuen Besetzung entgegen und waren mit unseren Proben und den vielen Vorstellungen voll ausgelastet.

Die Abstecher in andere Städte und auch kleine Dörfer stellten damals – wie auch noch heute – Schauspieler und Technik oft auf eine harte Probe, nicht nur, dass die Bühnen unterschiedlich groß sind, die

Dekorationen allabendlich verändert werden müssen und Wege, Auf- und Abgänge jedes Mal völlig anders liegen, haben wir auch in vielen einfachen Sälen in Gaststätten oder anderen „Not-Theatern" gespielt. Jeder, der das einmal mitgemacht hat, kennt die Umstände solcher Theatervorstellungen. Die Bühne und auch die Garderoben sind oft eiskalt. Als Garderobe werden sogar häufig nur Verschläge hinter der Bühne eingerichtet, die alles andere als zum Schminken geeignet sind, ohne Spiegel, Beleuchtung, Tische oder Stühle, die man sich erst von irgendwoher organisieren muss. Manchmal müssen sich Männlein und Weiblein sogar in einer Garderobe umziehen – wenn man Glück hat, durch einen Vorhang getrennt. Die Toiletten sind oft am Eingang des Saales, so dass man durchs Publikum gehen müsste, wenn man mal „muss". Während der Vorstellung kommt man also überhaupt nicht aufs Klo, was schon zu komplizierten Situationen führen kann. Da ist es schon mal vorgekommen, dass ein klingender Wassereimer hinter dem Vorhang für störende „Musik'" während einer Szene sorgte … Ja, auch heute sind solche Spielstätten nicht ausgestorben und bei Tourneen fühlt man sich unter derartigen Umständen manchmal fast in ein anderes Zeitalter versetzt.

Einmal kam ich von einem kurzen, zweitägigen Berlin-Besuch nach Zeitz zurück. Ich hatte eine Wohnung, die direkt gegenüber dem Theater lag, und so ging ich wie immer nach einem Kurzurlaub zuerst am Theater vorbei, um auf den Tagesplan zu gucken und mich über eventuelle aktuelle Veränderungen bei Proben oder Vorstellungen zu informieren oder zu sehen, was es Neues im Spielplan gab, als ich wie erstarrt immer wieder und wieder las, dass die Trauerfeier für unsere beiden Kollegen … am nächsten Tag stattfindet. Ich konnte es nicht fassen. Bei meiner Abfahrt waren beide noch kerngesund gewesen und mein Kollege Gernot Steinbrecher war ein junger, lebenssprühender Mann, der gerade in Shakespeares „Komödie der Irrungen" als Zwil- lingsbruder und Ebenbild von Kurt Kachlicki mit ihm temperament- voll über die Bühne getobt war. Ein Abszess mit einer nicht erkannten Sepsis führte innerhalb weniger Stunden zum Tode. Der andere, schon ältere Kollege, war plötzlich an einem Herzinfarkt verstorben. Zwei Ereignisse an einem Tag, die uns alle sehr traurig und betroffen machten.

Doch der Theateralltag ging weiter. Wir hatten damals einen interessanten und sehr bunten Spielplan mit wunderbaren Rollen, auch gerade für uns junge Schauspieler. Meine Kollegin Rotraud war zu Beginn ihres Engagements erst 17 Jahre alt und spielte die Luise Maske in dem Stück „Die Hose" von Sternheim. Als sie eines Tages vor der Vorstellung kurz in den Zuschauerraum wollte, wies sie die Platzanweiserin, die sie nicht erkannte, zurück mit den Worten: „Nee, nee, Fräuleinchen, das ist noch nichts für Sie, dafür sind Sie noch zu jung." Das Stück war erst ab 18 Jahren zugelassen, aber meine junge Kollegin spielte die Hauptrolle.

Rotraud und ich waren in den zwei gemeinsamen Jahren in Zeitz eng befreundet. Für uns beide war es das erste Mal, dass wir von zu Hause weg und auf uns allein gestellt waren. Wir zwei Berlinerinnen aus West und Ost verbrachten viel freie Zeit miteinander und kochten auch gemeinsam, das heißt wir versuchten es, denn leider hatten wir keine Ahnung vom Kochen und so brachten wir uns beide von zu Hause das gleiche Dr. Oetkers Kochbuch mit, um es gemeinsam auszuprobieren, was allerdings nicht immer gelang und dann gingen wir enttäuscht und hungrig in die Theaterkantine. Nachmittags leisteten wir uns hin und wieder eine Tasse „echten" Bohnenkaffee, den Rotraud aus Westberlin mitbrachte, und dazu ein doppeltes Brötchen mit Marmelade. Übrigens war die Stadt Zeitz mit ihren bergigen Straßen und Holperpflaster nicht sehr geeignet für hochhackige Schuhe, aber wir beide hatten gar keine anderen und ich erinnere mich, wie wir todesmutig auch die weitesten Wege auf diesen halsbrecherischen Absätzen bewältigten. Sogar unsere schweren Koffer und Taschen hievten wir auf diesen Absätzen den steilen Berg hoch, der vom Bahnhof in die Innenstadt führte, wenn wir von zu Hause kamen und die Seilbahn hinauf immer dann gerade Ruhezeit hatte, wenn unser Zug aus Berlin ankam.

Da Rollenneid damals wie heute am Theater ziemlich verbreitet ist, warteten alle Kollegen immer darauf, dass Rotraud und ich uns wegen einer Rolle endlich mal in die Haare kriegen würden, aber das ist glücklicherweise in der gesamten Zeitzer Zeit nicht einmal passiert.

Als zum Ende meiner zweiten Spielzeit „Laternenfest" von Robert Pfeiffer auf den Spielplan kam, eine Romeo und Julia-Geschichte, die im japanischen Nagasaki nach dem Atombombenabwurf der Amerikaner zwischen der jungen Japanerin Yuki und James, dem Sohn eines amerikanischen Offiziers, spielte, da war allerdings mal so eine brenzlige Situation. Ich war fest überzeugt die Yuki zu spielen und freute mich sehr darauf, aber dann stand ich vor dem Besetzungsbrett und las, dass nicht ich spiele, sondern Rotraud. Das war eine riesige Enttäuschung für mich. Aber diese Inszenierung sollte in die folgende Spielzeit übernommen werden und während ich in mein neues Engagement ans Staatstheater in Schwerin wechselte, blieb Rotraud noch ein paar Monate in Zeitz, bevor sie nach Westberlin zurückging und zusammen mit Dieter Hallervorden, den sie kurz danach heiratete, das Kabarett „Die Wühlmäuse" gründete und als seine Partnerin in vielen Programmen, z.B. in „Nonstop Nonsens", im Theater und im Fernsehen das Publikum begeisterte. Rotraud und ich sprachen uns aus und sie bot mir an, die Rolle als Zweitbesetzung mitzustudieren und außer der Premiere, die sie natürlich spielen wollte, jede zweite Vorstellung bis zum Ende der Spielzeit zu übernehmen. Ein sehr großzügiges Entgegenkommen von ihr, das ich dankbar annahm. Der Regisseur des Stückes Eberhard Schäfer, der als Gast vom Theater Gera kam, und auch der Intendant waren damit einverstanden und so probierten und spielten wir beide diese schöne Rolle, die wir auch beide sehr liebten und schon aufgrund unserer verschiedenen Typen und Charaktere zwar im Sinne der Regie, aber doch sehr unterschiedlich interpretierten. Auch unser gemeinsamer Partner Günter Schwarz machte die für ihn doch recht anstrengenden doppelten Proben mit zwei unterschiedlichen Partnerinnen mit. Unser Publikum liebte unsere moderne Romeo und Julia-Story und so spielten wir fast immer vor ausverkauftem Haus.

Nach Schwerin ans Staatstheater

Ich hatte für das Theater Zeitz einen Zweijahresvertrag abgeschlossen und obwohl ich viele schöne Rollen zu spielen bekam, wollte ich mich nach Ablauf dieser Zeit verändern und hatte mich an verschiedenen größeren Theatern beworben. Das Mecklenburgische Staatstheater Schwerin lud mich zum Vorsprechen ein und da es eine weite Zugfahrt von Zeitz nach Schwerin war und ich ziemlich viel im Spielplan eingesetzt war, blieb nur ein Sonntag für das Vorsprechen. Wir hatten uns für 11 Uhr verabredet, aber mein Zug hatte große Verspätung und ich war erst um 13.30 Uhr am Bahnhof. Obwohl ich ein Taxi zum Theater nahm, waren alle Vorstände, Spielleiter und Oberspielleiter zum Sonntagsessen nach Hause entschwunden. Nur der Intendant Edgar Bennert erwartete mich und sagte mir, dass alle nach dem Essen wiederkämen und das Vorsprechen dann doch noch verspätet stattfinden könnte. Inzwischen, so schlug er vor, könnten wir einen kleinen Spaziergang am Schloss entlang machen, damit ich die Stadt erst einmal kennenlerne, und sicher wollte er bei einem Gespräch auch etwas mehr über mich erfahren. Das Schweriner Schloss ist noch heute das verwunschene Märchenschloss für mich. Mit seinen verschiedenen Türmchen und Kuppeln der unterschiedlichsten Baustile in einem idyllischen Park auf einer Insel gelegen, ist es geradewegs das Dornröschenschloss aus meinen Kinderträumen. Ich verliebte mich schon bei dem ersten Besuch in diese schöne Stadt und komme auch heute immer wieder zu einem Besuch hierher zurück. Der „alte" Edgar Bennert, der wegen seiner kommunistischen Einstellung bereits 1933 verhaftet wurde, zwölf Jahre im KZ verbringen musste und am Todesmarsch aus Sachsenhausen teilnahm, konnte 1945 bei Raben-Steinfeld nahe Schwerin fliehen und wurde von mutigen Menschen bis zum Kriegsende versteckt. Er war einer der wunderbarsten Menschen, die ich kennenlernen durfte, ein kluger, warmherziger Intendant. Schon zwei Jahre später starb er ganz plötzlich an einer harmlosen Operation.

Ich wurde nach dem Vorsprechen für zwei Jahre engagiert und war glücklich, an diesem herrlichen alten Theater spielen zu dürfen, in dessen riesigem Gänge-Labyrinth ich mich anfangs so manches Mal verlaufen habe.

Zuerst musste ich mir ein Zimmer suchen, was in dieser alten, brüchigen Stadt damals sehr schwierig war. Endlich fand ich ein Zimmer in der abgelegenen Bornhövedstraße mit einer sehr netten Wirtin, bei der mir allerdings die larmoyante Sprache und der Leidenston sowie ihre ständig schwarze Kleidung auf den Nerv gingen. Außerdem lag ihr Wohnzimmer, nur durch eine dünne Tür getrennt, direkt neben meinem Zimmer, sodass ich jedes Gespräch und ihre vielen Anrufe, die sie bekam, mithören musste. Ein Telefon zu haben war in dieser Zeit eine absolute Seltenheit, doch nach etwa drei Monaten erfuhr ich durch Zufall, dass sie Leichenwäscherin war. Ein nicht gerade appetitlicher Beruf, wenn man eine gemeinsame Küche hat und auf engstem Raum zusammenlebt.

Abgesehen von dem weiten Weg, den ich spät abends nach der Vorstellung immer bis zur einsamen Bornhövedstraße zurücklegen musste, trug dieser Umstand dazu bei, dass ich mir schnellstmöglich eine neue Unterkunft suchte, die ich glücklicherweise in der alten, zentralen Schmiedestraße mit ihren kleinen, uralten Häusern fand. Es war eine abgeschlossene Wohnung mit einem Zimmer und kleiner Kammer, natürlich ohne Bad, und – wie es in den alten Häusern üblich war – Toilette und Küche befanden sich gemeinschaftlich auf dem Flur. Aber es lebte dort nur noch eine sympathische ältere Dame und ich habe mich in meiner neuen Umgebung sehr wohlgefühlt.

Ich hatte damals gerade meine vegetarische Phase, in der ich Fleisch verabscheute. Als meine Nachbarin kurz vor Weihnachten eine Gans in unserer Küche ans kühle Fenster hängte, bat ich sie entsetzt: „Nehmen Sie doch bitte die Leiche vom Fenster!" Sie schaute mich genauso entsetzt an und dachte wahrscheinlich, dass ich nicht mehr richtig ticke. Aber sie war eine sehr nette Frau, nahm die Gans aus meinem Gesichtskreis und hängte sie in ihrem Zimmer auf!! Als ich kurz darauf meinen späteren Mann kennenlernte, war es allerdings aus mit dem vegetarischen Essen und ich gewöhnte mich schnell wieder an normale Kost.

Im Theater bekam ich gleich viele interessante Rollen zu spielen und in „Der Fuchs und die Trauben" von Figuereros nutzte ich endlich einmal meine Ballettausbildung zu einem tollen Verführungstanz. Besonders geliebt habe ich aber das gewitzte Hausmädchen Dorine aus Molieres „Tartuffe", das in der verzwickten Geschichte die Fäden zieht und temperamentvoll und gut gelaunt dafür sorgt, das alles sein glückliches Ende findet. In „Julius Fucik" musste ich vom Mittag bis zum Abend die große Rolle der jungen Milena übernehmen. Ursprünglich war ich schon auf dem Vorbesetzungsplan zu Anfang der Spielzeit für diese Rolle vorgesehen, hatte mich auf sie gefreut und mit ihr beschäftigt, dann aber entschied der Regisseur vor Beginn der Proben anders und gab die Rolle seiner damaligen Freundin. Er ließ auch nicht zu, dass ich bei den Proben zuschaute, wie ich es mir erbeten hatte. Als diese Kollegin kurz nach der Premiere plötzlich erkrankte, musste ich innerhalb weniger Stunden für sie einspringen. Ich hab das mit solcher Bravour geschafft, dass ich diese Rolle weiterspielen durfte, bis das Stück abgesetzt wurde.

In „Diener zweier Herren" spielte ich die temperamentvolle Zerbinetta, in die Trufaldino verliebt ist. Mein kleiner, dicklicher Partner Lothar Tüngethal jagte unentwegt zwischen seinen beiden Herren hin und her und schwitzte unsäglich. Dabei musste er zwischendurch immer noch von dem Pudding naschen und dann zu mir kommen, um mich zu küssen. Und zum größten Vergnügen des Publikums klatschte er mir dann jeweils Schweiß und Pudding beim Küssen ins Gesicht. Da bedurfte es wirklich meiner ganzen Beherrschung, um das durchzustehen. Alle meine Bitten, sich das Gesicht zwischendurch abzuwischen, ignorierte er schadenfroh und mit einem leicht sadistischen Grinsen.

Ich hatte schon immer eine verhältnismäßig dunkle Stimme, als mich eines Tages der Bariton in unserem Drei-Sparten-Theater ansprach und mit sonorer Stimme sagte: „Kindchen, Sie sind so eine zierliche Person, können Sie nicht eine Oktave höher sprechen, das würde doch viel besser zu Ihnen passen". Ich musste lachen und fand, meine Stimmlage passte ganz gut zu mir und meinen Rollen im Charakterfach. Sie hat mich im Synchron allerdings auch nie die ganz jungen Mädchen sprechen lassen, sondern ich wurde schon nach meinem ersten Probesprechen als Schauspielschülerin nicht mit der Tochter, sondern mit deren Mutter besetzt. Und heute synchronisiere ich die Alten und Uralten und besonders gern die dicken schwarzen Schauspielerinnen.

In Schwerin hatte ich übrigens auch meine erste Begegnung mit dem Rundfunk. Der dortige Sender lud neu engagierte Schauspieler immer zu Mikrofonproben ein, um neue Stimmen für Hörspiele oder die Moderation seiner Musiksendungen am Nachmittag zu entdecken. Meine Stimme gefiel und so hatte ich während der zwei Jahre meines dortigen Engagements regelmäßig in Hörspiel-Aufnahmen oder Live-Sendungen zu tun und damit eine weitere interessante Seite meines Berufes gefunden, die mir viel Spaß machte und die mir ein paar Jahre später einen weiteren Berufsweg öffnete.

In unserem Theater in Schwerin mit Oper, Operette und Schauspiel lag eigentlich immer das Hauptgewicht bei der Oper. Der hinreißende Kurt Masur war zu dieser Zeit der Dirigent, den wir alle verehrten. Damals lernte er dort seine zweite Frau Irmgart kennen, die im Ballett tanzte und mit ihren dunklen, krausen Haaren eine bildhübsche, auffallende Erscheinung war. Wenige Jahre danach verunglückte sie bei einem Autounfall tödlich.

Schwerin war wohl eine Stadt wie geschaffen für die Liebe, denn auch mir begegnete dort der Mann, mit dem ich seitdem durchs Leben gehe. Bei einem Betriebsfest des Theaters im Gorki-Haus hatte er sich heimlich eingeschlichen. Er war zu der Zeit bei seiner Mutter in Schwerin zu Besuch und schlenderte abends durch die Stadt, als er das Fest bemerkte. Statt des Theaterausweises zeigte er am Eingang einfach kurz seinen Leipziger Studentenausweis vor und schwupp, war er drinnen. Ich ging gerade in einem roten Kleid einen Gang entlang, als er mich einfach zum Tanzen aufforderte. Er war groß, schlank, ein Sportler – kurz davor war er Jugendmeister der DDR im Hochsprung geworden –, ja, er gefiel mir und wir wurden ein Paar. Zwei Jahre später haben wir geheiratet. Niemand aus der Familie wusste davon. Seine Mutter war ein paar Monate zuvor gestorben; er studierte noch in Leipzig Medizin, Geld hatten wir keines, also entfiel eine große Feier. Ich hatte von einer Tante einen schmalen, goldenen Armreif geerbt, aus dem ließen wir bei einem Goldschmied zwei goldene Ringe arbeiten. Am Abend vor dem standesamtlichen Termin fuhr ich nach Leipzig in seine schreckliche Studentenbude und am Morgen nahmen wir die Straßenbahn zum Standesamt. Da unsere Finanzen schwach waren, hatte ich noch nicht einmal ein neues Kleid an, sondern trug meinen alltäglichen Mantel. Mein zukünftiger Mann kaufte noch schnell ein paar Blumen und schon wurden wir ins Trauungszimmer gerufen, da das Paar vor uns nicht erschienen war. Zwei Kommilitonen, die wir als Trauzeugen eingeladen hatten, waren noch gar nicht anwesend, aber man brauchte auch keine Trauzeugen mehr, und so wurden wir ratz-patz verheiratet. Als wir aus dem Zimmer kamen, hasteten die Beiden gerade die Treppe herauf und waren schwer enttäuscht, dass alles schon geschehen war. Wir luden sie dann aber zum Essen ins Hotel Astoria ein, wo wir uns für diesen Tag und die Hochzeitsnacht trotz knappster Kasse ein Zimmer gemietet hatten. Natürlich wollten sie das Zimmer sehen und da es ein für damalige Verhältnisse umwerfendes Bad hatte – niemand von uns hatte zu seinem Zimmer ein Bad! –, kamen sie am Nachmittag mit ihren Freundinnen zum Baden in unser Apartment, während mein frisch angetrauter Mann und ich durch den Leipziger Zoo bummelten. Abends waren wir noch mit ein paar anderen Kommilitonen in einer Bar – und das war unsere Hochzeit.

Am nächsten Morgen musste ich schon wieder zurückfahren. Meine Mutter und meine Oma waren verständlicherweise schwer enttäuscht von unserer klammheimlichen Hochzeit und Kollegen und Freunde wollten es erst gar nicht glauben.

Schwierige Zeiten
und Neustart

Nach Schwerin war ich ein Jahr an den Städtischen Bühnen Magdeburg engagiert, eine für mich nicht sehr glückliche Zeit, denn der Intendant Isterheil war mir nicht gut gesonnen; ich bekam keine für mich interessanten Rollen und auch unter den Kollegen herrschte eine nicht gerade harmonische Atmosphäre. Ich wohnte dort in einer großen Villa im Gleimweg 2, in dem noch einige andere Theaterkollegen ein oder mehrere Zimmer hatten. So lebte dort im Nebenzimmer – nur durch eine Verbindungstür getrennt – der Schauspieler Franz Rudnick mit Frau und zwei Kindern, der später im Westen durch viele große Fernsehrollen bekannt wurde. Die Zwischentür war nur verschlossen und mit einem Schrank von meiner Seite zugestellt. Im Herbst 1960 – mitten in der Spielzeit – ist er eines Nachts mit seiner Familie in den Westen geflohen. Nachdem die Stasi seine Zimmer durchsucht und versiegelt hatte, kam ein Freund Rudnicks zu mir und bat mich, die Zwischentür unauffällig öffnen zu dürfen, um noch einige wichtige Dinge und Papiere herausholen zu können, die sie in der Eile vergessen hatten und um deren dringende Beschaffung ihn die Familie gebeten hatte. „Republikflucht" zu unterstützen war damals ein gefährliches Unterfangen und wurde mit hohen Strafen geahndet, wenn die Stasi dahinter kam. Trotzdem öffneten wir die Tür unbemerkt und mit klopfenden Herzen und holten noch einige unersetzliche Unterlagen und Gegenstände für die Rudnicks heraus, die dann auf Umwegen zu ihnen gebracht wurden.

Der später berühmt gewordene Komiker Rolf Herricht spielte damals ebenfalls mit mir an diesem Theater und in einem kleinen Fernsehfilm waren wir sogar ein zartes Liebespaar.

Auch ein Kollege mit starkem Gerechtigkeitssinn und viel Rückgrat ist mir aus dieser Zeit in Erinnerung. Als Intendant Isterheil mich zum

Ende meines Engagements bei einer Vollversammlung vor dem gesamten Theaterensembles attackierte und versuchte, mich künstlerisch und politisch zu verleumden, stand mein Kollege Harry Pietzsch plötzlich auf, stellte klar und unmissverständlich die Fakten richtig und verhinderte damit vor dem gesamten Theaterensemble eine Schmutzkampagne gegen mich. Eine mutige Haltung, die ich nicht vergessen habe.

Kurz zuvor hatte ich ein Angebot vom Rundfunk in Berlin erhalten, um dort als Programmsprecherin zu arbeiten. Erleichtert konnte ich meinen Vertrag mit Magdeburg nach nur einem Jahr auflösen und kam auf diese Weise wieder nach Berlin zurück. Es war ein für mich neuer Berufszweig, aber da ich mich während meiner Schweriner Zeit schon mal als Sprecherin im Rundfunk ausprobiert hatte, stellte ich mir die Arbeit recht interessant vor. Es war Sommer 1961, kurz vor dem Bau der Mauer.

Zuerst musste ich mir wieder mal eine Wohnung besorgen, aber das war damals in Ostberlin sehr schwer. Vom Wohnungsamt wurde mir endlich eine schwerst vermietbare 1-Zimmer-Wohnung mit Küche und Innentoilette in der Slabystraße in Oberschöneweide zugewiesen.

Sie war im Erdgeschoß gelegen, hatte eine über vier Meter hohe Decke, einfache Fenster, Ofenheizung und die Fenster gingen zu einer dunklen Nische im Hof hinaus, sodass ich mich nachts halbtot fürchtete. Sie war total verkommen und ich musste erst einmal auf eigene Kosten alles malern lassen, um überhaupt darin wohnen zu können. Küche, Flur und Toilette waren unbeheizbar und eiskalt, sodass ich dort einen mit Wasser gefüllten Elektroradiator aus Porzellan aufstellte. Der hat allerdings dafür gesorgt, dass ich eines Nachts die Polizei anrief, weil ich Geräusche in meiner Wohnung hörte und Einbrecher vermutete. Der Polizist empfahl mir, einen schweren Gegenstand in die Hand zu nehmen und vorsichtig die Zimmertür zu öffnen, während er am Telefon alles mithören konnte. Ich öffnete die Tür und sah – meinen demolierten Radiator, von dem immer ein Stück Porzellan nach dem anderen absprang – ich hatte vergessen Wasser nachzufüllen!! Ich war erleichtert, der Polizist lachte, aber der Radiator war hin. Das

Telefon war in dieser Situation sozusagen der Retter in der Not und es war das erste Telefon in meinem Leben, das ich besaß. Als Rundfunksprecherin hatte ich das Privileg, einen Telefonanschluss zu bekommen, was damals – wie ich schon erwähnte – zu den absoluten Ausnahmen gehörte.

Eines Tages erzählte mir eine Nachbarin, dass in dieser Wohnung zuvor eine alte Frau gewohnt hatte, die einsam gestorben war und, von niemandem bemerkt, wochenlang tot in der Wohnung gelegen hatte. War mir die Wohnung schon vorher gruselig erschienen, so war sie es jetzt noch viel mehr und ich suchte dringend eine andere. Inzwischen war ich ja verheiratet, mein Mann studierte zwar noch in Leipzig, aber wir hatten nun Anspruch auf eine Zwei-Raum-Wohnung, die wir in der Plönzeile in Oberschöneweise fanden. Diesmal war es nach der schwerst- immerhin nur eine schwer vermietbare Wohnung, ein ehemaliger Gemüseladen mit Küche und Innentoilette und einer Falltreppe zu einem riesengroßen Keller, in dem früher die Vorräte gelagert wurden. Natürlich mussten wir den Laden erst mal zu einer Wohnung umgestalten, sie vollkommen – wieder mal auf eigene Kosten – renovieren und bewohnbar machen, eine Küche einbauen und die Toilette wenigstens mit einem Waschbecken versehen. Für eine Dusche allerdings fehlten der Platz und die technische Möglichkeit. Wie in all unseren Wohnungen in dieser Zeit hatten wir Kachelöfen, die zwar sehr gemütlich waren, aber viel schmutzige Arbeit machten und immer nur ein Zimmer beheizten, also Flur, Küche und Toilette waren wieder eiskalt. Ich erinnere mich, dass Kohlen zu der Zeit meist auf der Straße vor die Tür gekippt wurden und man sie mit Eimern schnellstens mühsam in den Keller schleppen musste, bevor sie geklaut wurden. Zum Heizen wurden sie dann wieder eimerweise in die Wohnung getragen; die Asche vom Vortag musste entnommen und in die Mülltonne gebracht werden. Das Feuer wurde mit Holz und Kohlenanzünder zum Brennen gebracht, dann kamen die Kohlen darauf und danach musste man warten, bis sie vollkommen durchgeglüht waren, bevor die Ofentür zugeschraubt werden konnte. Das alles war eine zeitraubende, mühevolle Arbeit und machte viel Schmutz. Wie schätzte und genoss ich viele Jahre später die Fern- oder Zentralheizung mit ihrer mühelosen Wärme für alle Räume! Unsere Fenster lagen damals ebenerdig und wenn ich nach meinen Nachtdiensten schlafen wollte, dann standen stundenlang die Hausfrauen vor unseren Fenstern und erzählten sich ihre neuesten Klatschgeschichten.

Meine Arbeit im Rundfunk bestand neben Tagesdiensten aus unzähligen, ungleichen Nachtdiensten, die endeten um 5 Uhr oder 7 Uhr morgens, gingen bis 1 Uhr nachts oder 4 Uhr oder sie begannen schon morgens um 5 Uhr. Jedenfalls fand ich kaum noch Schlaf, weil sich der Körper bei dieser unregelmäßigen Arbeit ja nicht von einem zum anderen Tag umstellen kann und es mindestens drei bis vier Nächte oder Teilnächte pro Woche waren, zu denen ich eingeteilt war. Ich hatte Musiksendungen anzusagen – damals gab es ja noch viel klassische Musik im Rundfunk – oder zum nächsten Programm überzuleiten oder morgens alle drei Minuten die Zeit anzusagen. Ich fühlte mich absolut unterfordert und tödlich gelangweilt bei völliger Erschöpfung durch den ewigen Schlafmangel. Als Bonbon moderierte ich mit meinem Kollegen Peter Höhne die damals sehr beliebte Sendung „Musik für Millionen" und ab und zu durfte ich auch in Hörspielen mitwirken, aber da nahm man nicht gern die fest angestellten Programmsprecher, weil deren Stimmen ja sowieso immer zu hören waren.

In dieser Zeit erwarben wir auch unser erstes Auto. Da eine normale Autoanmeldung so ein halbes Leben – immerhin 10 oder sogar 20 Jahre dauerte –, waren gebrauchte Autos äußerst begehrt und wurden zu Höchstpreisen verkauft. Wir hatten das Glück, dass meine Kollege Georg Thies ein neues Auto bekam und uns seinen alten Wagen verkaufte. Es war ein korallenroter Wartburg, den er für uns vor unserer Tür auf der Straße parkte. Ich hatte Jahre zuvor auf einem alten Moskwitsch gelernt und sollte am nächsten Abend mit ihm auf dem für mich ungewohnten Auto probefahren und mir alles erklären lassen. Am nächsten Morgen wollte ein Mieter aus unserem Haus umziehen und der Möbelwagen wartete in der zweiten Reihe, weil unser neues Auto genau vor der Tür parkte. Der Möbelträger klingelte bei uns und fragte, ob uns das Auto gehöre und wir es bitte wegfahren möchten.

Da ich keine Ahnung hatte, wie ich das Auto bewegen könnte, verleugnete ich erschrocken unseren neuen Wagen und sagte: „Nein, ich habe keine Ahnung, wem das Auto gehört."

Na ja, trotz der Lehrstunde am nächsten Abend hatten wir in den folgenden Tagen noch so einige größere Beulen an unserem neuen Schmuckstück zu verkraften – ich fuhr vorne eine Beule rein und mein Mann übersah beim rückwärts Einparken eine Laterne. Aber so konnten wir uns gegenseitig wenigstens keine Vorwürfe machen und fuhren unsere kleine „Koralle" noch viele Jahre zu unserer größten Zufriedenheit.

Die Mauer

Nur wenige Wochen nach Beginn meiner Rundfunkarbeit wurde am 13. August 1961 die Mauer gebaut und dieses mein Leben absolut verändernde Ereignis ließ mich in ein tiefes, seelisches Loch fallen, ohne dass ich es im Rundfunk zeigen durfte. Schon mit dem Beginn meiner Arbeit war es mir strikt untersagt, die S-Bahn durch die Westsektoren zu benutzen, um nach Babelsberg zu kommen oder gar Westberlin zu besuchen, was völlig verboten war. Diese Konsequenz hatte ich mir vor Antritt dieses Engagements – naiv wie ich war – überhaupt nicht klar gemacht. Für mich als ein Leben lang Ost-Westberlin-Pendlerin war das völlig ungewohnt und hart, denn an den Theatern spielte die Politik zu dieser Zeit kaum eine Rolle und mir waren in der Hinsicht bis dahin keinerlei Beschränkungen auferlegt worden. Am Rundfunk war ich plötzlich auch als Programmsprecherin mittendrin im politischen Alltag – auch wenn ich nie einer Partei angehört habe und mir deren Eintritt auch niemals nahegelegt wurde. Jetzt war jeder Kontakt mit dem Westen absolut tabu. Meine Worte als Sprecherin mussten wohl überlegt sein, damit ich nicht versehentlich westliche Bezeichnungen bestimmter Ereignisse und Faktoren verwendete, wie man sie täglich aus dem Rundfunk und Fernsehen hörte, die sich aber abgesehen von den Fakten allein schon durch die Wortwahl von den östlichen erheblich unterschieden.

Nun trennten Stacheldraht, Mauer und bewaffnete Soldaten die Stadt Berlin.

Eines Tages – wenige Monate nach dem Mauerbau – erhielt ich einen seltsamen Anruf. Ein Herr stellte sich als Regisseur und Autor vor, der mich mit einer Rolle in seinem neuen Hörspiel „Stewardessen" besetzen wolle und mich zur Vorbesprechung mit dem gesamten Team am nächsten Abend in ein Restaurant in der Friedrichstraße bat. Solche Vorgespräche sind durchaus üblich, aber als ich am nächsten Abend in dem Restaurant erschien, war außer mir und dem Regisseur niemand vom Team anwesend, auch saß er nur an einem Tisch für zwei Personen. Ich fragte, wo denn die anderen Beteiligten seien, aber er antwortete, da sei etwas schief gelaufen und er wolle sich nun nur mit mir unterhalten. Ich nahm an, dass es sich um eine blöde Finte handeln würde, um mich kennenzulernen, und machte gute Miene zum bekannten Spiel. Als ich mich setzte, sah ich auf dem Tisch gut sichtbar eine Westzeitung liegen – in der DDR zu dieser Zeit absolut ungewöhnlich und streng verboten. Etwas irritiert ignorierte ich sie völlig und tat, als wenn ich sie nicht sähe. Wir unterhielten uns gut zwei Stunden über allgemeine Dinge – allerdings kaum ein Wort über das Hörspiel –, dann verabschiedeten wir uns und er bestellte mir ein Taxi, das mich nach Hause fuhr. Ich zerbrach mir den Kopf, was dieses „Rendezvous" wohl zu bedeuten hätte, denn er machte weder einen verliebten Eindruck, noch ging es, wie mir klar war, um ein berufliches Projekt. Am nächsten Tag im Rundfunk erfuhr ich allerdings den wahrscheinlichen Grund für dieses Treffen: Meine Sprecherkollegin Isolde T. wollte am Vorabend durch einen Fluchttunnel aus der DDR fliehen. Dieses Vorhaben war allerdings zuvor verraten worden und so fing man sie beim Fluchtversuch ab und verhaftete sie. Weil der Verdacht bestand, dass ich etwas mit dieser Flucht zu tun hätte oder selber fliehen wollte, hatte man mich während der Zeit des Fluchtversuchs unauffällig unter Kontrolle. Isolde T. wurde zu anderthalb Jahren Gefängnis verurteilt und danach wieder in die DDR entlassen, wo sie aber keine Arbeit mehr in ihrem Beruf bekam und in dieser Zeit von Kollegen mit Geld unterstützt wurde. Wenige Monate später gelang ihr bei einem zweiten Versuch die Flucht in einem präparierten Auto nach Westberlin.

Da meine Stasi-Akten bis auf einige Notizen zu unserer Flucht nicht auffindbar sind, weiß ich allerdings wenig über die Hintergründe aus diesen Jahren.

Eines Nachts im Sommer 1962, als ich wieder mal als Programmsprecherin im Rundfunk Dienst hatte, wurde ich plötzlich so gegen Mitternacht von unserer Sendeleitung ans Telefon gerufen. An anderen Ende der Leitung meldete sich ein Herr ohne Namen vom Ministerium des Innern und fragte mich, ob ich einen Medizinstudenten Eckart L. kenne und ob ich wüsste, wo er sich zur Zeit aufhalte. Ich sagte, ja, das ist mein Verlobter und er hält sich mit mir während seiner Semesterferien in der Wohnung meiner Schwester und ihrer Familie in Babelsberg auf, die im Augenblick im Urlaub ist. Er teilte mir mit, dass Eckart festgenommen worden sei, weil er am Nachmittag mit dem Fahrrad eine zum Grenzbereich zählende Straße befahren habe. Nachdem ich alle Angaben meines damaligen Verlobten bestätigt und eine Reihe von Fragen beantwortet hatte, sagte der namenlose Herr, dass damit der Verdacht der beabsichtigten Republikflucht gegen ihn fallen gelassen würde und er aus der Haft entlassen werde. Als ich am nächsten Morgen aus dem Nachtdienst wieder in der Wohnung meiner Schwester eintraf, war auch Eckart gerade kurz zuvor eingetroffen. Er erzählte mir noch schwer geschockt von dem Vorkommnis: Bei schönstem Sommerwetter hatte er in der ihm weitgehend unbekannten Umgebung der Wohnung in Babelsberg eine Radtour gemacht, um sich die berühmten Villen der ehemaligen Ufa-Stars in Griebnitzsee anzusehen. Dieser Ortsteil grenzte an vielen Stellen an Westberlin, und so gehörten einige Teile zum nicht zugängigen Grenzbereich, der zwar noch nicht abgesperrt war, aber durch entsprechende Verbotsschilder gekennzeichnet wurde. Dabei kam er auch an eine Straße, die zwar ein Durchfahrverbot hatte, aber da auch gerade der Linienbus aus Babelsberg da entlang fuhr, nahm er an, dass diese Straße nur für Autos gesperrt sei und fuhr ebenfalls dort entlang. Schon nach nur wenigen Sekunden war plötzlich die Hölle los. Leuchtrakten wurden abgeschossen, Soldaten der Grenztruppen standen plötzlich mit angelegten Maschinenpistolen vor ihm, ein Mannschaftswagen kam angerast, er wurde wie ein Schwerverbrecher vom Rad gerissen und musste mit erhobenen Händen an einer Wand stehen. Nachdem auch ein Offizier eingetroffen war, wurde er nach kurzer Befragung unter strenger Bewachung von zwei Soldaten mit Maschinenpistolen samt seinem Fahrrad auf einen Lastwagen verladen und nach Potsdam ins Stasi-Gefängnis gebracht. Dort folgten stundenlange Verhöre, da seine Wohnadresse in Leipzig und der Aufenthalt in der Grenzregion den Verdacht einer geplanten „Republikflucht" nahelegten. Er hatte großes Glück und kam nach minutiöser Überprüfung aller seiner Angaben noch einmal mit dem Schrecken davon, aber das schockierende Erlebnis der Begegnung mit der Staatssicherheit wirkte noch lange nach.

Obwohl ich neben meiner Rundfunkarbeit auch viel als Sprecherin in Dokumentarfilmen beschäftigt war und synchronisierte, fiel mir die doch recht eintönige Arbeit als Programmsprecherin immer schwerer. Dazu kam der ständige Schlafentzug und so fühlte ich mich mit der Zeit so übermüdet, dass ich Schwierigkeiten bekam mir Texte einzuprägen und kaum noch Zeit und Kraft für Privates fand. Künstlerisch aber war ich absolut unterfordert und so suchte ich Veränderung.

Gekreuzte Lebenspläne

Zu dieser Zeit – mein Mann studierte noch in Leipzig – merkte ich plötzlich, dass ich schwanger war. Ich freute mich sehr, denn ich hatte mir längst ein Kind gewünscht. Ich war bester Laune und machte schon tolle Zukunftspläne, als ich Ende des zweiten Monats plötzlich Blutungen und starke Bauchschmerzen bekam. Mein erster Gedanke war sofort: Bauchhöhlenschwangerschaft, das heißt, akute Lebensgefahr! Das befruchtete Ei hat sich in diesem Falle nicht in der Gebärmutter eingenistet, sondern ist im Eileiter stecken geblieben und wächst dort, bis der Eileiter im schlimmsten Falle durch den Druck platzt und die werdende Mutter innerhalb allerkürzester Zeit innerlich verblutet. Das ist ein sehr dramatisches Ereignis und erfordert sofortiges Handeln. Ich fuhr also ins naheliegende Krankenhaus und teilte der Ärztin meine Vermutung mit, die sie nach einer Untersuchung auch bestätigte und mich nicht mehr nach Hause ließ. Damals gab es ja noch keine Ultraschalluntersuchungen, die heute derartige Vermutungen gleich abklären können. Ich kam sofort in den OP, wo man allerdings den Verdacht erst durch andere Untersuchungen bestätigt sehen wollte, mich aber ins Ida-Simon-Haus der Charité zur Beobachtung einwies. Ich hoffte so sehr, dass die Schwangerschaft erhalten werden könnte, aber Professor K., der mich weiter betreute, blieb skeptisch. Langsam hörten die Blutungen wieder auf, Untersuchungen waren fragwürdig, aber die Bauchschmerzen blieben. Man schaute mich zweifelnd an, ob ich die Schmerzen nicht vielleicht nur simulieren würde. Die Oberschwester Maria führte ein langes Gespräch mit mir über Frauen, die nicht ausgelastet seien und sich deshalb in Krankheit stürzten usw. Ein völliger Quatsch, ich hatte ein ausgefülltes Leben, einen lieben Mann, einen Beruf und keine Veranlassung, mir eine Krankheit einzubilden. Die Schmerzen waren da, ich spürte sie. Inzwischen war es wenige Tage vor Heiligabend und man entließ mich aus dem Krankenhaus mit der Empfehlung, mich über die Feiertage gut auszuruhen, abzulenken und mich Mitte Januar wieder vorzustellen. Ich war zwar froh, dass ich nach Hause durfte, aber ich fühlte mich hundeelend. Die Bauchschmerzen wurden von Tag zu Tag schlimmer, trotzdem wollte ich mit meinem Mann bei Freunden Silvester feiern. Ich erinnere mich noch an den Weg dorthin, ich konnte vor Schmerzen kaum noch gehen, jeder Schritt war eine Qual und so quälte mich durch den ganzen Silvesterabend.

Am nächsten Tag ließ mich Professor K. überraschend anrufen mit der Bitte, mich nochmals schnellstens vorzustellen, mein Befinden mache ihm doch Sorge. Er untersuchte mich und ließ mich gleich in den OP bringen. Die Eileiter-Schwangerschaft war abgestorben und hatte inzwischen zu einer Entzündung im gesamten Bauchraum geführt, eine lebensgefährliche Situation. Die Operation war wegen der fortgeschrittenen Entzündung ziemlich kompliziert und ich bekam anschließend starke Medikamente gegen die Entzündung und die Schmerzen. Das führte wenige Tage nach der OP zu einem absurden Erlebnis. Ich konnte in den ersten Tagen schlecht schlafen und so fragte mich eines Abends eine junge, noch unerfahrene Aushilfsschwester, ob ich nicht Schlaftabletten haben möchte. Ich weiß nicht, ob sie sich zuvor nicht in meinem Krankenblatt wegen der bereits verabreichten Medikamente informiert hatte, jedenfalls geriet ich unmittelbar nach der Einnahme der Schlaftabletten in einen regelrechten Drogenrausch; schrille Farben und Figuren wirbelten in meinem Kopf wild durcheinander, verursachten schwerste Ängste und statt des erwünschten Schlafes erlebte ich eine regelrechte Horror-Albtraum-Nacht. Erst am nächsten Vormittag ließen die schrecklichen Bilder nach. Die verschiedenen Medikamente hatten – miteinander verabreicht – eine verheerende Wirkung auf mich. Die kleine Schwester hat mich mit diesem eigenmächtig verabreichten „Cocktail" unbeabsichtigt fast umgebracht. Um ihr nicht zu schaden, behielt ich diese Horrornacht vor Ärzten und Schwestern für mich. Sicher war das falsch und ich hoffe nicht, dass sie mit ihren leichtfertigen Entscheidungen noch andere Patienten gefährdet hat.

Nach diesem „Zwischenerlebnis" erholte ich mich ziemlich schnell von der Operation. Aber mein Fazit aus der ärztlichen Fehldiagnose und den für mich schwerwiegenden Folgen: Ehe man etwas auf die Psyche schiebt, sollte man erst alle anderen Möglichkeiten gründlich abklopfen.

Oft heißt es „Schauspieler spinnen doch alle!", und so geraten wir auch bei schweren Erkrankungen leicht in den Verdacht zu simulieren und werden nicht ernst genommen. Für mich wäre diese Falscheinschätzung um Haaresbreite tödlich verlaufen.

Wenige Jahre später bekamen wir unseren ersehnten Sohn Oliver und ich hörte beim Rundfunk mit meiner Arbeit als Programmsprecherin auf.

Neue Erfahrungen

Kurz darauf erhielt ich durch meine Schwester, die als Journalistin beim Sender Potsdam arbeitete, das Angebot, dort ein- oder zweimal pro Woche das dreistündige Frühprogramm zu moderieren. Es begann zwar schon um 5 Uhr morgens und ich musste bereits um 4 Uhr zur Vorbesprechung im Sender sein, aber das war ja höchstens zweimal in der Woche. Ich konnte in diesen Nächten bei meiner Mutter in Babelsberg schlafen und sie betreute in der Zeit voller Freude unseren Sohn, den ich immer mit zu ihr nahm. Auf diese Weise war der morgendliche Weg mit dem Auto ins Studio nicht so weit und wenn die normal arbeitenden Menschen um 8 Uhr mit ihrer Arbeit begannen, hatte ich bereits Feierabend.

Als ich übrigens einmal morgens vor 4 Uhr nach Potsdam unterwegs war, übersah ich eine Absperrung hinter einer Kurve, die eine große, etwa einen Meter tiefe Baugrube sichern sollte, und eh ich mich versah, landete ich mit dem Auto in diesem riesigen Loch. Mir war glücklicherweise nichts passiert. Ich kroch heraus und überlegte gerade, wie das Auto wieder herauszuholen wäre und vor allen Dingen, wie ich pünktlich zur Sendung kommen sollte – frühmorgens kurz vor halb vier! In dem Augenblick kam ein Lastauto um die Ecke, voll mit russischen Soldaten. Der Wagen hielt an, man erkannte das Problem, eine Stimme befahl „Absteigen" und im Nu hievten etwa 20 Soldaten mein Auto wohlbehalten aus der Grube. Ich wollte mich bedanken, aber sie waren schon wieder auf ihrem Laster und – weg waren sie. Sie ließen mich völlig verblüfft zurück. Mein Auto startete ganz normal, ich fuhr los und überlegte, was sich wohl die Soldaten gedacht haben: Eine einzelne Frau, nachts mit einem Auto in der Grube. Sicher Alkohol! Aber war nicht.

Diese Frühsendung erforderte zwar von mir exzellente Vorbereitung, da ich alle Zwischentexte selbst schreiben und zusammenstellen musste, aber ich konnte locker, heiter, ja sogar etwas frivol sein und in den frühen Morgenstunden selbst den einen oder anderen Witz aus drei westlichen Temmler-Kalendern, die wir besaßen, zum Besten geben, frivole, freche Ärzte-Witze. Komischerweise hat sich nie jemand darüber beschwert oder Anstoß daran genommen. Nur einmal drohte der Chef: „Luise, Luise, die Hörer wollen aufstehen und nicht gleich wieder ins Bett …"

Am Heiligabend frühmorgens machten wir immer ein besonders schönes Programm, das ich oft gemeinsam mit meiner Schwester gestaltete. Wir hatten zu Hause ein altes Symphonium, einen Plattenspieler zum Aufziehen mit alten Lochplatten und Weihnachtsliedern. Den brachten wir mit ins Funkhaus und unterhielten unsere früh aufstehenden Hörer mit Heiterem und Besinnlichem aus vielen Ländern zur Weihnachtszeit. Offiziell hieß der Heiligabend ja Weihnachtsabend und statt des Weihnachtsmanns sollte Väterchen Frost durch den Wald stapfen, aber wir haben uns nicht daran gehalten und richtige Weihnachtsstimmung verbreitet und nie hat sich jemand beschwert. Und Jahresend-Flügelfiguren, wie die lächerliche offizielle Bezeichnung für Weihnachtsengel in der DDR sein sollte, haben wir erst gar nicht erwähnt.

Auf meinem Sprechertisch herrschte übrigens während all meiner Sendungen mit den vielen Beiträgen und Zetteln – meinem Naturell entsprechend – immer das reinste Chaos, aber es war ein geordnetes Chaos und ich fand während all der Jahre immer den richtigen Beitrag zur rechten Zeit – meine Kollegen allerdings gerieten schon bei diesem Anblick in Panik.

Meine Frühsendungen habe ich einige Jahre gemacht, bis ich dann endlich wieder auf der Bühne stehen und Theater spielen wollte.

Kurz darauf fragte mich Antje Ruge – langjährige Schauspielerin am Deutschen Theater in Berlin –, ob ich für ihre Gastinszenierung der „Wassa Schelesnowa" von Gorki mit nach Prenzlau kommen würde, um die Natalja zu spielen. Gudrun Okras – zuvor am Staatsschauspiel Dresden – war ebenfalls Gast und spielte die Wassa – für mich die beste Wassa, die ich je gesehen habe, mit einer Zärtlichkeit, Kraft und

Geschäftstüchtigkeit bis hin zum Mord, wie ich es von keiner anderen Darstellerin so intensiv erlebt habe. Sie war einfach eine tolle Schauspielerin und ich war in dieser Inszenierung ihre Gegenspielerin, die Tochter, die ihre Mutter gnadenlos beobachtet, kritisch durchschaut, aber trotz allem abgründig liebt. Ich habe diese Rolle sehr gern gespielt und ich glaube, unsere Inszenierung war sehr gelungen. Wir spielten in dem sehr kleinen, aber hübschen Theater in Prenzlau, gastierten mit dem Stück aber auch mit großem Erfolg in verschiedenen Städten Polens, in Danzig, Gdynia, dem alten Gdingen, bis nach Marienburg und Elbing, fühlten aber auch noch oft die Vorbehalte und manchmal sogar eine gewisse Feindseligkeit der Polen und sogar der polnischen Kollegen gegenüber uns Deutschen. Das konnte uns auf der Straße begegnen oder aber auch bei Festen, zu denen wir eingeladen waren und bei denen uns Menschen ihre Ablehnung unversteckt zeigten. Ich denke, das hat sich in der heutigen Zeit wesentlich verändert; Ressentiments wurden in den vergangenen Jahrzehnten abgebaut, die Welt ist offener geworden, man ist sich über die Grenzen hinweg nähergekommen.

Maxim-Gorki-Theater

Mein Mann hatte inzwischen sein Studium beendet, eine Stelle als Assistenzarzt in der Berliner Charité angetreten und seine Facharztausbildung als Gynäkologe begonnen.

Ich hatte in diesen Jahren immer wieder versucht ein Engagement in Berlin zu bekommen, aber das war absolut aussichtslos, da es kaum Vakanzen gab, weil inzwischen alle Schauspielerverträge lebenslang liefen ohne Aussicht auf Kündigung – es sei denn, man hätte einem Schauspieler Berufsuntauglichkeit vorwerfen können. Nur ganz junge Schauspieler direkt von der Schauspielschule hatten eine Chance – falls mal ein alter Schauspieler wegstarb, denn freiwillig löste in Berlin kaum jemand seinen Vertrag – es war ja das Ziel vieler Schauspieler-Träume. Ich hatte auch ein Gespräch mit Albert Hetterle, dem Intendanten des Maxim-Gorki- Theaters; er war sehr interessiert, hatte aber keine Vakanz. Ich glaube, seine jüngste Schauspielerin war damals auch schon 30 und spielte alle jungen Mädchen und er hätte dringend ganz junge Nachwuchsschauspieler gebraucht, aber er konnte niemanden einstellen. Ich war dafür auch schon zu alt. Eines Tages rief er mich aber an und sagte, er hätte jetzt eine Chance für mich: Eine Regieassistentenstelle wäre frei geworden und er könnte mich als Schauspielerin und Regieassistentin mit Abendregie verpflichten. Diese Doppelung war für mich völlig neu, aber sehr interessant. Ich sagte zu und habe es über viele Jahre nicht bereut. Ich habe sehr viel an diesem Theater gelernt, vor allem auch durch die Zusammenarbeit mit dem Regisseur Thomas Langhoff in mehreren Stücken. Bereits bei seiner ersten Inszenierung „Einsame Menschen" von Hauptmann war ich als seine Assistentin von Anfang an dabei, habe die verschiedenen Besetzungsentwürfe miterarbeitet und auch erlebt, dass er nur mit Schauspielern arbeiten wollte und konnte, die ihm absolut vertrauten. Als es eine Schauspielerin gerade bei dieser ersten Inszenierung ablehnte, dass er sie in zwei äußerst verschiedenen Rollen ausprobieren wollte mit der Garantie, eine von beiden zu spielen, hat er konsequent ganz auf sie verzichtet und sie nie wieder besetzt.

Eine seiner hinreißendsten Inszenierungen, bei denen ich dabei sein durfte, war der „Sommernachtstraum" von Shakespeare, der im gesamten Theaterraum im Bühnenbild von Henning Schaller spielte, mit Leitern, Rutschen, Trampolin, waghalsigen Auftritten vom Schnürboden, vom Rang und aus dem Zuschauerraum. Es war ein wirklicher Märchentraum mit obskuren und bildschönen Elfen, einem irrwitzigen Kobold von Klaus Manchen gespielt, kuriosen Handwerkern, wilden Liebespaaren, dem attraktiven Oberon von Uwe Kockisch und dem deftig skurilen Jörg Gudzuhn als liebestollen Esel.

Für diese Inszenierung, die von allen Darstellern höchste Körperbeherrschung verlangte und ein besonderes Vertrauen und Zusammengehörigkeitsgefühl brauchte, trafen wir uns alle mit einer Yoga-Lehrerin und Thomas Langhoff jeden Morgen vor der Probe zu einer Stunde Yoga und Körpertraining. Jeder ging in diesem Stück bis an seine Grenzen; ein Artist trainierte mit den einzelnen Kollegen und brachte sie zu verblüffenden Leistungen, ob am Seil, von der Decke herabschwebend, auf dem Trampolin springend, fallend, stürzend oder zur Bühnendecke emporschwingend.

In jeder Mittagspause während der Probe saßen wir alle an einem großen Tisch in der Kantine zusammen und da wurde dann nie über das Stück gesprochen, sondern über andere unterhaltsame Dinge. Es wurde viel gelacht, wobei Thomas Langhoff die interessantesten Geschichten, Anekdoten und Erlebnisse erzählte, denen wir am liebsten stundenlang zugehört hätten, die faszinierten und alle für die zweite Probenhälfte in entspannte lockere Laune versetzten.

Überall an den Vorhängen hingen Glühbirnen und der Boden war zeitweise ein Trampolin, auf dem die Elfe Karin Boyd ihre wildesten und waghalsigsten Sprünge machte. Sie war eine zauberhafte Elfe in ihrer dunklen, verführerischen Schönheit. Übrigens, an einem Abend saß ich beim „Sommernachtstraum" in der Regieloge, als ich plötzlich Flammen aus dem linken Vorhang auf der Vorbühne schlagen sah. Glühbirnen hatten ihn entzündet. Jörg Gudzuhn, der gerade auf der Bühne war, entdeckte das Feuer und nach einem fassungslosen Augenblick verständigte er sofort den Inspizienten, der den Brand auf der Vorbühne von seinem Pult aus nicht sehen konnte und die Feuerwehr rief. Das Publikum hatte bis dahin ganz ruhig gesessen und wahrscheinlich das Feuer für einen weiteren Einfall der Regie gehalten. Gudzuhn kam zurück und sagte zum Publikum: „Sie sehen, meine Damen und Herren, der Vorhang auf unserer Bühne brennt. Ich möchte Sie bitten, sofort ohne Panik das Theater zu räumen". Aber nichts rührte sich, die Leute blieben sitzen und sahen fasziniert auf das Feuer.

In dem Augenblick stürmten auch schon die Feuerwehrleute mit ihren silberglänzenden Helmen auf die Bühne. Sie sahen aus wie aus einer prunkvollen Operette entlaufen. Aber da das Trampolin statt des Bühnenbodens hochgefahren war, stürzte einer nach dem anderen auf den Bauch und konnte sich nur unter Mühe wieder hochwälzen. Das Publikum brüllte vor Lachen, man applaudierte, keiner ging, man hatte den Eindruck, diese einmalige Showeinlage wollte niemand versäumen. Zum Glück konnten die unverletzten Feuerwehrleute das Feuer schnell löschen und der Schaden war verhältnismäßig gering. Nach einer halbstündigen Pause konnte das Spiel fortgesetzt werden, die Schauspieler wurden mit Applaus empfangen und das Publikum wird noch lange begeistert von dieser „feurigen" Vorstellung erzählen.

Atmosphären

Im Laufe meiner langen Theaterjahre habe ich immer wieder erlebt, wie wichtig der Intendant für das Klima in seinem Theater ist und wie jeder Regisseur über die Harmonie der Schauspieler untereinander in seinem Ensemble bestimmen kann.

Wer selbst brüllt, seine Schauspieler nicht liebt und sie bei Proben „fertig" macht, kann nicht erwarten, dass sie miteinander einen rücksichtsvollen, freundschaftlichen Ton pflegen und dass seine Inszenierung zu einem harmonischen Ganzen zusammenwächst.

Bei Thomas Langhoff, Rolf Winkelgrund, Albert Hetterle und später Georg Tryphon, Klaus Sonnenschein, Wolfgang Spier oder Thomas Schendel habe ich diese Liebe zu ihren Schauspielern erlebt. Eine entspannte, heitere, aber konzentrierte Arbeitsatmosphäre lässt die Proben zu einem Vergnügen werden; man ist locker, bekommt Selbstvertrauen und wenn mal etwas nicht gleich gelingt, fühlt man sich aufgefangen von Mitspielern und Regie und wird nicht durch hämische oder unfreundliche Reaktionen verstört. Auch gelegentliche Textunsicherheiten werden freundlich und manchmal sogar amüsiert weggesteckt. Wie verkrampft wird eine Arbeit, wenn schon der Regisseur herumbrüllt und damit auch den Startschuss für intolerantes und sogar rücksichtsloses Verhalten untereinander gibt. Ich habe solch eine Situation zweimal in meinem Theaterdasein erlebt und muss sagen, diese Inszenierungen waren die Hölle. Man geht mit Grausen auf die Probe oder zur Vorstellung und kommt danach mit Depressionen nach Hause. Bei einer Inszenierung mit nur vier Personen am Hansa-Theater habe ich erlebt, wie eine hasserfüllte Atmosphäre ein an sich sehr gutes Stück vernichten kann. Von der ersten Probe an herrschte eine eisige Atmosphäre der Intoleranz, völliger Ablehnung des Partners und feinseliger Reaktionen auf das Spiel des Kollegen. Das Brüllen des Regisseurs war dann sozusagen der „Freischuss" für das Eskalieren der Unfreundlichkeiten, die fast bis zum Zerschlagen einer Bierflasche auf den Kopf der Partnerin führten – wegen eines zu früh gekommenen Satzes!!! Als der Regisseur erst bei der völlig desolaten Hauptprobe begriff, dass er einer zerstörerischen Atmosphäre seinen Lauf gelassen hatte, war es zu spät und das schöne Stück wurde mit vielen Hängern, Unsicherheiten und Verkrampfungen kein so großer Erfolg, wie es hätte sein können. Das Publikum liebt seine Schauspieler, wenn eine gute Atmosphäre von der Bühne herunterkommt, es fühlt aber auch genau, wenn es zwischen den Akteuren nicht stimmt, dann springt auch der berühmte Funke nicht über.

Bei der oft jahrelangen Laufzeit der Inszenierungen am Gorki-Theater waren auch Umbesetzungen aus unterschiedlichen Gründen in kleinen und großen Rollen an der Tagesordnung; fast nie sind Vorstellungen ausgefallen, sondern man versuchte immer durch schnellen Ersatz bei Erkrankungen den Spielplan zu halten. Da Thomas Langhoff nur als Gast an unserem Theater arbeitete, stand er für diese Umbesetzungsproben – selbst von Hauptrollen – oft nicht zur Verfügung. Als seiner Assistentin oblag es nun mir, die Umbesetzung zu leiten und die neuen Schauspieler einzuarbeiten, sodass er meist nur bei großen Rollen zur letzten Probe kam, um noch Korrekturen vorzunehmen oder das Resultat als in Ordnung abzunehmen. Diese Arbeit hat mir sehr viel Spaß gemacht. Da der Abendregisseur stets in der Loge saß und die Vorstellung kritisch verfolgte, blieben auch fast alle Inszenierungen von der ersten bis zur letzten Vorstellung – oft noch viele Jahre nach der Premiere – immer korrekt und voll im Sinne der Regie.

Langhoff stellte hohe Ansprüche an seine Mitarbeiter, aber seine Proben waren mitreißend intensiv; er saß selten an seinem Regiepult, sondern war fast immer nahe an seinen Schauspielern auf der Bühne und wenn er etwas erklärte oder vorspielte, war es von ungeheurer Suggestion. Lief eine Szene nach seinen Vorstellungen, so konnte er sich zu einem begeisterten „Toll, Toll!!" hinreißen lassen und seine Augen strahlten. Hatten ihn Menschen enttäuscht oder waren sie ihm unsympathisch, so konnte er schnell auch ziemlich verletzend und ungerecht sein. Menschen, die er schätzte, bewahrte er seine Treue allerdings lebenslang.

Natürlich konnte ich durch meine Mitarbeit an einer Inszenierung oft schnell einspringen, wenn eine Schauspielerin kurzfristig ausfiel. Auf diese Weise habe ich auch die Rose in der wunderbaren Inszenierung „Einer flog über das Kuckucksnest" durch Rolf Winkelgrund oder Rollen in „Schule der Frauen" von Moliere, „Rosie träumt" von Peter Hacks oder „Die Falle" – ein Stück über Franz Kafka von Rosiewicz –, um nur einige wenige zu nennen, übernommen. Nicht immer ging das allerdings ganz konfliktlos über die Bühne. Als ich für eine erkrankte Kollegin im „Kuckucksnest" innerhalb weniger Stunden eine Rolle übernehmen musste, stürmte sie trotzdem plötzlich in die Garderobe und verlangte, ich solle sofort ihr Kostüm ausziehen, da es ihre Rolle und ihr Kostüm sei und dass sie auch bei Umbesetzungen keine andere in ihrem Kostüm dulde. Normalerweise wurde auch ein neues Kostüm beschafft, aber in diesem Fall war die Übernahme so kurzfristig, dass das nicht möglich war, eine ziemlich peinliche, unangenehme Situation.

Ganz anders verlief einmal ein Einspringen für meine Kollegin Jenny Gröllmann. Sie hatte übersehen, dass eine Vorstellung von 20 auf 18 Uhr vorverlegt worden war. Es war ein musikalisch-literarisches Programm; ich war gerade im Theater, konnte zufällig die Lieder, die Texte waren ablesbar und so fand nach einer kurzen Probe die ausverkaufte Vorstellung mit mir statt. Als Jenny gegen 19 Uhr das Theater betrat, hörte sie ihre Texte und Lieder durch den Lautsprecher. Sie kriegte weiche Knie vor Schreck, aber durch meine Übernahme hatte sie außer einer Abmahnung keine weiteren Unannehmlichkeiten zu befürchten und war sehr froh über meine schnelle Reaktion.

Und ich erhielt von der Theaterleitung ein großes Lob und eine schöne Geldprämie und von einem zufällig in der Vorstellung sitzenden Kollegen eine große Flasche Sekt.

Eine meiner Lieblingsrollen war die Dolmetscherin Julija in dem Stück „Das Nest des Auerhahns" von Rosow. Als ich Rolle erhielt, war ich skeptisch, ob ich sie überhaupt packen würde, denn sie spricht über eine lange Szene fließend italienisch, im selben Tonfall gibt sie in Deutsch ihre Kommentare über den Gast ab, um dann blitzschnell weiter zu übersetzen. Ich sprach kein Wort Italienisch, war niemals zuvor in Italien – die Mauer hatte es verhindert – und hatte die Sprache nicht im Ohr. Also setzte ich mich mit einer Italienerin, einer wirklichen Dolmetscherin, zusammen, die mir den Text zunächst ganz langsam und dann im normalen Sprechtempo aufs Band sprach und später meine Aussprache noch korrigierte. Ich habe den Text rein übers Hören gelernt, aber Italienisch ist eine so klare Sprache, dass sie sich schnell einprägt und ziemlich leicht lernen lässt. Da die Angst bei mir jedoch groß war, mit dem Text mal „hängen" zu bleiben und mir niemand – auch die Souffleuse nicht – helfen konnte, haben wir drei Beteiligten an dieser Szene – Albert Hetterle, Gerd-Michael Henneberg und ich – sie vor jeder Vorstellung in der Garderobe einmal gemeinsam durchgesprochen und es ist nie zu einer bemerkbaren Panne gekommen. Allerdings war mein Lampenfieber vor dieser Vorstellung immer besonders groß, obwohl ich mein Leben lang unter Lampenfieber gelitten habe und die Angst, plötzlich den Text zu vergessen, nie aufgehört hat.

Selbst wenn ich in einem anderen Theater mit einem mir fremden Ensemble im Zuschauerraum sitze und einen Hänger bei einem Schauspieler bemerke, zittere ich mit ihm und bin erleichtert, wenn es endlich weitergeht. Eine der schlimmsten Situationen erlebte ich einmal bei der Premiere der „Unbefleckten Empfängnis" am Schiller-Theater, als der Hauptdarsteller einen minutenlangen Hänger hatte. Totenstille herrschte auf der Bühne und das Publikum hielt die Luft an, aber kein Schauspieler wagte es einzuspringen und im Text weiterzugehen, aus Angst, der große Hänger könnte ihm angelastet werden. Da werden dann Minuten zu gefühlten Ewigkeiten. Ebenso ist es bei riesigen Sprüngen im Text, da helfen dann wirklich nur ein kühler Kopf und schnelle Reaktionsfähigkeit, damit das Publikum nicht allzu viel bemerkt und das Stück weiterläuft.

Zweimal kam es in meiner langen Theaterpraxis auch vor, dass ein Darsteller zur Vorstellung betrunken auf die Bühne trat, ohne dass es zuvor jemand bemerkt hätte. Gleich in meiner allerersten Inszenierung in Zeitz habe ich das erlebt, als ich die Regine in „Gespenster" von Ibsen spielte. Der Schauspieler des Engstrand, ein für meine Rolle wichtiger Partner, hatte vor der Vorstellung schweigsam und unauffällig im Aufenthaltsraum gesessen, doch als er die Bühne betrat, brachte er nicht einen einzigen Satz heraus; er nuschelte ein paar unverständliche Worte, schwieg und dann blieb er still an die Wand gelehnt stehen. Nach einer Schrecksekunde gelang es mir, die heikle Situation mit ein paar improvisierten Sätzen zu retten, sinngemäß weiterzugehen und ihn dabei vorsichtig von der Bühne zu schieben. Draußen versuchten dann die Kollegen, ihn mit kaltem Wasser und viel Kaffee für seinen Auftritt im zweiten Akt wenigstens einigermaßen wieder einsatzfähig zu machen. Für mich als Anfängerin aber war es die erste Bewährungsprobe bei einer unvorhergesehenen Situation auf der Bühne.

Während meiner ersten Jahre am Theater wurde übrigens viel mehr Alkohol getrunken als heute. Zu den Proben brachte jeder mal eine Flasche Sekt mit, der die Probenlaune steigern sollte. Heute ist Alkohol bei Proben oder Vorstellungen fast überall verpönt, denn die Probenzeiten sind so reduziert, dass nur äußerst konzentrierte Arbeit die Premiere ermöglicht, und ein angetrunkener Kollege auf der Bühne bedeutet immer ein Risiko für die ganze Vorstellung.

Übrigens wurde im Gorki-Theater viel Wert auf Weiterbildung für Schauspieler gelegt; neben dem Bewegungstraining, das gemeinsam mit den Schauspielern des Berliner Ensembles von Hilde Buchwald durchgeführt wurde und an dem auch Ekkehard Schall regelmäßig teilnahm und in dem uns Hilde zur Stärkung unserer Kondition ganz schön hart schliff, wurden in unserem Theater täglich kostenlos Stunden für Sprechtechnik und Stimmbildung angeboten, die ich regelmäßig nutzte. Besonders gern arbeitete ich dann mit Gerda Lesser an den Brechtliedern von Weyll, aber auch die unglaublich starken Lieder von Dessau oder Eisler habe ich mit ihr und verschiedenen Pianisten erarbeitet und bei Veranstaltungen unterschiedlichster Art gesungen. Besonders geliebt habe ich Brecht-Eislers „Wiegenlieder für Arbeitermütter", die ich sehr oft in meinen Programmen sang und die stets eine starke Wirkung ausübten. Noch heute kriege ich eine Gänsehaut, wenn ich die Texte dazu lese: „Mein Sohn, wenn ich nachts schlaflos neben dir liege, fühl ich oft nach deiner kleinen Faust. Sicher sie planen mit dir jetzt schon Siege. Was soll ich nur machen, dass du nicht ihren dreckigen Lügen traust? Deine Mutter, mein Sohn, hat dich nicht belogen, dass du etwas ganz Besonderes seiest, aber sie hat dich auch nicht mit Kummer großgezogen, dass du einmal im Stacheldraht hängst und nach Wasser schreist!" Dass ich diese aufrüttelnden Lieder in der DDR gesungen habe, wo tatsächlich Menschen im Stacheldraht an der Mauer starben, erscheint mir im Nachhinein unglaublich, heute, wo ich viel mehr über das erschreckende Geschehen und die Schicksale an der Mauer weiß.

Das kleine Theater am Festungsgraben – übrigens eines der fünf Staatstheater während der DDR-Zeit in Berlin –, das hinter dem Kastanienwäldchen und der Neuen Wache nah am Boulevard Unter den Linden liegt, befindet sich in der von Karl-Friedrich Schinkel erbauten Singakademie und wurde im Zweiten Weltkrieg schwer zerstört. Nach seiner Rekonstruktion wurde es 1952 unter der Intendanz von Maxim Vallentin als Sprechtheater mit dem Namen „Maxim-Gorki-Theater" wiedereröffnet. In den ersten Jahren befasste es sich hautsächlich mit russischer und sowjetischer Dramatik; später öffnete es sich der Weltliteratur, wobei kritische Stücke der Gegenwart immer wieder im Mittelpunkt stehen.

Im Gorki-Theater haben wir viel gearbeitet, aber auch gern und oft gefeiert. Neben den beliebten Premierenfeiern gab es an jedem 1. Mai nach der obligatorischen Mai-Demonstration das traditionelle Betriebsfest im schönen Theatergarten, zu dem jeder von uns mit Kind und Kegel erschien. An diesem Tag, an dem keine Vorstellung stattfand, ging es stets recht feucht-fröhlich und entspannt zu und im Laufe des Tages kamen noch viele Kollegen von anderen Theatern dazu und feierten mit. Jeder von uns steuerte etwas für ein großes, rustikales Fress-Buffet bei und auf einem Basar wurden schöne Dinge aus unserem privaten Besitz oder aus der Requisitenkammer des Theaters verkauft. Unsere Kinder kamen besonders gern auf dieses Fest, denn sie kannten sich alle vom Kinderferienlager im Sommer in Ahlbeck an der Ostsee, wo sie sich jedes Jahr wieder trafen und tolle Ferientage verlebten. Das Theater besaß dort ein Betriebsferienheim, das in den

Sommerferien immer den Kindern der Kollegen gehörte. Unter der Betreuung von freigestellten Mitarbeitern haben die Kinder dort so schöne und interessante Wochen verlebt, dass sie sich schon das ganze Jahr auf diese gemeinsame Zeit freuten und schon lange vorher tolle Pläne schmiedeten.

Blick nach drüben

In den achtziger Jahren begannen die großen Theater-Tourneen unseres Ensembles durch Westdeutschland. Schon Wochen davor fieberte jeder der Auswahl der Stücke entgegen und hoffte inständig, dass er zu den Auserwählten gehört, die mitfahren dürfen. Doch selbst wer in einer dieser Inszenierungen spielte oder im technischen Bereich arbeitete, war nicht auf jeden Fall dabei. Nur wer die strenge Überprüfung überstand und als zuverlässig eingestuft wurde, durfte mitfahren, sonst wurde er noch kurzfristig gegen einen anderen Kollegen ausgetauscht. Trotzdem blieben bei fast allen Tourneen immer wieder Schauspieler im Westen, einmal sogar ein Paar, noch bevor er seine letzte Vorstellung gespielt hatte. Die Partnerin, die in einem anderen Stück beschäftigt war, hätte sofort nach Beendigung ihres Parts nach Hause reisen müssen. Da wurde dann die Nacht vor ihrer Abreise von beiden zur Flucht genutzt. Am Morgen war das Entsetzen bei den Kollegen groß, denn es musste für die abendliche Vorstellung schnellstens ein Ersatz mit nur einer Umbesetzungsprobe eingearbeitet werden. Eine heikle und nervenzehrende Situation für alle, auch für die beiden „Flüchtlinge", denen ihre Entscheidung sicher schwer gefallen war, ihre Kollegen mitten in einer Tournee im Stich zu lassen, aber es blieb ja keine andere Möglichkeit, die DDR schnell und gefahrlos zu verlassen, denn ein Ausreiseantrag hätte meist jahrelanges Warten unter diskriminierenden Umständen und sicher den Verlust des Arbeitsplatzes bedeutet. Obwohl sie ihr gesamtes Eigentum in der DDR zurücklassen mussten, haben sie sich bald eine neue Existenz aufgebaut und wurden auch im Westen wieder gefragte Schauspieler.

Unser Intendant Albert Hetterle war im Gegensatz zu anderen Theaterleitern aus der DDR ein unglaublich großzügiger „Reiseleiter" bei unseren Gastspielen. Wer einen oder mehrere Abende frei hatte, durfte Freunde und Bekannte auch in anderen Städten besuchen, musste nur rechtzeitig zu seiner Vorstellung zurück sein und für alle Fälle die Adresse hinterlassen, unter der er für den Fall einer kurzfristigen Spielplanänderung zu erreichen war.

Aus anderem Grunde wäre unser Gastspiel in Düsseldorf damals allerdings beinahe geplatzt. Der große Fahrstuhl des Theaters, auf den auch die Laster mit den Kulissen fahren konnten, um dann auf Bühnenhöhe entladen zu werden, gab nach Einfahrt unseres Lasters plötzlich nach – das Fahrerhaus, das noch auf festem Boden stand, wurde zurückgerissen und der Riesenlastzug sauste in die Tiefe. Zum großen Glück konnte der Fahrer in letzter Sekunde aus dem Fahrerhaus springen, sonst hätte er das Unglück wohl nicht überlebt. Fast zwei Tage haben das THW und andere technische Hilfswerke versucht den Lastzug zu heben, aber erst durch das Abtragen einer seitlichen Mauer kam man letztendlich an Lastwagen und Ladung heran und die Vorstellungen konnten wie geplant stattfinden. Die Kulissen für die Vorstellung am laufenden Tag waren glücklicherweise schon in der Nacht zuvor angekommen und abgeladen worden. Die Tageszeitungen aber hatten ihre Schlagzeilen „Ost-Theater saust in den Abgrund“, „Ostberliner Theater im Abgrund“, „Ost-Gastspiel am Boden zerstört“, und so konnte man es tagelang lesen.

Obwohl die meisten von uns nur wenig „Westgeld“ während der Tourneen zur Verfügung hatten, versuchten wir an freien Tagen immer, etwas von den uns unbekannten Städten kennenzulernen. Als wir in Ludwigshafen waren und ich einen Tag frei hatte, machte ich mich allein mit der Bahn auf nach Heidelberg. Ich hatte schon viel über diese Stadt gehört und gelesen, sodass ich sie unbedingt kennenlernen wollte. Ich durchbummelte die alten Straßen, fuhr mit der Seilbahn hinauf aufs Schloss und verlebte allein einen wunderschönen Tag.

Beim Rückweg kam ich an einem Kino vorbei, schaute mir die Bilder an und sah, dass es ein Kino mit Porno-Filmen war. Heute kommt es mir fast unmöglich vor, aber die Neugier von uns „Ostlern“ nach allem, von dem wir zwar gehört hatten, das wir aber nicht aus eigener Anschauung kannten, war so groß, dass fast jeder von uns auf diesen Reisen mal in einem Beate-Uhse-Laden oder in einem Porno-film war. Wir wollten es einfach mal sehen!! Kurz entschlossen und naiv kaufte ich mir eine Karte und erhielt eine kleine Flasche Sekt dazu. Ich war die einzige Frau in diesem Kino, nur ein paar Männer saßen verstreut im Saal. Ich schlug meinen Mantelkragen hoch, trank meinen Sekt und hatte das große Glück, dass ich wirklich gut gemachte, sehr witzige Porno-Filme sah. Es war ein Kino mit Filmen am laufenden Band. Nach dreien war meine Neugier gestillt und ich machte mich amüsiert auf den Heimweg nach Ludwigshafen.

Jeder von uns wollte bei einem Gastspiel im Westen natürlich immer ein paar Dinge kaufen, die es bei uns in der DDR nicht gab und die er oder seine Familie sich wünschten. Wir bekamen pro Tag 20 oder 25 Westmark Spesen und die wurden von jedem von uns gespart, um etwas mit nach Hause bringen zu können. Hotel und Frühstück waren vorhanden und sonst wurde nur gegessen, was unbedingt nötig war. Mit ein paar Bananen und mitgebrachten Büchsen kam man über den Tag und ich glaube, es ist kaum mal jemand von uns in ein Restaurant oder eine Kneipe gegangen, da wäre viel zu viel Geld weg gewesen, für das man einen Pullover oder ein Hemd oder eine hübsche Handtasche bekommen konnte. Unser Sohn wünschte sich damals unbedingt die gerade erschienene Platte „Bochum" von Grönemeyer und ein ferngesteuertes Auto, das er dann – obwohl verboten – zu Hause über die Flure sausen ließ.

Ich erinnere mich, dass damals bei unserer ersten Reise die wunderschönen, bunten indischen Kleider aus fast durchsichtiger Baumwolle in Mode waren und dass sich sämtliche Frauen unseres Ensembles diese Kleider kauften und anschließend die Straßen in Ostberlin mit diesen farbenfrohen schwingenden Kleidern verschönten.

Wie oft hatten wir Sorge, unsere Einkäufe auch unbeanstandet durch die Kontrolle an der Grenze bringen zu können, und wenn uns die Grenzer dann durchwinkten, sprangen wir wie die Elfen auch mit schwersten Koffern und Taschen – die wir normalerweise kaum anheben konnten – die Treppe hinauf und dem Ausgang des „Tränenpalastes" zu. Über dieses „Wunder der Natur" habe ich mich oft gewundert.

Westberlin war bei unseren Gastspielen als besonderes politisches Territorium immer ausgeschlossen und durfte in diesem Zusammenhang auch nicht besucht werden. War das Stück, in dem man zu tun hatte, auf der Tournee abgespielt, so mussten, wie schon erwähnt, die nur darin beschäftigten Kollegen sofort mit dem Zug nach Hause nach Ostberlin fahren. Vor einer solchen Rückfahrt bat ich Albert Hetterle um die Erlaubnis, für ein paar Stunden am Bahnhof Zoo in Westberlin aussteigen zu dürfen, um meine sehr alte Tante Alice zu besuchen, die ich viele Jahre nicht mehr gesehen hatte. Trotz des bestehenden Verbots sagte er: „Gut, aber sprich nicht darüber und sei spätestens bis 22 Uhr am selben Abend wieder zurück in Ostberlin." Pünktlich war ich am Abend wieder im Osten und als ich über die Grenze am Tränenpalast kam, erwartete mich da schon der schlechtgelaunte Kaderleiter unseres Theaters, der wegen meiner Verspätung bereits befürchtet hatte, dass ich im Westen bleiben würde. Nach Ende der Tournee wurde ich zu Hetterle beordert, der mir eine Standpauke über „unerlaubtes Entfernen" hielt. Er tat es pro forma, doch wir beide wussten, dass er damit seiner Pflicht als Leiter des Theaters genügen musste, aber dass er selbst eine viel tolerantere Einstellung hatte.

In den achtziger Jahren flogen wir mit unserem Theater auch zu einem Gastspiel nach Moskau. Davon ist mir allerdings nur in Erinnerung geblieben, dass wir in dem riesigen Hotel „Rossija" wohnten, wo auf jeder Etage eine „Babuschka" mit Argusaugen darauf achtete, dass jeder nur sein Zimmer betrat und nicht etwa mit Kollegen in einem fremden Zimmer zusammen saß. So etwas „Unsittliches" wurde von Anfang an unterbunden!! Auch wir Kollegen durften uns nachmittags nicht mal zu einem Plausch in einem Zimmer treffen.

Auch war es in Moskau zu dieser Zeit fast unmöglich, ein öffentliches Restaurant zu finden, in dem man essen konnte – nur Pelmeni-Verkäufer waren auf den Straßen unterwegs, die ihre leckeren, warmen gefüllten Teigtaschen anboten. So blieben wir auf die kleinen Imbissecken angewiesen, die sich auf jeder Etage des Hotels befanden. Dort konnte man Tee trinken, Kaviar und Lachs in Fülle und zu billigen Preisen essen und Krimsekt dazu trinken, und so ernährten wir uns eine ganze Woche lang von weißem Brot, Lachs und Kaviar und abends nach der Vorstellung tranken wir roten Krimsekt.

Als wir auf dieser Tournee mit dem Nachtzug nach Leningrad fuhren, hatten wir ein Schlafabteil für vier Personen, in dem, wie in der Sowjetunion üblich, Männer und Frauen gemeinsam untergebracht waren. Als zwei russische Männer in unser Abteil kamen, in dem schon eine Kollegin und ich angezogen auf unseren Betten lagen, drehten sie sofort um und waren nicht mehr gesehen. Ihnen war es verboten westlichen Kontakt zu haben, und wir waren für sie „gefährliche" Ausländerinnen. Nun, wir kamen nicht dazu, dies auf die Probe zu stellen.

Kontrollierter Urlaub

Durch die Theater-Tourneen nach Westdeutschland war ich ein „Reisekader" geworden und durfte zum ersten Mal mit meinem Mann zusammen nach Jugoslawien an die Adria reisen, aber unser Sohn musste sozusagen als „Pfand" zurückbleiben. Er wurde in dieser Zeit, wie so oft, sehr liebevoll von unserer Oma betreut.

Einen Abend vor unserer Abreise erschien ein uns unbekannter Herr an unserer Tür, der unter einem fadenscheinigen Vorwand um Einlass bat und sich recht „unauffällig" in unserer Wohnung umsah, um zu überprüfen, ob eventuell etwas auf eine bevorstehende Flucht hindeuten würde. Wir hatten an diesem Tag gerade eine neue Waschmaschine erhalten, die noch unausgepackt im Flur stand, aber da wir ihm sonst nichts Auffälliges bieten konnten, verabschiedete er sich bald und wir durften am nächsten Morgen fliegen.

Wir wohnten in einem schönen Mittelklasse-Hotel an der Makarska-Riviera direkt am Meer; Essen und einige Getränke waren inklusive, da wir ja nicht über ein Taschengeld in Dinar oder gar Westgeld verfügen durften. Trotzdem haben wir uns natürlich ein paar Dinar heimlich eingetauscht, um uns ein paar Extras gönnen zu können.

In unserer Reisegruppe war natürlich auch ein „Aufpasser", der all unsere Unternehmungen am Urlaubsort beobachtete. Als in einer Nacht aus dem Nebenhotel eine Gruppe aus der Tschechoslowakei floh, wurden wir mitten in der Nacht unter dem Vorwand, ärztliche Hilfe zu brauchen, von diesem Herrn geweckt, um zu überprüfen, ob wir noch in unseren Betten lagen oder uns ebenfalls abgesetzt hätten.

Als mein Mann und ich auf eigene Faust mit dem Bus einen Tagesausflug an der Küste entlang bis Zadar machten und erst spätabends zurückkehrten, wurden wir durch einen Zettel an unserer Zimmertür aufgefordert, noch nachts an seine Tür zu klopfen, um uns zurückzumelden.

Trotzdem war für uns das Erlebnis Adria wunderbar und wir haben viele herrliche Ausflüge unternommen, u.a. entlang der wildromantischen Küste oder nach Mostar, das später durch die dort stattgefundenen Massaker und die Zerstörung der Stadt und der weltberühmten Brücke in den Blickpunkt der Welt geriet. Die Brücke wurde inzwischen wieder aufgebaut und heute wie auch damals machen die Jungen als besondere Sensation für die Touristen ihre gefährlichen Sprünge hinab in den Fluss.

Fahrrad-Klau in Westberlin

Obwohl ich nicht zu den „privilegierten" Kollegen an unserem Theater gehörte, die über einen Dauer-Reisepass verfügten, damit nach Belieben ein- und ausreisen konnten und so über einen absoluten Sonderstatus verfügten, erhielt ich ein paar Wochen nach unserer Tournee und der ungeplanten „Kurz-Spritztour" nach Westberlin zum ersten Mal offiziell die Genehmigung, meine Tante Alice zum Geburtstag besuchen zu dürfen.

Allerdings mussten mein Mann und unser Sohn in Ostberlin zurück bleiben, denn der Besuch einer ganzen Familie war für uns so gut wie ausgeschlossen. Nach dem Bau der Mauer waren es – bis auf den Kurztrip – immerhin 25 Jahre, in denen ich Westberlin nicht mehr betreten durfte, und der endlich erlaubte Besuch hat mich schon emotional sehr berührt und verwirrt. Vieles hatte sich verändert, als ich durch den Tränenpalast geschleust wurde, über die Friedrichstaße mit der S-Bahn zum Bahnhof Zoo fuhr und von dort mit dem Bus nach Grunewald. Aber die Wohnung der Tante mit dem kleinen Garten dahinter in einer alten Siedlung sah noch genauso aus wie früher, vielleicht war nur alles ein wenig baufälliger geworden. Meine Tante empfing mich voller Freude und schlug mir als Erstes vor, schnell mit ihrem Rad zum Bäcker im Rundbau am Hohenzollerndamm zu fahren und für uns Frühstücksbrötchen zu kaufen. Sie hatte ein uraltes, etwas verrostetes Fahrrad, das immer vor der Tür stand und nie gestohlen wurde. Ich fuhr also mit dem Vehikel durch die mir noch aus der Kindheit vertrauten Straßen, stieg am Rundbau ab und betrachtete die für mich so neuen reizvollen Auslagen in den Geschäften.

Ich stellte das Rad vor der Bäckerei in den Ständer, kaufte die frischen Brötchen, schaute mir das reiche Angebot der vielen Leckereien an und ging dann mit dem Kopf voller Eindrücke zum Fahrrad und schob es langsam an den Schaufenstern vorbei, intensiv die Auslagen bestaunend, als ich plötzlich harsch angeschrien wurde: „Halt! Sie! Halten Sie sofort an, geben Sie mir mein Fahrrad zurück, das Rad gehört mir!!!" Ich wusste erst gar nicht, dass ich gemeint war; ich guckte die Frau, die mir hinterher eilte, völlig konsterniert und verständnislos an, als sie mir auch schon das Rad aus der Hand riss und mich beschimpfte. Erst da bemerkte ich, dass ich ein nagelneues Fahrrad genommen hatte, das neben meinem alten in dem Ständer geparkt hatte. Die Räder waren wirklich absolut nicht zu verwechseln, aber ich war so in meinen Gedanken und den vielen neuen Eindrücken versponnen, dass ich ganz mechanisch zum Rad gegriffen und nicht einen Moment darauf geschaut hatte. Die Frau, die noch eben so geschimpft hatte, sah mir wohl nach meiner geistesabwesenden Reaktion an, dass ich wirklich nicht mitbekommen hatte, ein völlig anderes, eigentlich absolut unverwechselbares Fahrrad genommen zu haben, noch dazu, als ich nicht weggefahren war, sondern seelenruhig die Schaufenster anschaute. Sie ging kopfschüttelnd davon, schaute sich immer wieder nach mir um und schien überlegt zu haben, ob sie Polizei oder die Psychiatrie anrufen sollte.

Ferien

In den ersten Jahren unserer Ehe hatten wir immer wieder versucht, eine FDGB-Reise an die Ostsee zu bekommen, was uns aber nie gelungen war. Nur einmal waren wir mit dem Reisebüro auf der Insel Hiddensee. Wir hatten uns sehr auf diese Reise gefreut, aber als wir unser gebuchtes Quartier suchten, fanden wir es in einem ehemaligen Schweinestall, der notdürftig gestrichen und mit zwei Uraltbetten der Großeltern mit riesigen Federbetten ausgefüllt war. Kakerlaken in großen Mengen bevölkerten das Bett; es regnete die ganze Urlaubswoche hindurch und wir saßen nur in der einzigen Kneipe in Neuendorf, weil wir es in unserem teuer bezahlten Quartier nicht aushalten konnten. Selbst auf das bereits bezahlte Frühstück in unserer Behausung verzichteten wir, weil uns zwischen den Kakerlaken der Appetit vergangen war. Das war unser letzter Versuch, in der DDR einen annehmbaren Urlaubsplatz an der Ostsee zu erhalten, und von da an orientierten wir uns in Richtung Süden ans Schwarze Meer – auch wegen des besseren Wetters und unserer Abenteuerlust.

Wir versuchten so oft wie möglich unser Leben aus der Eintönigkeit unseres Alltags herauszuholen, und unternahmen voller Entdeckerlust viele Reisen statt mit dem Flugzeug lieber mit dem Auto über die mehr als 2.000 km weite Strecke nach Bulgarien an den Goldstrand von Varna. Damals mussten wir den weitaus größten Teil der Fahrt durch die damalige Tschechoslowakei, durch Ungarn, Rumänien und Bulgarien auf Landstraßen durch Dörfer und Städte zurücklegen. Das war nicht nur ungeheuer anstrengend, sondern auch gefährlich wegen der vielen Unfälle auf den überfüllten und engen Straßen, die sich noch dazu in einem sehr schlechten Zustand befanden. Wir waren stets drei bis vier Tage unterwegs und oft saßen wir dann abends noch mit den Dorfbewohnern an langen Tischen draußen bei Wein oder Bier und landestypischem Essen zusammen; unser Sohn spielte bis in die Nacht mit den Kindern des Dorfes – in südlichen Ländern ist es ja normal, dass die Kinder auch abends immer dabei sind –, und es war meist eine wunderbare, heitere, entspannte Stimmung. Obwohl Oliver keine der Sprachen beherrschte, verständigten sich die Kinder sofort untereinander und spielten zusammen. Glücklicherweise war unser Sohn ein aufgeschlossenes, kontaktfreudiges Kind und kannte keine Berührungsängste.

Einmal waren wir noch spät abends in Ungarn unterwegs, denn wir hatten noch nirgends ein Zimmer für die Übernachtung gefunden, als wir in ein starkes Gewitter gerieten. Abgesehen von den vielen Blitzen, die immer wieder die Landstraße beleuchteten, war es stockdunkel, weit und breit war der Strom ausgefallen, es goss in Strömen, überall lagen Äste auf der Fahrbahn, es war absolut unheimlich und gefährlich. Wir hatten völlig die Orientierung verloren – an Navis war ja noch gar nicht zu denken – und tasteten uns langsam mit unserem Auto über einsame Wege, als wir endlich Häuser erkennen konnten, aber kein Mensch war auf der Straße, wir konnten niemanden nach einem Hotel fragen, wir wussten überhaupt nicht mehr, wo wir uns befanden. Nach langem vergeblichen Suchen in der Dunkelheit entdeckten wir endlich ein Haus, das einem kleinen Hotel ähnlich sah; wir klopften lange, bis uns ein älterer Mann öffnete. Der Regen prasselte auf uns nieder und wir machten durch Gesten verständlich, dass wir ein Zimmer suchten. Endlich wurden wir verstanden und der Mann öffnete uns die Tür. Klitschnass und völlig gegen unsere Gewohnheit ließen wir alles Gepäck im Auto, nahmen nur das nötigste Handgepäck und unseren schlafenden Sohn auf den Arm und folgten dem schweigsamen Mann, der uns mit einer Kerze durch das stockdunkle Haus über Treppen, Flure und Galerien zu einem kleinen Zimmer führte. Alles kam uns unwirklich und gespenstisch vor, wie in einer düsteren Herberge aus der Oper „Carmen". Aber uns war alles egal; wir waren froh, einen trockenen Raum zum Schlafen gefunden zu haben, fielen todmüde und erschöpft zu dritt in das einzige breite Bett und schliefen sofort ein. Als wir morgens erwachten, schien die Sonne, und das Haus, das uns nachts so gespenstisch erschien, war ein zauberhaftes kleines Hotel mit Blumenranken auf den Galerien und einem wunderschönen Innenhof. Und der Ort, der uns nachts so düster und abweisend vorgekommen war, zeigte sich am nächsten Tag freundlich und einladend; es war die hübsche kleine Stadt Pàpa. Unser Auto stand unversehrt vor dem Hotel, das an einem belebten Marktplatz lag. Wir bummelten an den bunten Ständen vorbei, kauften von den vielen verlockenden Früchten und suchten uns ein gemütliches Café zum Frühstücken. Ausgeruht und gestärkt setzten wir uns dann wieder ins Auto und machten wir uns weiter auf die lange Fahrt nach Bulgarien.

Als wir einmal in der kleinen Stadt Tirgu Mures in Rumänien übernachteten, lasen wir, dass im Kino an dem Abend die „Love Story" gespielt wurde. Wir hatten über den Film, der in der DDR ja nicht gespielt werde durfte, schon so viel gehört, und nun sahen wir ihn in einem kleinen Kinosaal in englischer Sprache mit rumänischen Untertiteln. Die Mütter hatten während des Films ihre schlafenden Kinder auf dem Schoß – ich natürlich unseren Sohn ebenfalls – und es war ein tolles Kinoerlebnis in völlig ungewohnter Umgebung.

Leider wurde in Bulgarien und auch in den anderen östlichen Ländern, in die wir reisen durften, immer hart zwischen West- und Osttouristen unterschieden. Nicht nur, dass Westler bevorzugt behandelt und untergebracht wurden, für sie war Bulgarien bei ihrem Wechselkurs ein billiger Urlaub. Wir dagegen mussten bei unserem ungünstigen Wechselkurs gegen Lewa Unterkunft und Essen sehr teuer bezahlen. Bestimmte Luxus-Angebote wie Wasser-Treträder oder Boot ausleihen, Fallschirmspringen und andere Vergnügungen gab es sowieso nur gegen Westmark. Abgesehen davon, dass wir sie gar nicht wahrnehmen wollten, war es doch beschämend für uns, immer nur als Touristen zweiter Klasse angesehen zu werden und von vielen Dingen von vornherein ausgeschlossen zu sein.

In den ersten Jahren, als wir Gruppenreisen an den Goldstrand machten, mussten wir sogar jeden Morgen um 7.30 Uhr gemeinsam mit der ganzen Gruppe zu einen Frühstücksraum in einem anderen Hotel laufen und dort in aller Eile unser Frühstück einnehmen, bevor die anderen Gäste kamen. Später sahen wir nur noch Reisegruppen aus der Sowjetunion, denen dieses diskriminierende Procedere auferlegt wurde und die zu allen Mahlzeiten in Gruppen anmarschieren mussten. Aber uns standen nicht viele Reiseländer offen und so haben wir dort trotzdem sehr schöne Urlaube verlebt.

Ich erinnere mich noch an meinen ersten Urlaub am Goldstrand. Das war bereits 1959 und ich wohnte im Hotel „Sirena". Ich gehörte zu den ersten DDR-Urlaubern, die dorthin reisten und denen man großzügig auf Ausflügen das ganze schöne Land zeigte. Der breite Strand war noch menschenleer; es gab erst wenige Hotels. Da ich allein gereist war, umlagerten mich ständig Gruppen junger Bulgaren, die Olivenöl als Sonnenschutz anboten, scharf auf meine Sonnenbrille waren und mich zum Tanzen einladen wollten. Ein alleinreisendes junges Mädchen war damals dort noch eine Sensation und weckte Begierden. Aber das ist längst Vergangenheit.

Mein Mann hat bei unseren späteren Aufenthalten in Bulgarien auch dreimal Menschen vor dem Ertrinken gerettet und ist dafür mit der Lebensrettungsmedaille der DDR ausgezeichnet worden. Einmal lagen wir bei hohem Wellengang mit Badeverbot etwas außerhalb vom bewachten Strand, als wir Hilferufe aus dem Wasser hörten. Zwei junge Mädchen waren trotz Warnung ziemlich weit hinausgeschwommen und schafften es gegen die Wellen nicht mehr zurück. Mein Mann, der ein guter Sportler war, sprang sofort ins Wasser, um ihnen zu helfen, aber als er dreiviertel der Strecke durch die hohen Wellen zurückgelegt hatte, gelang es den beiden Mädchen aus eigener Kraft zurückzuschwimmen.

Mein Mann schaute sich nochmals erleichtert um, als er eine weiße Badehaube im Wasser entdeckte. Er schwamm drauf zu und sah, dass ein Mann mit dem Gesicht nach unten bewusstlos im Wasser trieb, den bis dahin niemand bemerkt hatte. Er lud ihn sich auf die Schulter und brachte ihn durch die hohen Wellen hindurchtauchend an Land. Ich hatte in der Zeit die Bademeister alarmiert, die die Rettungsaktion dann aber lediglich tatenlos aus der Ferne beobachteten, bevor sie einen Rettungswagen riefen. Mein Mann versuchte sofort den Bewusstlosen wiederzubeleben. Inzwischen war ein Krankenwagen eingetroffen, der ihn dann ins Krankenhaus brachte. Es war der bekannte bulgarische Schriftsteller Filip Panajotow. Er hat durch das schnelle Eingreifen meines Mannes überlebt und wir sind mit ihm noch über viele Jahre in Kontakt geblieben, haben uns bei unseren Besuchen in Varna immer wieder mit ihm und seiner Familie getroffen.

Ein Jahr später hörten wir am Strand wieder Hilferufe. Als wir aufsahen, entdeckten wir einen Mann nicht sehr weit weg im Wasser, der wild mit den Armen winkte, aber selbst nicht in Lebensgefahr zu sein schien. Mein Mann sprang ins Wasser und schwamm zu ihm hin, der immer wieder rings ins Wasser zeigte und ihm auf Englisch klar machte, dass sein Begleiter verschwunden sei und nicht antworte. Er selbst war blind und konnte sich nicht orientieren. Mein Mann tauchte und entdeckte tatsächlich einen bewusstlosen Mann unter Wasser.

Er brachte ihn an Land und beatmete ihn und machte sofort Wiederbelebungsversuche, während ein Rettungswagen alarmiert wurde. Der Bewusstlose war dunkelblau und – wie mein Mann feststellte – hatte er kein Gebiss im Mund. Nachdem er mit dem Rettungswagen ins Krankenhaus gebracht worden war, kam eine Frau auf uns zu und sagte: „Sie haben doch eben einen Mann gerettet. Hier ist ein Gebiss, das ich gerade im Wasser gefunden habe, vielleicht gehört es ihm?" Wir erfragten das Hotel des geretteten Engländers, konnten seine Frau erreichen und gaben ihr das Gebiss mit dem Hinweis, dass es möglicherweise ihrem Mann gehöre. Am nächsten Tag suchte sie uns am Strand auf und sagte uns, dass ihr Mann wieder bei Bewusstsein sei und auf die Frage, ob es sein Gebiss sei, glücklich geantwortet habe: „Ganz egal, ob es meins ist oder nicht, es passt!!!"

Anfang der siebziger Jahre lernten wir am Goldstrand in einem Restaurant beim typischen bulgarischen Kreistanz auch zwei bulgarische Familien kennen. Die Männer und ihre Frauen waren Ärzte wie mein Mann und diese Freundschaft hat sich bis in die heutigen Tage gehalten. Wir besuchten sie in Sofia und Varna, wurden von ihrer Gastfreundschaft verwöhnt und sie kamen zu uns nach Deutschland. Glücklicherweise sprachen sie deutsch, sodass wir uns gut verständigen konnten. Einer der beiden Ärzte, Nicolai Patanow, war zuvor als Bassbariton an einem Theater in der DDR als Sänger engagiert gewesen, bevor er wieder nach Varna zurückging, um in seinem ursprünglichen Beruf als Gynäkologe zu arbeiten. Aber er hatte eine wunderbare Stimme und wenn wir abends in seinem Wochenendhaus am Goldstrand bei gegrilltem Lammfleisch und Wein zusammensaßen, sang er seine Lieder und Arien und es war eine tolle Stimmung. Der andere Arzt war Pathologe, dem mein Mann manchmal eine Flasche Whisky mitbrachte, die er selbst von einer Patientin geschenkt bekommen hatte und der dann bemerkte: „Ja, ja, Du hast Glück, Deine Patienten bringen Dir was mit, meine Patienten bringen mir nie was mit …!!"

Einmal hatten wir auch eine zweiwöchige Reise in die Sowjetunion nach Jalta auf der wunderschönen Insel Krim gebucht. Als wir auf dem Flugplatz in Sinferopol ankamen und uns eigentlich ein Bus in zwei Stunden zum Meer bringen sollte, wurde uns mitgeteilt, dass unser Hotel in Jalta von einer plötzlich angereisten Gruppe aus Westdeutschland belegt sei. Wir müssten für eine Woche in einem Hotel in Sinferopol bleiben, das allerdings erst von russischen Urlaubern für uns geräumt werden würde, was uns natürlich besonders unangenehm war – neben unserer Enttäuschung über den verschobenen Aufenthalt in Jalta und die uns dafür gebotene, nicht gerade sehr reizvolle Stadt Simferopol. Kurz darauf konnten wir zwar das sehr drittklassige Hotel beziehen, aber unser Sohn fürchtete sich in seinem gruseligen Zimmer und kam zum Schlafen mit seiner Matratze in unser Zimmer, wo er lieber auf dem Boden liegen wollte. Nach der anstrengenden Reise und durch die große Hitze, die in der Stadt herrschte, waren wir sehr erschöpft und gingen bald schlafen. Ich schlief wegen der Wärme in unserem Zimmer ohne Nachthemd. Mitten in der Nacht wurde ich wach: Ein wildfremder Mann stieg über Matratze und Gepäck durch unser Zimmer. Erschreckt fuhr ich mit einem Aufschrei – nackt wie ich war – aus dem Bett hoch, aber er ignorierte die peinliche Situation, legte die Finger auf seine Lippen und bedeutete mir, ruhig zu bleiben, öffnete die Balkontür, schwang sich über die Brüstung und entschwand im Apartment neben uns. Ich starrte ihm entgeistert nach, mein Mann und unser Sohn aber schliefen fest. Am nächsten Morgen erzählte ich ihnen alles und sah tatsächlich den Unbekannten beim

Frühstück sitzen. Es war ein Norweger, der ebenfalls mit einer Gruppe aus Jalta ausquartiert worden war und sich bei uns sehr für den nächtlichen Besuch entschuldigte. Er hatte aus Frust am Abend zuvor ziemlich ausgiebig dem Wodka zugesprochen, seine Frau aber war bereits schlafen gegangen, hatte die Zimmertür abgeschlossen, den Schlüssel stecken lassen und reagierte nicht auf sein Klopfen. Die auf dem Flur wachende „Babuschka" hatte ihm dann, um andere Hotelbewohner nicht zu wecken und da sich seine Tür auch mit dem Nachschlüssel nicht öffnen ließ, unsere Zimmertür nebenan aufgeschlossen und ihm bedeutet, er könne ja dann über die Balkonbrüstung in sein Zimmer steigen. Eine zwar praktische, aber doch recht gewagte Idee. Wir nahmen es mit Humor und waren froh, dass sich der nächtliche Besuch so harmlos aufklärte.

Auschwitz

Eines Tages, Ende der siebziger Jahre, beschlossen mein Mann und ich, eine Fahrt nach Polen zu machen, in das ehemalige Konzentrations- und Vernichtungslager Auschwitz, in dem über eine Million Menschen von den Nazis umgebracht wurden und das zu einer Gedenkstätte für die Ermordeten wurde.

Es war ein regnerischer Oktobertag und wir brauchten für die Fahrt über die Landstraßen viel länger als wir erwartet hatten und kamen erst am Nachmittag dort an. Wir stellten unser Auto ab und betraten etwas beklommen neben dem Haupttor mit der großen Überschrift „Arbeit macht frei" durch einen Nebeneingang das Gelände. Bedrückt gingen wir durch das ehemalige Lager, begegneten vielen Jugendgruppen und Besuchern aus anderen Ländern, besichtigten die Wohnbaracken mit den Pritschen für die damaligen Häftlinge und die Baracken mit den beschrifteten Koffern, mit Taschen, Brillen und Schuhen der Ermordeten. Dann betraten wir die Baracke mit den Kinderschuhen, Kinderbrillen, Spielzeugen, Puppen, Teddys, Koffern der Kinder, lasen die verblichenen Namen auf den Anhängern und wussten, dass kaum eines von ihnen dieses Lager überlebt hatte; fast alle wurden schon gleich nach ihrer Ankunft auf dem Bahnhof in die Gaskammer geschickt. Schon längst hatten wir nicht mehr gesprochen, das Entsetzen und die Scham nahmen uns jedes Wort. Wir hatten gar nicht bemerkt, wie lange wir uns schon in dieser Baracke aufhielten; als wir uns endlich umschauten, waren wir allein. Wir verließen die Baracke und bemerkten draußen, dass es schon völlig dunkel war. Wir sahen auch keinen anderen Menschen mehr auf dem Gelände und suchten sofort den Ausgang, aber als wir ihn endlich fanden, war er verschlossen! Auch hier – kein Mensch war zu sehen! Wir liefen am ehemaligen Krematorium vorbei, suchten weitere Ausgänge, aber alle waren abgeschlossen. Es war unheimlich: Wir waren bei Dunkelheit und stürmischem Regen in einem ehemaligen Konzentrationslager eingesperrt, in der bedrückenden Atmosphäre eines Ortes, in dem die Qualen von Millionen Toter in jeder Sekunde fast körperlich zu spüren waren.

Ohne Orientierung suchten wir verzweifelt und völlig durchnässt nach einem Ausweg aus dem Lager. Endlich fanden wir eine kleine Hintertür zu einem Feld, die nicht verschlossen war. Wir hasteten über das Feld rings um das Lager herum, stolperten über Wurzeln und Löcher, bis wir endlich zum Haupteingang kamen und unseren abgestellten Wagen fanden. Tief geschockt von den Erlebnissen der letzten Stunden machten wir uns auf den Rückweg.

Die Straßen waren dunkel, der Regen nahm uns die Sicht. Viele unbeleuchtete Panjewagen, das sind kleine, von Pferden gezogene Leiterwagen, waren noch auf der Straße und wir hatten Angst, selbst bei gedrosseltem Tempo einen der Wagen nicht rechtzeitig zu sehen und auf ihn aufzufahren. Wir versuchten mehrmals in den verschiedenen Orten ein Zimmer für die Nacht zu finden, aber vergebens. In einer kleinen polnischen Stadt hielten wir wieder vor einem Hotel, aber auch hier war alles belegt. Wir wollten gerade übermüdet und erschöpft weiterfahren, als uns die Pförtnerin des Hotels nachgelaufen kam und uns in gebrochenem Deutsch anbot, bei ihr in der Wohnung zu übernachten; sie hätte gleich Feierabend und würde uns mitnehmen. Wir waren unendlich froh über dieses freundliche Angebot und nahmen sofort an. In ihrer kleinen Wohnung erwarteten sie ihr Mann und ihre fünf Kinder. Sie boten uns sofort an, für diese Nacht in ihrem Schlafzimmer zu schlafen. Wir wollten das natürlich nicht und hätten uns mit jedem Schlafplatz begnügt, aber sie bestanden darauf, bereiteten uns das Ehebett und gingen selbst ins Wohnzimmer, um dort zu übernachten. Obwohl sie selbst sicher nur das Notwendigste zum Leben hatten, umgaben sie uns mit so großer Gastfreundschaft und Wärme, dass wir beschämt an die Zeit zurückdachten, in der die damals so verhassten Deutschen in ihrem Land ein Konzentrationslager errichteten, deren verstörende Indizien der Vernichtung uns gerade erst in Auschwitz wieder so unvermittelt und hart ins Gedächtnis gerückt wurden.

Stahnsdorf

Im Jahre 1970 wurden wir völlig ungeplant Wochenendhaus-Besitzer. Meine Mutter hatte unerwartet von einer Tante ein altes Holzhaus mit einem großen Garten in Stahnsdorf bei Potsdam geerbt. Sie war damals schon 60 Jahres alt und es war für sie eine zu große Belastung, es selbst zu bewirtschaften, deshalb fragte sie uns, ob wir es nicht übernehmen wollten. Wir hatten zu der Zeit gerade in der Mitte von Berlin, am damaligen Leninplatz – heute Platz der Nationen – endlich unsere erste schöne Wohnung bekommen, unser Sohn war gerade 2 ½ Jahre alt und wir hatten Sehnsucht nach frischem Grün in einem eigenen Garten. So kauften wir es ihr auf Ratenzahlung ab und bauten es mit Hilfe eines Freundes zu einem gemütlichen Wochenendhaus um. Natürlich war es ungeheuer schwer, Baumaterial – in diesem Falle Holz – zu bekommen, aber mit Hilfe unseres Freundes Emil, der Maurermeister war und über die entsprechenden Verbindungen verfügte, gelang es uns, eine offene Küche, Toilette und Dusche, einen Bauernkamin und eine Heizung einzubauen. Von da an war es unser kleines Paradies, das wir das ganze Jahr hindurch an den Wochenenden und oft auch in den Ferien nutzten. Auch wenn wir, um es zu erreichen, nicht wie heute quer durch die Stadt, sondern um das eingemauerte Westberlin herumfahren mussten, so träumten wir im Winter an unserem kuschligen Kamin und im Sommer lagen wir unter den mächtigen Apfelbäumen, die die besten rotbäckigen Äpfel trugen, die ich je gegessen habe.

Für meine Mutter aber wurde der Garten ihr später Lebensinhalt. Sie fuhr täglich mit dem Fahrrad von Babelsberg hinaus, um Beete anzulegen, den Rasen zu mähen, Äpfel zu ernten und daraus Apfelsaft für uns herzustellen.

An einem Sommerabend lud uns dort unser Freund Thomas Billhardt, ein bekannter Fotograf, anlässlich seines Geburtstags zu einer Kremserfahrt ein. Wir waren zwölf Personen; der Wagen wurde mit

Bierkästen und Wein bestückt und dann ging es über die Landstraße zu einem Picknickplatz im Wald. Die Stimmung war ausgelassen und bei der Rückfahrt machte der Fahrer einen Umweg über Feldwege und Wiesen, um dann bei Dunkelheit von einem stark abfallenden Seitenweg wieder auf die Hauptstraße zu stoßen. Auf diesem ziemlich steilen Weg gewann unser Kremser plötzlich immer mehr an Fahrt, der Kutscher versuchte verzweifelt zu bremsen, aber die Bremsklötze flogen ihm um die Ohren und nun begannen die beiden Pferde vor dem nun ungebremsten, schweren, immer schneller werdenden Wagen um ihr Leben zu rennen – geradewegs auf die quer verlaufende, dicht befahrene Hauptstraße zu. Ich versuchte in Panik abzuspringen, aber der Wagen schleuderte so stark hin und her, dass es unmöglich war. Busse, Autos rauschten in dichter Folge vor uns vorbei, ein Zusammenstoß schien unausweichlich. Wie von Furien gejagt, preschten die Pferde mit dem Kremser geradewegs auf die Hauptstraße zu, jeder von uns war vor Entsetzen starr; das schreckliche Ende vor Augen, erwischten sie eine winzige Lücke unmittelbar zwischen den Fahrzeugen, rasten über die Straße, fanden auf der gegenüberliegenden Seite genau eine Öffnung zwischen Baum und Laterne, gerieten dort auf einen Abhang und stürzten dann samt Kremser mit uns den Abhang hinab. Zuerst absolute Stille. Ich lebte!! Ich versuchte mich vorsichtig von einer Bierkiste zu befreien, die auf mir lag, und krabbelte unter dem Wagen hervor. Die Pferde lagen heftig atmend auf dem Boden. Ich rief nach meinem Mann, der ebenfalls unter dem Wagen hervorkroch, und langsam kamen auch die anderen zum Vorschein. Wie durch ein Wunder haben wir alle mit nur wenigen Schrammen den chaotischen Sturz überlebt, der um ein Haar hätte tödlich enden können. Zwei der Gäste hatten etwas stärkere Verletzungen am Kopf und einer ein verstauchtes Rückgrat. Aber in Anbetracht der Situation war das ein sehr glücklicher Ausgang. Selbst den Pferden war nichts passiert; sie kamen mit Hilfe von einigen Männern wieder auf die Beine. Passanten hatten den Unfall beobachtet und die Polizei verständigt, die kurz darauf mit zwei Autos erschien, um den Unfall aufzunehmen. Der Platz auf der Koppel sah erschreckend aus und glich einem Schlachtfeld. Wir begannen die verstreuten Utensilien aufzusammeln und fanden zwischen all den Trümmern von zerbrochenen Brillen, Flaschen, Gläsern und Brettern unseren Fotoapparat und den Inhalt meiner Handtasche samt Sonnenbrille und mein Schlüsselbund. Nach Befragung durch die Polizei und Angabe unserer Personalien konnten wir bald nach Hause gehen. Am nächsten Morgen stellte ich fest, dass das Schlüsselbund gar nicht mir gehörte, es sah nur so ähnlich aus, meines lag auf dem Tisch. Da wir annahmen, dass es unserem Freund gehören würde, brachten wir es ihm am nächsten Morgen nach Hause. Er vermisste aber keins. Dann fiel ihm ein, dass die Polizei verzweifelt nach den Schlüsseln von einem ihrer Polizeiwagen gesucht hatte. Die hatte ich versehentlich an mich genommen.

Katzen

Eines Tages tauchte eine Katze auf unserem Grundstück auf. Meine Mutter und auch ich konnten eigentlich Katzen nicht leiden; sie fressen Mäuse und Vögel, haben einen schleichenden Gang und außerdem hatten wir nie Kontakt zu Katzen. Alles wurde anders, als wir Tussy kennenlernten – wir nannten die große, stolze schwarze Katze, die sich uns als ihre Familie ausgesucht hatte, einfach Thusnelda. Sie umschlich unser Wochenendhaus in gebührender Entfernung und beobachtete uns über mehrere Wochen. Langsam kam sie immer näher, bis ihr meine Mutter einen Napf mit Suppe hinstellte. Zuerst hielt sie sich noch fern, doch am nächsten Tag war sie am Napf und fraß. Von da an kam sie regelmäßig, hielt aber immer noch Abstand zu uns. Bis ich einmal auf einem großen Stein neben dem Haus saß und las. Da sprang sie plötzlich auf meinen Schoß und schaute mich an. Mir fiel vor lauter Schreck mein Buch aus der Hand und katzenungewohnt traute ich mich nicht, sie zu streicheln. Ich setzte sie vorsichtig auf die Erde, aber von da an waren wir Freunde. Sie hörte bald auf ihren Namen und wenn wir am Wochenende nach Stahnsdorf kamen, lief ich durch die Nachbarschaft, rief „Tussy" und war glücklich, wenn ich kurz darauf ein leises Miau als Antwort hörte. Sie kam dann sofort angelaufen und blieb bis zu unserer Abfahrt bei uns, kroch unter meine Decke, wenn ich mich unter dem Apfelbaum auf die Liege legte, und begleitete uns im Garten wohin wir auch gingen, ins Haus zum Schlafen durfte sie aber nicht, da war meine Mutter streng. So schlief sie im Schuppen am Haus. Eines Tages war sie verschwunden, alles Suchen und Rufen half nichts. Ich war todunglücklich und lief immer wieder durch die Umgebung, ihren Namen rufend. Nach über zwei Wochen stand plötzlich eine schwarze, abgemagerte und sehr schreckhafte Katze hinten im Garten, scheu und sehr verängstigt. Ich war nicht sicher, ob das meine Tussy war, ging langsam auf sie zu und da schlich, ja kroch sie fast näher, es war –

kaum erkennbar – unsere verschwundene Katze. Wir vermuteten, dass sie jemand – aus welchem Grund auch immer – in ein Auto geladen und weit weg geschafft hat und sie dann den langen Weg in über zwei Wochen zu uns zu Fuß zurückgelegt hatte. Ihre Verstörtheit hielt noch eine ganze Weile an, aber wir haben sie mit viel Liebe und reichlichem Fressen wieder aufgepäppelt. Sie dankte es uns mit noch größerer Zuwendung und Liebe.

Da sie nicht sterilisiert war, warteten wir immer darauf, dass sie endlich schwanger werden und uns ein paar Katzenbabys bringen würde. Eines Tages war es dann nicht mehr zu übersehen, Tussy wurde Mutter. Am liebsten wären wir nun gar nicht mehr nach Berlin gefahren, um die Geburt nicht zu verpassen. Aber das ging ja nicht und so waren wir nach unserer Rückkehr am darauf folgenden Wochenende sehr neugierig, wie es Tussy gehen würde.

Zuerst der beruhigende Blick, dass die Kätzchen noch nicht geboren waren. Doch sie war sehr unruhig und suchte fortwährend unsere Nähe. Als wir später vom Einkaufen mit dem Auto zurückkamen und in der Einfahrt standen, lief unsere Katze auf uns zu und dann wieder zurück in den Garten und wir sahen, dass ein Junges aus ihrem Körper heraushing. Ich rief sofort meinem Mann zu: „Lass das Auto stehen und leiste Geburtshilfe!" Er schaffte es auch, das im Geburtsweg steckende Junge vorsichtig herauszuziehen, aber das Kleine war erstickt. Wir tasteten den Bauch von Tussy ab und stellten fest, dass da wenigstens noch ein Junges drin war. Als nach zwei Stunden die Geburt immer noch nicht vorangegangen war und sich keinerlei Wehen zeigten, fuhr ich mit ihr zum Tierarzt in Potsdam und bat ihn, das oder die noch nicht geborenen Jungen per Kaiserschnitt zu holen. Aber es war ein Sonnabendnachmittag und er hatte offensichtlich keine Lust mehr, eine Operation vorzunehmen, gab ihr eine Wehenspritze und schickte uns mit dem tröstlichen Hinweis nach Hause, das wird schon von alleine.

Wir hatten ihr in unserem Haus eine gemütliche Geburtsecke gebaut, aber das Tier quälte sich eine ganze Nacht lang, ohne dass die Geburt voranging. Am Morgen konnte ich die Qual nicht mehr mitansehen und fasste den Entschluss, in die Tierklinik nach Berlin zu fahren.

Ich brachte Tussy in einem gepolsterten Korb aus dem Haus, als sie noch einmal mühsam ausstieg, mitten auf die Wiese im Garten schlich, sich setzte, den Blick noch einmal in die Runde schickte und Abschied nahm. Sie hat gespürt, dass sie nicht mehr zurückkehren würde. In der Klinik wurde sie sofort operiert, aber sie war innerlich zerrissen, die Wehen hatten das querliegende Junge nicht heraustreiben können und die Gebärmutter war zerfetzt. Unsere wunderbare Katze starb noch auf dem OP-Tisch.

Nach Tussy wurde uns eines Tages eine Katze über den Gartenzaun gesetzt, die ein hübsches Gesicht hatte, deren Körper in schwarz-weiß aber ziemlich unförmig war, sodass wir sie Tante Grete tauften. Zu ihr hatten wir eher ein Verhältnis der Duldung, aber nicht der Liebe wie zu Tussy. Trotzdem gab ihr meine Mutter zu fressen; sie lebte in unserem Schuppen im Garten und regelmäßig brachte sie junge Kätzchen zur Welt, die wir in der Nachbarschaft verschenkten. Grete war eine wunderbare Mutter, die ihre Kinder gut erzog, sie am Gartenzaun auf die Gefahren der vorbeiführenden Straße hinwies, ihnen zeigte, wie man Mäuse fängt und streng auf die Einhaltung von Disziplin achtete. Wehe, eines der Jungen suchte mal einen anderen Weg als den von der Mutter vorgegebenen, dann wurde es streng mit einem Unmutslaut oder sogar mit einer Ohrfeige zurückbeordert.

Einmal hatten wir eine Gans für ein Sonntagsessen mit Freunden erstanden und im Anbau an der Küche für eine Nacht kühl gelagert. Als wir sie am nächsten Tag zubereiten wollten, war sie zu dreiviertel aufgefressen. Tante Grete hatte sich durch eine nicht ganz geschlossene Tür gezwängt und sich mit ihren Kindern über Nacht ein Festessen genehmigt. Kugelrund blieb sie am nächsten Tag außerhalb unserer Reichweite, wohl vermutend, dass wir nun sie statt der Gans schmoren würden!!

Zu Hause in Berlin hatten wir uns gerade eine junge dreifarbige Katze angeschafft, die uns einige Sorgen bereitete. Unser Sohn hatte sie zum Geburtstag geschenkt bekommen und spielte mit seinen Freunden mit ihr auf seinem Bett. Als sie mal „musste" und miaute, verstanden die Kinder es nicht gleich und so pinkelte sie notgedrungen auf das Bett. Das war der Anfang einer Katastrophe: Was wir auch versuchten, ihre „Toilette" im Bett blieb; trotz aller Reinigung wurde der Gestank unerträglich. Letztendlich entsorgten wir die ganze Matratze. Als wir mit ihr nach Stahnsdorf fuhren, wo Grete gerade mal wieder vier inzwischen schon zwölf Wochen alte Kinder hatte, machte die gesamte Tante-Grete-Familie Front gegen sie und versuchte sie zu vertreiben. In einem unbeobachteten Augenblick hat Grete unsere Katze dann über die Straße gejagt, wo sie überfahren wurde. Natürlich haben wir ihr sehr eindringlich Vorwürfe gemacht und ihr gesagt, wie traurig wir sind, dass sie unsere Dreifarbige in den Tod getrieben hat.

Die vier jungen Kätzchen wurden wie immer weggegeben und es dauerte nicht lange und Grete war wieder tragend. Diesmal hatte sie ihre Kinder nach der Geburt aber so gut versteckt, dass wir sie nicht entdeckten. Nach ungefähr vier Wochen kam sie plötzlich an, trug ein dreifarbiges Kätzchen im Maul und legte es vor uns ab. Nie zuvor und nie danach hatte sie ein dreifarbiges Junges. Es sah genauso aus wie unsere überfahrene Katze und sie brachte es uns als Geschenk und als Bitte um Verzeihung. Wir waren berührt und fassungslos; manchmal wissen wir doch viel zu wenig über die unsichtbare Verbindung zwischen Mensch und Tier.

Kurioses

Da ich in den ersten Lebensjahren unseres Sohnes mit der Moderation des Frühprogramms im Rundfunk nur einen Teilzeitjob hatte, konnte ich auch als Moderatorin in Konzerten arbeiten und habe vom klassischen Konzert bis zur leichten Muse mit den unterschiedlichsten Orchestern überall in der damaligen DDR auf der Bühne gestanden.

Einer der für mich aufregendsten Auftritte war die Live-Übertragung eines klassischen Konzertes im Fernsehen für Intervision – dem östlichen Gegenpart für Eurovision. Es war ein Festkonzert mit internationalen Gesangssolisten, das an einem 1. Mai aus der damaligen Volksbühne am Rosa-Luxemburg-Platz in Berlin übertragen wurde. Ich hatte die Moderation selbst geschrieben und die Generalprobe hatte bereits stattgefunden, als mir unmittelbar vor der Sendung vom Regisseur gesagt wurde, alle Bezeichnungen, in denen das Wort „deutsch", vorkam, also Sänger der „Deutschen" Staatsoper, Orchester, Ballett usw. müssen anders umschrieben werden, z.B. in „Staatsoper Unter den Linden" oder so ähnlich; das Wort „deutsch", das in verschiedenen Zusammenhängen in meiner Moderation vorkam, war unerwünscht, durfte nicht erwähnt werden. Es war ein zu dieser Zeit oft praktiziertes, lächerliches politisches Dogma. Die in diesem Fall unmittelbar vor der Sendung geforderten wesentlichen Änderungen ließen allerdings bei mir die Nerven blank liegen, handelte es sich doch immerhin um eine international übertragene Live-Fernsehsendung. Glücklicherweise ist alles pannenfrei gelaufen, aber so großes Lampenfieber wie bei dieser Sendung habe ich nie wieder gehabt.

Mein schönes Abendkleid aus leichtem Samt, das ich mir extra für diese Sendung hatte nähen lassen, habe ich auch nur dieses eine Mal getragen. Der Goldhamster Otto unseres Sohnes verkroch sich eines Tages in unserem Kleiderschrank, fraß sich in meinem Kleid rauf und wieder runter und hinterließ ein interessantes Lochmuster, sodass es nicht mehr tragbar war und leider seinen Weg in die Mülltonne nehmen musste. Übrigens, als Hamster Otto bald darauf starb, waren wir nicht zu Hause, und als wir kamen, saß unser 7-jähriger Sohn Oliver mit einer Rotlichtlampe vor der Wohnungstür und versuchte, ihn wieder zu beleben. Er wollte nicht glauben, dass Otto tot war und wir durften ihn nicht begraben, sondern mussten ihn in einem Karton über Nacht im Wäschetrockenraum aufbewahren. Oliver ist dann nachts ein paarmal aufgestanden und hat den Karton geöffnet, um zu sehen, ob Otto sich nicht doch noch bewegt. Erst am nächsten Tag durften wir ihn beerdigen – unter Blumen im gegenüberliegenden Park im Friedrichshain.

Ich hatte in dieser Zeit auch immer wieder Moderationen für Konzerte mit dem Unterhaltungsorchester Eberswalde, u.a. in der Philipp-Emanuel-Bach-Kirche in Frankfurt an der Oder und auch in vielen Freilichtkonzerten, u.a. mit dem Sprecherpart für „Peter und der Wolf" von Prokowjew. Oft saß auch unser Sohn unter den mit großen Augen lauschenden Kindern und Erwachsenen und verfolgte die so poetische wie spannende Geschichte.

Max Reichelt war der Dirigent und Leiter des Orchesters; er war ein Urmusikant und ein ungewöhnliches Unikum seines Faches. Er hätte leicht als Double von Erich Honecker auftreten können, denn die Ähnlichkeit war verblüffend. Max hatte immer gute Laune. Zwar war zwischen Können und Schmiere bei ihm nur ein schmaler Grat, aber was auch auf der Bühne geschah, er strahlte Ruhe und Liebe zur Musik und seinen Künstlern aus. Das Orchester arbeitete ständig mit unterschiedlichen Sängern und Musikern zusammen und hatte für jeden Titel die verschiedenen Stimmlagen der Sänger in den Orchesterauszügen vorliegen. Bei einem Freilichtkonzert trat die Sopranistin Erika Witzmann ans Mikrofon, das Vorspiel begann, aber – es hörte sich, gelinde gesagt, dissonant wie „Katzenmusik" an; die Sängerin schaute irritiert auf die Musiker, ihr Einsatz kam, sie setzte ein, aber es klang völlig daneben, die Orchestermitglieder schauten einander entsetzt an, jeder glaubte, der andere habe sich im Ton vergriffen, die Sängerin versuchte verzweifelt, die richtige Tonart zu finden und ihren Part durchzuziehen … es war ein Fiasko! Nach etwa einer halben

Minute brach der Dirigent entnervt ab. Durch ein Versehen war an die Hälfte des Orchesters eine andere Tonart desselben Stückes verteilt worden – statt für Sopran für einen Bariton bestimmt – und so hatten die Musiker eine ungewöhnliche Dissonanz hervorgezaubert. Ich stand zuerst fassungslos hinter der Bühne und wollte meinen Ohren nicht trauen, aber dann liefen mir die Tränen vor Lachen hinunter, etwas Kurioseres habe ich auf der Bühne nie wieder erlebt!!

Nach kurzer Verständigung mit dem Dirigenten konnte ich das Publikum über die peinliche Notenverwechslung aufklären, die zusammenpassenden Noten wurden verteilt und die schöne Arie konnte doch noch klangvoll beginnen.

In der Konzertreihe „Mozärtliches" waren wir zu dritt – Pianist, Sängerin und ich – in besonders schönen Schlössern und wunderbar restaurierten Sälen unterwegs, wie zum Beispiel im Schweriner Schloss und im Schloss zu Güstrow oder im Barocksaal im Rostocker Rathaus, und immer brachte das außergewöhnliche Ambiente des Raums eine ganz besondere Atmosphäre in unsere Konzerte. Zu Mozartliedern und -sonaten las ich aus Briefen Mozarts in seinen unterschiedlichen Lebensabschnitten. Nach einem Auftritt in Neubrandenburg an einem 8. März, also dem Internationalen Frauentag, fuhr ich nachts anschließend mit meinem Auto, einem russischen Shiguli, zurück nach Berlin. An diesem Tag war leicht frostiges, feuchtes Wetter; es hatte ein paar Tage zuvor etwas geschneit und ich fuhr deshalb vorsichtig. Bei einem kurzen Bremsmanöver nach einer Tempo-Beschränkung geriet ich plötzlich auf eine vereiste Stelle auf der Fahrbahn, mein Wagen drehte sich, rutschte zur Seite und im Nu rollte er sich mehrmals überschlagend einen Abhang hinunter. Ich saß in einem dicken Mantel fest angeschnallt auf meinem Fahrersitz und erlebte das alles wie im Film, fast erstaunt und ohne Angst im Zeitlupentempo. Der Wagen landete wieder auf seinen Rädern. Ich bewegte mich vorsichtig, mir tat nichts weh, ich hatte nicht mal einen Kratzer. Ich konnte es nicht fassen: Mir war nichts passiert! Aber das schöne Auto war hin. Alle Scheiben waren zerstört, die große Frontscheibe lag kaputt vor dem Auto, die Türen waren eingedrückt, das vorher nicht eingeschaltete Radio spielte laut, eine Taschenlampe, die eigentlich im Handschuhfach lag, hing brennend am Rückspiegel!! – aber keine einzige Scherbe hatte mich gestreift. Ich hatte einen, nein, drei Schutzengel!!

Vorsichtig versuchte ich auszusteigen, aber die Türen ließen sich nicht öffnen. Also kletterte ich durch die nicht mehr vorhandene Frontscheibe über den Kühler nach draußen, rutschte noch über einen Teil der am Boden liegenden großen Scheibe und stand endlich wieder auf meinen Beinen. Mein Mantel und selbst die Manteltaschen waren voller Glassplitter. Alle Gegenstände, die sich zuvor im Auto und im Kofferraum befanden, lagen weit verstreut im Schnee. Ich sah meine Handtasche liegen, nahm sie ganz automatisch und kletterte vorsichtig den Abhang zur Autobahn hinauf, um Hilfe zu holen. Es waren zu dieser nächtlichen Stunde nur wenige Autos unterwegs; endlich kam zufällig ein Taxi vorbei, ich winkte und der Fahrer hielt an. Ich stieg ein, erzählte ihm von meinem Unfall und bat ihn, die Polizei zu rufen oder mich zur nächsten Polizeiwache zu fahren. Da er die Polizei per Notruf verständigen konnte, drehte er nach ein paar Metern um und fuhr mich die kurze Strecke zum Unfallort zurück. In dieser Situation sagte er zu meiner Verblüffung: „Die Fahrt kostet 5,– Mark." Ich öffnete meine Handtasche, aber die war völlig leer! Da krabbelte er mit mir den Abhang hinunter, suchte im Schnee nach verstreutem Geld, ließ sich bezahlen und verschwand. Allein suchte ich weiter im Dunkeln nach all meinen überall herumliegenden Sachen – vom Ausweis bis zum Lippenstift. Endlich hörte ich die Polizei kommen und machte mich bemerkbar. Sie waren äußerst erstaunt, mich beim Anblick des zerstörten Autos so wohlbehalten zu sehen und stellten fest, dass ich unmittelbar neben einem See zum Stehen gekommen war. Das hatte ich noch gar nicht bemerkt, eine halbe Umdrehung weiter und ich wäre im Wasser gelandet! Dann nahmen sie den Unfall auf und gaben zu Protokoll, dass es sich um eine nicht vorher erkennbare Vereisung gehandelt hatte, auf die ich plötzlich geraten war, ich also nicht schuld an dem Unfall sei, zumal ich ja auch nicht sehr schnell gefahren war. Ich beantwortete all ihre Fragen ganz ruhig und wie ich glaubte, ganz ohne Schock. Sie fanden noch ein paar Dinge, die mir gehörten und fuhren mich dann nach Berlin zu einem Taxistand.

Mitten in der Nacht stand ich dann mit Blumenstrauß und Koffer bei meinem Mann im Schlafzimmer und sagte ihm: „Auto hat Totalschaden". Nach dem ersten Schreck flößte er mir erst mal einen Schnaps gegen den Schock ein, dann ging ich ins Bett, konnte aber nicht schlafen, weil es in meinem Kopf bunt durcheinander ging. Trotzdem war ich am nächsten Morgen pünktlich um 10 Uhr auf der Probe, erzählte alles und redete wie ein nicht zu stoppender Wasserfall. Dann plötzlich, völlig ohne Übergang, fing ich an zu weinen und konnte gar nicht mehr aufhören. Endlich kam der Schock. Ich wurde nach Hause geschickt und schlief mit einem Beruhigungsmittel bis zum nächsten Morgen durch. Glücklicherweise habe ich den Unfall ohne innere und äußere Beulen gut überstanden, der schöne Shiguli allerdings war Schrott.

Traumwohnung –
mit Schönheitsfehler

1970 bekamen wir nach drei minderwertigsten Wohnungen endlich eine Wohnung mit Komfort. In der letzten hatte unser Sohn trotz eifrigen Heizens unseres Ofens ständig blaue Lippen, worauf der Herzspezialist, den wir besorgt aufsuchten, erklärte: „Das Kind friert, sehen Sie zu, dass Sie sich schnellstens eine andere Wohnung besorgen …"

Das war leichter gesagt als getan, aber unser Antrag auf eine Neubauwohnung nach all den minderwertigen Unterkünften war nun schon mehrere Jahre alt. Also machten wir beim Wohnungsamt Druck und endlich bekamen wir die Zuweisung für eine Wohnung mit Küche, Bad und Fernheizung im 17. Stock des Hochhauses am Leninplatz. In unserer letzten Wohnung mit Badewanne und einem mit Kohle beheizbarem Badeofen hatte unsere Wirtin empört gesagt: „Und Sie wollen doch wohl nicht jeden Tag duschen, das geht nun wirklich nicht, da leidet der Ofen! …"

Nun hatten wir also unsere Traumwohnung – aber sie hatte einen Haken: Sie lag dem Westen abgewandt und wir konnten durch die Betonwände kein Westfernsehen empfangen, unsere einzige Öffnung zum Westen, das Guckloch, das uns die Welt näher bringen konnte und über das Weltgeschehen auch im Bild informierte!!! Die Dachantenne war vorschriftsmäßig nach Osten ausgerichtet. Mein Mann überlegte verzweifelt, wie man das verändern könnte, aber es gab damals in diesem Haus keine Möglichkeit; alles wurde kontrolliert, Westfernsehen war strikt unerwünscht, ja sogar verboten. Kinder wurden in der Schule scheinheilig gefragt, ob ihre Uhr im Fernsehen Punkte oder Striche hätte; auf diese Weise wollte man durch die Kinder erfahren, ob die Eltern Ost- oder Westfernsehen sehen.

Aber sonst waren wir glücklich in unserer neuen Wohnung; nach all den Jahren in primitiven Unterkünften ohne jeden Komfort fühlten wir uns wie im Himmel. Nicht nur, dass wir dem Himmel im 17. Stockwerk etwas näher waren, wir hatten endlich drei Zimmer mit Fernheizung, es war überall warm, unser Sohn konnte nun sein Spielzeug in seinem eigenen Zimmer ausbreiten; ein Fahrstuhl, ein Müllschlucker und ein hübsches Bad waren vorhanden. Alles war schön – bis auf das Eine, so Wichtige für unser Leben: Wenn schon die Mauer den Weg in den Westen versperrte, so wollten wir doch wenigstens der Blick in den Westen durch unseren Fernseher!

Nach zwei Jahren ergab sich plötzlich eine Tauschmöglichkeit im selben Haus, nur noch ein paar Etagen höher in der 21. Etage und in Richtung West mit dem Blick bis aufs Europa-Center mit Mercedes-Stern in der Ferne. Auf diese Wohnung war in der Bauphase zwar ein Kran gestürzt und sie war auch sonst ziemlich erneuerungsbedürftig, wir mussten viel reparieren, renovieren und umgestalten, aber das spielte keine Rolle: Wir konnten endlich wieder westfernsehen und waren der Welt ein wenig näher.

Ich glaube, es ist für jemanden, der im Westen aufgewachsen oder später geboren wurde, nur schwer nachvollziehbar, was es bedeutet, als erwachsener Mensch in seiner Freiheit so eingeengt zu sein, dass ich nicht nur nicht gehen darf, wohin ich will, sondern auch nur die Nachrichten hören soll, die für mich ausgewählt wurden, dass ich in allem regelrecht bevormundet werde, Westzeitungen, Westzeitschriften, Fernsehen, Radio, Platten, Bücher aus dem Westen – alles tabu. Noch heute reagiere ich empfindlich auf jede Art von Bevormundung, ob in der Politik oder im Umgang mit anderen Menschen. Eines Tages wird der Drang auszubrechen so groß, dass man es nicht mehr aushält, man möchte endlich selbst über sein Leben entscheiden dürfen, teilhaben an Reisen und Veranstaltungen seiner Wahl und man möchte endlich ein Stück mehr von der Welt sehen, bevor das Leben zu Ende ist!

Eine Szene in dem Bühnenstück „Einer flog über das Kuckucksnest" von Dale Wasserman beschreibt im übertragenen Sinne in einer Szene haargenau das Leben der Menschen in der DDR. Die Insassen der Anstalt feiern eines Nachts ein großes Fest, alle sind dabei – bis auf einen Patienten, der oben in der Glaskanzel der Aufsicht eingesperrt steht und mit plattgedrückter Nase und großen sehnsuchtsvollen Augen durch die Scheibe auf das lustige, verrückte Treiben der anderen schaut und nicht daran teilnehmen darf.

So schauten wir sehnsuchtsvoll durch die Scheibe unseres Fernsehers auf die Welt da draußen. Dieses Stück – nach dem wunderbaren Film mit Jack Nicholson – stand in der glanzvollen Inszenierung von Rolf Winkelgrund über ein Jahrzehnt auf dem Spielplan des Maxim-Gorki-Theaters; es war immer ausverkauft und die Leute warteten oft ein paar hundert Meter weit in der Schlange, um Karten zu kaufen. Es vermittelte schmerzhaft das Gefühl vom Eingesperrtsein hinter der Mauer, wer aus dieser Enge ausbrechen will, der wird zerstört …

Jörg Gudzuhn als Mac Murphy und Jürgen Hürrig als Indianerhäuptling glänzten in den Hauptrollen dieser zutiefst berührenden Inszenierung.

Und Friedrich Luft verschönte mit einer glänzenden Kritik im RIAS diesen beeindruckenden Theaterabend.

Leben

Doch wie sah es aus, unser Leben in der DDR, wie verlief unser Alltag? Es ist ja nicht so, dass wir pausenlos über unser tristes Dasein klagten. Wir hatten Freunde, mit denen wir schöne Feste feierten, wir gingen in die Oper oder in Konzerte, sogar der festliche Opernball in der Deutschen Staatsoper war jahrelang Tradition bei uns. Der Bruder meines Mannes, Horst, war dort bis zu seinem frühen Tod 1979 als Bariton engagiert, und so waren wir schon beim ersten Opernball dabei, der bereits in den sechziger Jahren in der Kongresshalle am Alexanderplatz stattfand. Dort ging es noch sehr leger zu und ich kann mich erinnern, dass der berühmte Theo Adam im Rollkragenpullover ganz lässig „Strangers in the night" sang. Später fand der Ball in den festlichen Räumen der Deutschen Staatsoper statt und wurde glanzvoller Höhepunkt jeden Jahres.

Neben diesem außergewöhnlichen Fest lebten wir den normalen Alltag mit seinen Einschränkungen und unerfüllten Wünschen. Wir waren daran gewöhnt, dass es zwar die lebensnotwendigen Dinge zu kaufen gab, Besonderes aber, um nur als ganz kleine Auswahl Südfrüchte zu nennen, gab es nur zu Weihnachten oder besonderen Festtagen und hatten dadurch einen hohen Wunschcharakter. Man bekam sie auch nur, wenn man das Angebot nicht verpasste, sofort zur Stelle war und sich rechtzeitig in die lange Reihe der Wartenden einreihte. Spargel, Erdbeeren, Kirschen usw., die ja bei uns reichlich wuchsen, waren sogenannte „Bückware" unter dem Ladentisch, die man meist nur bekam, wenn man eine Verkäuferin gut kannte. Diese Waren wurden „exportiert" und waren kaum zu erwerben. Und so war es mit unzähligen Dingen des täglichen Bedarfs.

Anfang der achtziger Jahre eröffnete Erich Honnecker die sogenannten „Delikat"-Läden, in denen es importierte hochwertige Lebensmittel und besonders tollen Käse zu kaufen gab und die das Warenangebot endlich bereicherten. Dass man auf ein neues Auto fast ein halbes Leben lang warten musste, ist ja bekannt, und so wurden gebrauchte Autos zu Höchstpreisen gehandelt.

Natürlich waren auch wir nach dem aktuellen Trend modisch gekleidet, aber da es in den Geschäften kaum schicke Sachen zu kaufen gab, wurde viel selbst genäht und Oma oder Tante brachten dafür versteckt Modezeitungen – möglichst mit Schnitt – aus dem Westen mit. Oder wir hatten eine gute Schneiderin, die sich selbst Modehefte besorgte und danach schicke Kleider nähte. Wir mussten einfach erfinderisch sein, um unsere Wünsche zu erfüllen. Westgeld, um ersehnte Dinge im „Intershop" einzukaufen, besaßen wir leider nie.

Unser Sohn kam mit 2 ¾ Jahren in den Kindergarten und blieb bis zu seiner Einschulung dort. Er ging gern zu „seinen" Kindern und den Erzieherinnen und ich glaube, wir hatten mit dem Kindergarten „Hildegard-Jadamowitz" in Friedrichshain wirklich einen Treffer gelandet. Dort bekamen die Kinder ihr Frühstück, das Mittagessen wurde selbst gekocht und sie wurden aufmerksam und liebevoll in kleinen Gruppen betreut. Natürlich lernten sie auch schon so einiges für die Schulvorbereitung und Gedichte wie:

Meine Mutti,
die ist tüchtig,
alles macht sie gut und richtig,
ob zu Haus, ob im Betrieb,
Mutti, ich hab dich so lieb.

Doch selbst im Kindergarten mussten von den Erzieherinnen schon gewisse politische Vorgaben erfüllt werden, die den Kindern dann spielerisch vermittelt werden sollten. Das führte schrecklicherweise zum Beispiel dazu, dass ihnen alle Menschen im westlichen Teil Deutschlands als Faschisten geschildert wurden, die Böses im Sinn führen, sodass unser damals 4-jähriger Sohn meine Freundin Rotraud, die aus Westberlin zu uns zu Besuch kam, vorsichtig zweifelnd fragte: „Bist du auch ein Fagoschist?"

Für die Kinder war es meist selbstverständlich, dass auch ihre Mütter zur Arbeit gehen. Sie konnten in einigen Kindergärten, wenn es sein musste, von früh um 6 Uhr bis abends spät dort bleiben und in einigen Einrichtungen im Notfall auch mal dort schlafen, was für alleinerziehende Mütter im Schichtbetrieb nicht unwichtig war. Auch eine Verkäuferin konnte zum Beispiel in Ruhe ihr Kind nach Dienstschluss abholen oder wer in einem Produktionsbetrieb arbeitete, konnte es vor Arbeitsbeginn schon früh morgens hinbringen. Es gab viele Betriebs- und auch Hochschulkindergärten und niemand musste wegen seiner Kinder Ausbildung, Studium oder Beruf abbrechen. Natürlich waren das nicht immer günstige Zeiten für die Kinder, aber ob Studentin oder Ärztin im Krankenhaus, wir Frauen konnten unserer Arbeit trotz der Kinder nachgehen und haben ihnen nicht weniger Liebe und Zuwendung gegeben als Rund-um-die-Uhr-Mütter, und an Wochenenden oder anderen freien Tagen haben wir eben viel mit unseren Kindern gemeinsam unternommen. Die Kinderbetreuung hatte einen hohen Stellenwert und es war unvorstellbar, dass ein Kindergarten wegen Urlaubs aller seiner Betreuerinnen geschlossen wurde oder nur von 9 bis 16 Uhr geöffnet war. Für wen sollte der gedacht sein, wem sollte der nützen? Ich selbst habe die Erfahrung gemacht, dass Kinder, die von ihren Müttern nur zu Hause betreut werden, keine bessere Entwicklung nehmen, als jene, die im Kindergarten zusammen mit anderen Kindern aufwachsen. Vielleicht sind wir östlich aufgewachsenen Frauen doch ein wenig emanzipierter als die Frauen im Westen und sehen die Kinderbetreuung nicht so eng, so z.B. auch beim Weg in die Schule. Vom zweiten Schultag an lehnte es unser Sohn kategorisch ab, von mir zur Schule begleitet zu werden, „er sei doch nun groß genug und kein Baby mehr und die anderen würden ihn sonst auslachen", eine Feststellung, die zutraf und für den Osten selbstverständlich war. Ich kenne nur eine Mutter, die zu damaliger Zeit ihren Sohn tagtäglich zur Schule begleitete und wieder abholte, aber der arme Junge war als Memme verschrien und hatte kaum Kontakt zu anderen Kindern. Seine ängstliche Mutter hat ihm damit keinen guten Dienst erwiesen. Natürlich hatten auch wir Angst um unsere Kinder, noch dazu, wenn sie auf dem Schulweg eine große Ampel-Kreuzung überqueren mussten, aber auch da gab es zu Hauptzeiten oft Schülerlotsen für die Kleinen, die für Sicherheit auf dem Schulweg sorgten.

Die Zeiten heute sind natürlich anders und Kinder leben gefährlicher. Wir waren damals in der DDR von bewachten Grenzen umgeben, aber ich denke, auch heute geht ein selbstbewusstes, selbständiges Kind besser mit den Gefahren des täglichen Lebens um als ein ständig bewachtes und überängstliches Kind.

Ich arbeitete damals am Theater, hatte ständig Abendvorstellungen und mein Mann hatte als Arzt in der Klinik viele Nacht- und Bereitschaftsdienste, sodass unser Sohn oft abends allein bleiben musste. Aber auch das war selbstverständlich, alle unsere Kollegen hatten Kinder zu Hause, alle blieben allein und ich habe während der langen Zeit nicht einmal gehört, dass den Kindern irgendetwas passiert ist. Sie wussten, Mama und Papa gehen zur Arbeit und kommen anschließend nach Hause und schauen nach ihnen.

Trotz meines Berufes war unser Sohn das Wichtigste für mich. Ich war immer für ihn da, wenn er mich brauchte, wenn er meinen Rat und meine Hilfe suchte. Hatte mein Mann Nachtdienst, so war es für ihn das Schönste, in Vatis Bett zu schlafen, und wenn ich ihm im Schlaf versehentlich den Rücken zukehrte, dann weckte er mich ganz zart, damit ich mich wieder zu ihm umdrehte. Schlief er in seinem Bett, so kam es oft vor, dass er mich nachts leise anstipste und für ein paar Minuten bei mir kuscheln wollte, bevor er wieder zurück in sein Bett ging und weiterschlief. Ein ungeheures Glücksgefühl war es für mich, wenn ich dann an seinem Bett stand und auf mein ruhig schlafendes Kind sah.

Natürlich waren das „Sandmännchen" im Fernsehen und die „Gute-Nacht-Geschichte" vor dem Schlafengehen obligatorisch, die ich aus einem Buch vorlas oder – was noch beliebter war – die ich mir ausdachte und dann in abendlichen Fortsetzungen erzählte. Und natürlich haben wir auch immer gemeinsam das Einschlaflied gesungen, bevor ich ins Theater fuhr. Ich kannte ja alle Kinder- und Volkslieder aus meiner Zeit, als ich begeistert im Kinderchor der Musikschule mitsang.

Als Oliver knapp drei Jahre alt war, bekam er eines Nachts hohes Fieber, über 40 Grad, dazu musste er sich laufend übergeben. Da mein Mann Nachtdienst in der Klinik hatte, rief ich besorgt ein Taxi und fuhr mit unserem Sohn zur Notaufnahme der Charité. Eine sehr nette

Ärztin legte ihm einen Tropf an, um den Flüssigkeitsverlust auszugleichen, gab ihm fiebersenkende Mittel und schickte uns eine Stunde später nach Hause. Dort begann das Fieber weiter zu steigen und das Erbrechen nahm zu. In großer Sorge und Angst vor einem Kreislaufversagen, rief ich wieder ein Taxi und fuhr mit dem schon sehr desolaten Kind zurück in die Charité, wo man ihn sofort stationär aufnahm und mich gegen meinen Willen nach Hause schickte. Ich fragte, wann ich meinen Sohn besuchen könnte und man sagte mir, das wäre nicht möglich, da es für das kleine Kind nicht gut sei, wenn es Besuch bekäme und dass es dadurch zu sehr belastet würde. Am nächsten Morgen rief ich an und erfuhr, dass es ihm bereits wieder etwas besser ginge, ich aber auf keinen Fall kommen dürfe, das würde ihn zu sehr aufregen. Ich konnte das nicht glauben, hatte keine ruhige Minute und zur Besuchszeit am Nachmittag fuhr ich trotz des Verbotes einfach hin. Unser Sohn saß in einem separat abgeteilten Zimmer in seinem Bett mit dem Blick zur Tür, sah mich und rief: „Warum kommst Du denn erst jetzt, alle haben schon Besuch, warum kommst Du erst jetzt?" Ich umarmte ihn fest und war glücklich über meinen Entschluss, mich – wie wohl noch andere Mütter – über das Verbot hinweggesetzt zu haben. Ich dachte daran, was wohl mit dem kleinen Kerl geschehen wäre, wenn er vergeblich auf seine Mama gewartet hätte. Heute ist es selbstverständlich, dass Eltern ihr krankes Kind nicht nur besuchen, sondern selbst im Krankenhaus betreuen dürfen, oft sogar in einem gemeinsamen Zimmer.

Ich glaube, ich war trotz aller Hektik, die mein Beruf hin und wieder mit sich brachte, immer ausgeglichen im Umgang mit unserem Sohn und habe mich später immer bemüht, ihm möglichst viel Freiraum zu lassen. Das Theater war ihm über Jahre vertraut und als er älter war, durfte er in einigen Inszenierungen mitspielen oder vor der Vorstellung als Platzanweiser dabei sein und Programme verkaufen. Auf diese Weise verdiente er stolz sein erstes Taschengeld.

Die einzige wirkliche „Familienmahlzeit" bei uns, wo wir alle drei anwesend waren – außer mein Mann hatte durchgehend Klinikdienst – war das Frühstück morgens um 7 Uhr am Esstisch im Wohnzimmer, wo wir über alle Sorgen und Nöte, die uns bedrückten, in Ruhe sprechen konnten.

Obwohl es in den Schulen ein warmes Mittagessen gab, wollte unser Sohn nicht am Schulessen teilnehmen und so habe ich täglich – wenn ich mittags nicht da sein konnte – das Essen vorbereitet. Als er neun oder zehn Jahre alt war, brachte er auch oft einen Schulfreund mit nach Hause und sie durften zusammen kochen. Das haben sie leidenschaftlich gern gemacht, wobei allerdings meist Spaghetti mit Tomatensoße auf den Tisch kamen oder sogar „Torta Milano", ein selbst kreiertes Spaghetti-Gericht mit überbackenem Käse. Die Küche sah danach zwar chaotisch aus, aber die Kinder waren stolz und glücklich und fühlten sich ungeheuer selbständig.

Manche Seefahrt,
die ist lustig

In unseren Urlauben versuchten wir – wie schon beschrieben – immer zu reisen und zweimal hatten wir auch das Glück, eine Schiffsreise machen zu dürfen.

Unsere erste Fahrt ging 1973 mit einem russischen Schiff, der „Tadschikistan", über das Schwarze Meer von Odessa in der Sowjetunion über Varna in Bulgarien nach Jalta, Suchumi, Batumi bis nach Sotschi. Es war die primitivste, aber lustigste Reise, die wir je gemacht haben. Wir bekamen das Angebot für eine 4-Personen-Kabine, die allerdings nur von einer 4-Personen-Familie genutzt werden durfte. Wir waren mit unserem damals 5-jährigen Sohn aber nur drei Personen und hätten die Reise mit dem Schiff nicht machen dürfen. Da fragten wir eine gute Freundin von uns, eine Kinderärztin, ob sie nicht Lust hätte, gemeinsam mit uns in einer Kabine die Reise zu unternehmen und sie sagte begeistert Ja.

Wir freuten uns sehr und flogen bis Odessa, wo wir uns dann auf den Weg zum Hafen machten und sehr neugierig auf unser erstes Kreuzfahrtschiff waren, das wir uns sehr prächtig vorstellten. Zum Hafen hinab führte eine große Treppe – ich glaube, es war die berühmte Treppe aus dem Film „Panzerkreuzer Potemkin" – und wir sahen von oben wirklich ein wunderschönes großes Schiff am Kai liegen, zu dem wir voller Vorfreude hinunterliefen. Neben dem wunderschönen, großen Schiff aber lag ein gaaanz kleines, völlig unattraktives Schiff und als wir näher kamen, lasen wir an seinem Bug „Tadschikistan". Na ja, zuerst mal war unsere Enttäuschung groß, aber dann wurden wir sehr freundlich empfangen, konnten unser Gepäck auf dem Vordeck draußen abstellen und – da es noch vor dem Einschiffungstermin war – einen Stadtbummel unternehmen. Ein riesiger Gewitterregen trieb uns bald darauf zurück zum Schiff, wo wir nicht gerade mit Freude bemerkten, dass unsere Koffer immer noch auf dem Vordeck standen und vom Gewitterregen völlig durchnässt waren. Tatsächlich konnten wir später nur noch einen kleinen Teil der Kleidung tragen, weil der Rest durch die Nässe völlig verfärbt war. Unsere gute Laune war aber nur kurz getrübt und wir konnten endlich unsere Kabine beziehen, die zwei Doppelstockbetten bot, ein Waschbecken, einen kleinen Kleiderschrank und ein Bullauge. Die Rettungswesten lagen unter den Betten, die Toiletten für alle waren auf dem Gang und die Duschen ebenfalls. Wir waren ungefähr 50 Passagiere an Bord, hatten einen kleinen Speisesaal und wurden in zwei Durchgängen verpflegt. Das Essen war gute russische Küche, wobei auch Wodka und manchmal sogar Kaviar und Krimsekt auf den Tisch kamen und uns alle oft in Partylaune versetzten.

Nach dem ersten Schock fanden wir es wunderbar auf dem Schiff, eine lustige, tanzfreudige Truppe hatte sich zusammengefunden, und wenn das Schiff in seiner Winzigkeit durch die Wellen des Schwarzen Meeres taumelte, so wurden wir ganz einfach zur Musik „getanzt", ob wir wollten oder nicht.

Übrigens: Ein Mann, ein Kind, zwei Frauen – eine Kabine – das sorgte für Gesprächsstoff bei den anderen Passagieren. Wer gehört zu wem? Wir haben das Rätsel für sie nicht gelöst, ein bisschen Geheimnis sollte bleiben!

Auf diesem kleinen schaukelnden Schiff wurde uns natürlich auch mal bei Wellengang übel; wir mussten in unserer Koje bleiben und der Speisesaal blieb an diesen Tagen leer. Aber glücklicherweise hatten wir mit Zäpfchen gegen die Seekrankheit vorgesorgt und so konnten wir meist ein paar Stunden später wieder an allen Unternehmungen teilnehmen.

Unangenehm war nur, dass die Toiletten außerhalb der Kabine lagen.

Schlaftrunken bin ich da nachts mal bei der Rückkehr versehentlich in der unverschlossenen Nebenkabine gelandet, wollte mich eben im Halbdunkel in mein Bett fallen lassen, als ich dachte, verdammt noch mal, wer liegt denn da in meinem Bett, und bevor ich gerade lautstark protestieren wollte, sah ich, dass auch in den anderen Betten fremde Leute lagen.

Ich bemerkte meinen Irrtum gerade noch rechtzeitig und schlich mich amüsiert aus der Kabine bei dem Gedanken, dass ich beinahe bei einem fremden Mann ins Bett gekrochen wäre. Vielleicht wäre es ja ganz nett geworden …

In den Häfen machten wir viele interessante Ausflüge; besonders Jalta war sehr reizvoll und Suchumi und Batumi voller orientalischem Charme. In Batumi kamen wir mit zwei ein wenig deutsch sprechenden georgischen Studenten ins Gespräch, die wir dann auf unser Schiff einluden, obwohl es eigentlich nicht erlaubt war. Wir tranken roten Krimsekt zusammen und einer der beiden setzte sich an das Klavier und spielte plötzlich einen Satz aus dem „Wohltemperierten Klavier" von Bach, völlig unerwartet in dieser fremdartigen Umgebung. Wie er uns erzählte, war er Musikstudent und hatte für kurze Zeit in Leipzig studiert.

Übrigens hatte auch die DDR ihr Kreuzfahrtschiff, die viel begehrte „Völkerfreundschaft". Die Reisen auf diesem Schiff wurden nur über die Betriebe verteilt und galten als besondere Auszeichnung. Auch ich hatte mich jahrelang im Gorki-Theater für eine solche Reise vergeblich vormerken lassen. Anfang der achtziger Jahre erhielt ich dann plötzlich Bescheid, dass mir zusammen mit meinem Mann eine Reise zugedacht war, allerdings ohne unseren Sohn, denn ganze Familien mit Kindern wurden auf diesem Schiff generell nicht zugelassen. Die Fahrt sollte von Warnemünde über Gdansk, Gdynia und Riga bis zum damaligen Leningrad, dem heutigen Petersburg gehen. Ein durchaus reizvolles Angebot, wenn, ja wenn nicht auch bei dieser Reise ein Haken gewesen wäre. Uns war eine 4-Personen-Kabine zugedacht worden, da aber größere Familien auf dieser Fahrt nicht gemeinsam reisen durften, also die Kabine mit zwei Personen nicht voll genutzt worden wäre, konnten wir diese Reise nur antreten, wenn wir einverstanden waren, unsere Mini-Kabine mit einem uns völlig fremden Ehepaar zu teilen. Nach unserer ersten Verblüffung hörten wir, dass es sich um ein Musiker-Paar aus der Deutschen Staatsoper handeln würde. Wir dachten uns, na ja, schaun wir mal, und sagten zu.

Unsere Kabine war die wohl kleinste und primitivste auf dem ganzen Schiff, wieder mal ohne Bad und Toilette, zwei Doppelstockbetten gegenüberliegend, mit einem Schrank und einem Stuhl – ich glaube, sogar ohne Bullauge und ohne die geringste Rückzugsmöglichkeit z.B. beim An- und Ausziehen. Wir lernten unsere so engen Reisepartner dann erst beim Einzug in unser „Apartment" kennen und hatten alle vier das Bemühen, uns möglichst wenig zu stören. Um uns ein bisschen Freiraum zu lassen, beschlossen wir, uns für unterschiedliche Frühstücks- und Abendessenzeiten einzutragen. Jeden Morgen um sechs (!!!) Uhr heulte eine Schifferklaviermusik durch das ganze Schiff und bedeutete das Wecken für die erste Frühstücksgruppe um 7 Uhr, aber alle anderen wurden natürlich auch geweckt, und ob man nun zum ersten oder zweiten Frühstück um 8 Uhr eingeteilt war, man wurde jeden Morgen um 6 Uhr aus dem tiefsten Schlaf gerissen – und das im Urlaub! Noch heute, wenn ich diese Melodie zufällig im Radio höre, kriege ich Aggressionen. Aber mit dem Schlaf war es in unserer Kabine sowieso vorbei, da das zuerst aufstehende Paar ja Licht anmachen musste, um sich anzuziehen usw. Dasselbe fand dann am Abend statt, das zuletzt kommende Paar störte natürlich das bereits im Bett liegende, von anderen „Aktivitäten" gar nicht zu reden.

Mit dem Abendprogramm auf diesem Schiff sah es für uns Normalreisende der untersten Kategorie sowieso schlecht aus. Uns ist es auf dieser 10-tägigen Reise nicht ein einziges Mal gelungen, einen Platz bei einer der Abendveranstaltungen zu ergattern, immer waren sämtliche Plätze schon reserviert von entsprechend höheren Kadern, die die meisten und besseren Kabinen auf dem Schiff belegten. Auch in Gdansk durften wir nicht anlegen, weil zu dieser Zeit gerade die Solidarnos mit ihren Arbeiteraufständen aktiv war und es für uns „schädlich" gewesen wäre, das mitzuerleben! Leningrad war natürlich mit den herrlichen Museen und den prachtvollen Gebäuden eine Entschädigung für all die anderen Schätze, z.B. in Gdansk, die wir nicht sehen durften. Aber alles in allem war diese Reise auf dem aus heutiger Sicht äußerst primitiv ausgestatteten Schiff nicht sehr erfreulich und wenig erholsam, auch wenn wir „Vierergruppe" in unserer Kabine bemüht waren, einen rücksichtsvollen und freundlichen Umgang miteinander zu praktizieren. (Und die Doppelstockbetten haben wir auch nicht mal „versehentlich" im Dunkeln verwechselt!)

Übrigens war die Sauna dort ein ganz besonderes Erlebnis. Man durfte nicht wie üblich nackt hinein, sondern nur mit Badeanzug!! Was allerdings dazu führte, dass eine Dame im Dederon-Anzug plötzlich doch nackt in der Sauna saß. Ihr Anzug hatte sich ganz schnell durch die Hitze aufgelöst und war zusammengeschrumpft.

Eine auf ganz andere Art ungewöhnliche Schiffsreise machten wir im Jahre 2012. Aus Anlass unserer Goldenen Hochzeit hatten wir eine Reise mit der „EUROPA" von Malta über Zypern und Sharm El Sheik bis nach Dubai gebucht, entlang der Küste von Somalia. In dieser Zeit war die Gefahr von Piratenüberfällen vor der Küste auch auf Passagierschiffe besonders aktuell, und so gingen wir schon mit ein wenig gemischten Gefühlen auf diese Reise. Zunächst verlief die Fahrt völlig ruhig und normal. Nachdem wir den Hafen von Sharm El Sheik verlassen hatten und den südöstlichen Abschnitt des Roten Meeres passierten, kam eine Durchsage des Kapitäns, der alle Passagiere und Besatzungsmitglieder unverzüglich in den großen Theatersaal bat. Dort erklärte er uns mit ernsten Worten, dass er im Hinblick auf die aktuelle Situation genötigt sei, einige Maßnahmen zu ergreifen, um die Sicherheit von Passagieren und Besatzung zu bewahren. Einige witzige Bemerkungen von Mitreisenden unterbrach er schroff mit dem Hinweis, dass dies kein Zeitpunkt für Witze, sondern die Situation sehr ernst sei. Er erklärte, dass das Schiff ab sofort nachts in völliger Verdunklung fahren werde, in jeder Kabine werden abends Rollos heruntergelassen, die gesamte Außenbeleuchtung des Schiffes werde ausgeschaltet und alle sonstigen Fenster verdunkelt. Das Schiff wird im Konvoi mit anderen Schiffen die Küste von Somalia passieren. Zur weiteren Sicherheit werden speziell ausgebildete Soldaten von der britischen Navi an Bord sein, und außerdem werden wir auf neutralem Gewässer von Booten mit Waffen und Munition versehen. Auf ein bestimmtes Sirenensignal hätten sich alle Passagiere sofort im Theatersaal zu versammeln. Als ich nach Ende dieser Zusammenkunft an die Reling trat, sah ich zu meiner Überraschung, dass unser Schiff vorn und hinten mit dichtem Stacheldraht verdrahtet war. Nach einigen Stunden, als wir gerade an einer der gefährdetsten Stellen auf der Höhe von Dschibuti waren, stoppte unser Schiff plötzlich. Eine Durchsage informierte uns, dass wir einen schweren Krankheitsfall an Bord hätten und der Patient von einem Schiff abgeholt und zum nächsten Flughafen an Land gebracht werden müsse. Wir warteten über einen halben Tag, ausgeschert aus unserem Sicherheit bietenden Konvoi, auf das kleine Boot, das den Erkrankten mit seiner Frau übernahm. Dann jagte unser Schiff mit höchster Geschwindigkeit dem Konvoi hinterher, um wenigstens vor der Nacht den Anschluss zu finden. Das Leben an Bord ging normal weiter, aber ich glaube, allen Passagieren war trotz der gut ausgerüsteten Sicherheitstruppe an Bord nicht ganz wohl auf unserem stacheldraht-gesicherten Schiff und jedes Boot, das sich am Horizont auf uns zubewegte, wurde argwöhnisch beobachtet. Kurz vor Dubai mussten die Soldaten unser Schiff wieder verlassen und ein kleines Schiff nahm Waffen und Munition auf. Der Stacheldraht wurde wieder entfernt und wir erreichten den Hafen als völlig normales Kreuzfahrtschiff. Wir hatten die Gefahrenzone ohne Zwischenfälle durchquert.

Harter Entschluss

Doch nun wieder zurück zu den achtziger Jahren. Zu dieser Zeit merkte ich langsam, dass ich zwar mit Erfolg und großem Engagement meine Arbeit als Regieassistentin und Abendregisseurin machte, dass meine Entwicklung als Schauspielerin dabei aber weitgehend auf der Strecke blieb. Ich bekam zwar einige schöne Rollen zu spielen, aber bei den Rollen, die für mich wichtig gewesen wären, stand mir meine Assistenz im Wege. Ich wurde immer unglücklicher und bat um ein Gespräch mit unserem Intendanten Albert Hetterle. Er verstand meine unbefriedigende Situation an seinem Theater und versprach, mich bei den nächsten Besetzungen mehr zu berücksichtigen. Allerdings warnte er mich auch: „Pass auf, Mädchen, wenn Du den Damen zu sehr ins Gehege kommst, werden sie Dich kaputtmachen!" Diese Warnung war nicht aus der Luft gegriffen und ich hatte ihre Wirkung zuvor schon einige Male zu spüren bekommen. Doch was nutzten alle Versprechungen: Als ich vor der Sommerpause die nächsten Besetzungszettel für die kommende Spielzeit las, war mir wieder nur die Regieassistenz zugedacht und keine interessante Rolle.

Ich begriff nun endgültig, dass ich in diesem Theater auch in Zukunft nicht die geringste Chance auf Änderung meiner Position haben würde. In meinem Innern war meine Arbeit als Assistentin beendet, selbst Regie zu führen interessierte mich nicht und das hätte ich mir nach meinen künstlerischen Vorbildern auch gar nicht zugetraut. Ich wollte spielen – und zwar endlich Rollen, die mich fordern und an denen ich meine Leistungsfähigkeit ausprobieren kann. In der damaligen Situation der Theater mit den lebenslangen Verträgen für Schauspieler war aber eine solche Stagnation eingetreten, dass die Ensemble starr erhalten blieben und fast keine Vakanzen mehr entstanden, ein Warten auf ein Wunder also völlig zwecklos war. Es gab in unserem Ensemble Schauspieler und Schauspielerinnen, deren künstlerische Zeit vorbei war, die einfach nicht mehr einzusetzen waren, jahrelang keine einzige Rolle spielten, aber ihre volle Gage bekamen. Sie hielten sich an ihrem Vertrag fest, waren nicht zu kündigen und blockierten damit jede Veränderung der Ensembles.

Wie oft haben mein Mann und ich in diesen Jahren über unseren Wunsch die DDR zu verlassen gesprochen und über die verschiedensten Möglichkeiten von Ausreise und Flucht nachgedacht. Auch unser Sohn hatte den gleichen Wunsch, aber wie? Eine Flucht über Mauer und Todesstreifen war mit Lebensgefahr verbunden und endete in den meisten Fällen tödlich, denn es gab ja den Schießbefehl! Eine Ausreise für uns dreien wäre nur mit einem Ausreiseantrag möglich gewesen, aber es war äußerst fraglich, ob der selbst nach mehrjähriger Wartezeit je genehmigt worden wäre. Für meinen Mann und mich hätte er mit Sicherheit den Verlust unseres derzeitigen Arbeitsplatzes bedeutet, den Verzicht, in den nächsten Jahren eine berufliche Entwicklung zu haben, und für unseren Sohn den Abbruch von Abitur und Studienmöglichkeit. Und das alles ohne die geringste Gewissheit auf ein glückliches Ende!!

So stand ich also am letzten Tag vor den Theaterferien im August 1987 im Theater vor dem Schwarzen Brett mit den Besetzungen und sagte mir ganz kurz: So, das war es dann. Hier will ich keinen Tag länger mein Leben versäumen. Ich will endlich so arbeiten und leben können, wie ich es mir vorstelle. Ich weiß nicht, ob mir das je gelingen wird, aber ich will es jetzt versuchen, es ist meine letzte Chance – auch wenn ich eigentlich nicht mehr jung genug dazu bin –: Ich will ein neues Leben beginnen. Mein Mann und ich hatten gerade das erste Mal die Genehmigung für eine gemeinsame Reise nach Westberlin bekommen. Unser Entschluss entstand von einer Minute zur anderen. Er war plötzlich unumstößlich: Wir werden nicht zurückkehren.

Jean Jacques Rousseau sagte einmal: „Die Freiheit des Menschen liegt nicht nur darin, dass er tun kann, was er will, sondern, dass er nicht tun muss, was er nicht will." Und wir wollten nicht mehr.

Wir waren in den letzten Jahren zu oft an die Grenze unserer Belastbarkeit geraten, hatten unsere Meinung unterdrücken, Entscheidungen hinnehmen müssen, die wir nicht akzeptieren konnten. Wie oft hatte das Telefon geknackt, wenn wir mit Freunden telefonierten und wir wussten, jetzt wird mitgehört, unser Telefonat wird mitgeschnitten. Unser Konto bei der Bank verschwand immer wieder für einige Tage und wurde „überprüft", Briefe aus dem Westen waren stets geöffnet. In der Schulzeit unseres Sohnes hatten wir sagenhafte Dinge erlebt und … plötzlich war das Fass übergelaufen.

Voll konzentriert nahm ich mir noch einmal alle meine Regiebücher vor und versetzte sie in einen ordentlichen Zustand, nahm für mich wichtige Dinge aus meiner Garderobe an mich, ließ die Schlüssel stecken und verließ ohne zurückzuschauen das Theater, in dem ich elf Jahre zu Hause war.

Es ist seltsam, aber von diesem Punkt an gab es in keiner Sekunde mehr den leisesten Zweifel an unserer Entscheidung. Wohnung, Auto, Grundstück – alles war mit einem Schlag unwichtig. Mein Mann hatte längst seine innere Entscheidung getroffen und auch das OK unseres Sohnes hatten wir schon seit langer Zeit und wussten, dass er unser Vorhaben unterstützt und voll akzeptiert, obwohl ihm damit eine schwierige Zeit bevorstand. Aber wir würden alles daransetzen, dass wir uns so bald wie möglich wiedersehen. Er war fast 20 Jahre alt, hatte eine eigene Wohnung und die Absicht, so bald es ging nachzukommen. Und er hatte ein enges Verhältnis zu meiner Mutter, die in dieser Zeit immer für ihn da sein würde.

Wir verließen unsere Wohnung ohne Tränen, innerlich seltsam starr, wir nahmen mit unserem Koffer ein Taxi zum Bahnhof Friedrichstraße, gingen im Tränenpalast durch die Grenzkontrolle, beantworteten lächelnd die Fragen der Grenzer und verließen durch dieses Tor die Deutsche Demokratische Republik.

Abschied

Die Türen schlossen sich, die S-Bahn setzte sich in Bewegung. Sie fuhr Richtung Westberlin. Weder mein Mann noch ich sprachen ein Wort, ein kleiner Koffer stand zwischen uns, unser ganzes Gepäck, alles, was wir mitnehmen konnten, für drei Tage Aufenthalt zum 80. Geburtstag meiner Tante. Aus diesen drei Tagen sollte nun also ein „für immer" werden, ein Entschluss – von einer Minute zur anderen entstanden – in die Tat umgesetzt und niemals bereut. Keiner von uns beiden hat jemals mit Reue an das andere Leben zurückgedacht, an all die zurückgelassenen Marksteine eines doch schon recht langen Lebens. Zwei Menschen haben uns unsere Entscheidung allerdings sehr schwer gemacht: Unser Sohn und meine 77-jährige Mutter. Wir hatten zu niemandem ein Wort über unser Vorhaben gesprochen, außer zu unserem Sohn Oliver, der sich zu dieser Zeit mit seiner Freundin Trixi als Betreuer in einem Kinderferienlager außerhalb Berlins aufhielt, und zu meiner Mutter, die wichtige Papiere für uns aufbewahrte und ein paar Dinge, die uns besonders ans Herz gewachsen waren – mehr konnte wir nicht zu ihr bringen, um uns nicht verdächtig zu machen. Wir hatten schon seit einiger Zeit mit dem Gedanken gespielt, die DDR zu verlassen, aber wie sollten wir alle drei gemeinsam wegkommen? Ich hatte ja schon mehrere Gastspiele mit dem Gorki-Theater in Westdeutschland, und mit meinem Mann zusammen durfte ich sogar schon ins nicht-sozialistische Ausland reisen, aber unser Sohn? Ihn durften wir nie mitnehmen; er musste sozusagen als Pfand in der DDR zurückbleiben. Doch was nun? Er hatte gerade das Abitur bestanden und war vorimmatrikuliert. Eine Bedingung für die Aufnahme des Studiums war allerdings sein Dienst für 18 Monate in der Nationalen Volksarmee, ein Punkt, der uns besondere Sorgen bereitete, denn wir wussten nicht, wie die Staatlichen Stellen mit der Situation der republikflüchtigen Eltern umgehen würden. Erstaunlicherweise wurde er pünktlich zur Armee eingezogen und durfte danach sein Studium wie geplant antreten. Auf seinem Weg dahin haben wir allerdings Sachen erlebt, die kaum zu glauben sind. Bereits bei der Bewerbung für die Oberschule bis zum Abitur geschah Seltsames: Immer wieder gerieten Fünfen „rein zufällig" in die Spalte seiner Zensuren, Hausarbeiten wurden als nicht angefertigt eingetragen, obwohl sie vorlagen, Klassenarbeiten wurden auffallend schlechter benotet usw. ...

Nach der Ablehnung seiner Bewerbung für den Weg zum Abitur sind wir über fünf Instanzen gegangen mit unserer Beschwerde und immer wurde uns gesagt, zu schlechte Zensuren, schlechte Beurteilung durch die Lehrer usw. Bis wir persönlich durch Befragungen der Lehrer erfuhren: Seine Zensuren wurden gezielt negativ verändert und die Beurteilung wurde gefälscht, statt der positiven durch die Lehrer wurde eine negative angefertigt und durch die Schulleiterin Frau Spuhl an die Auswahlkommission weitergeleitet. Auf unseren dringenden und begründeten Einspruch wurde endlich die Ablehnung korrigiert und in die Berufsausbildung „Baufacharbeiter mit Abitur" umgewandelt.

Bei der mündlichen Russisch-Abiturprüfung bat ihn, kurz bevor er aufgerufen wurde, eine erkrankte Mitschülerin, ob er sie bei der Prüfung vorlassen könnte, da sie Fieber hätte und es ihr sehr schlecht ginge. Selbstverständlich war er damit einverstanden. Auch die Prüfungskommission akzeptierte es, setzte ihn dann aber – sozusagen als „Bestrafung" für sein Entgegenkommen – an die allerletzte Stelle der zu Prüfenden, sodass er über sechs Stunden im Vorraum warten musste, bevor er drangenommen wurde.

Nach gut bestandenem Abitur ging es bei der Zulassung zum Studium Sport und Geografie im Lehramt ähnlich weiter. Obwohl Oliver ein sehr guter Sportler war, wurde er zweimal nach der Sport-Eignungsprüfung abgelehnt. Für die zweite Prüfung hatte er sich mit einem Absolventen der Hochschule intensiv vorbereitet, der ihm ausgezeichnete Voraussetzungen bestätigte und der festen Überzeugung war, dass er mit seinen Leistungen die Norm spielend schaffen würde. Trotzdem kam die Ablehnung wegen mangelnder sportlicher Eignung. Auf unseren konkret begründeten Einspruch beim Dekan bekam er plötzlich binnen drei Tagen die Zulassung zum erwählten Studium – ebenfalls eine äußerst merkwürdige Geschichte.

Als wir die Genehmigung zur Besuchsreise für meinen Mann und mich bekamen, war Oliver zwar gerade im Ferienlager, aber wir mussten unbedingt noch einige sehr wichtige Dinge mit ihm persönlich besprechen und wollten uns natürlich unauffällig von ihm verabschieden. Wir fuhren also mit unserem Auto zu ihm, doch wir konnten nur über Allgemeines, Unverfängliches reden, da sich seine damalige Freundin Trixi ständig an seiner Seite aufhielt. In den wenigen Minuten, in denen sie nicht anwesend war, besprachen wir blitzschnell alles Notwenige, das unbedingt noch vor unserer Flucht geklärt werden musste. Obwohl uns der Abschiedsschmerz von ihm fast überwältigte, mussten wir heiter und entspannt sein und durften uns nicht das Geringste anmerken lassen, um jeden Argwohn zu vermeiden. Wir gingen gemeinsam essen und es war sozusagen unsere Henkersmahlzeit zusammen mit unserem Sohn. Zu der Zeit im August 1987 war ja völlig unklar, ob und wann wir uns wiedersehen würden. Oliver hatte uns zwar schon vorher immer wieder gesagt, wenn Ihr mal die Chance habt wegzukommen, dann macht das auf jeden Fall, ich werde alles versuchen, um nachzukommen. Aber als die Situation dann da war, wussten wir natürlich nicht, wann er jemals die Chance dazu haben würde. Zudem lagen ja noch die anderthalb Jahre bei der Nationalen Volksarmee vor ihm, in denen er keinesfalls etwas unternehmen konnte. Aber wir hatten ja keine Wahl, uns den Zeitpunkt für unsere Flucht auszusuchen, wir mussten die uns jetzt gebotene einmalige Gelegenheit nutzen. Ob wir später noch einmal eine Möglichkeit haben würden, war äußerst fraglich und für uns drei gemeinsam wäre es uns wahrscheinlich nie gelungen, eine Ausreisegenehmigung zu bekommen Also verabschiedeten wir uns lächelnd bis zum nächsten Sonntag und wussten, dass vielleicht Jahre vergehen würden, bis wir uns wiedersehen.

Es waren dann genau 20 Monate, bis wir uns unmittelbar nach seiner NVA-Zeit im Mai 1989 im tschechischen Marienbad wieder in die Arme schließen konnten. Während seiner Armeezeit hatte Oliver unterschreiben müssen, keinerlei Kontakt zu uns zu haben, weder schriftlich noch mündlich. Jetzt konnten wir im Ausland endlich wieder über alles persönlich miteinander sprechen, konnten über Probleme und gemeinsame Vorhaben reden, die wir weder einem Brief noch dem

Telefon anvertrauen durften. Glücklich verbrachten wir drei Tage zusammen und beschlossen auch gleich, wenige Wochen später unseren Urlaub gemeinsam in Albena in Bulgarien zu verbringen. In diesen Ländern war in jener Zeit ein Ost-West-Treffen leicht möglich, das uns in der DDR noch absolut verwehrt wurde. Zwar war der Haftbefehl gegen uns nach anderthalb Jahren aufgehoben worden und wir durften die Transitstrecke zwischen Berlin und Westdeutschland benutzen, aber wir hatten noch striktes Einreiseverbot in die DDR. Zu unser aller Glück war meine Mutter da, die damals schon Rentnerin war und somit zwischen Ost und West reisen durfte und den Kontakt zwischen Oliver und uns während seiner Armeezeit und auch später aufrecht erhielt. Sie war es auch, die wichtige Papiere für uns aufbewahrte und unter Ängsten zu uns in den Westen brachte. Auch einige ganz wenige Lieblingsstücke aus unserer Wohnung hatte sie aufbewahrt, die sie nun versuchte zu uns zu schaffen, ein riskantes Unternehmen. Da war z.B. eine wunderschöne alte, französische Tischlampe mit einem Keramikkörper, an der wir sehr hingen und die mein Mann vorher auseinandergenommen hatte. Die Messingbeschläge und den Lampenschirm hatte er abmontiert, so dass die Teile einzeln transportiert werden konnten. Den Lampenschirm hatte sie schon zu uns gebracht und nun hatte sie den unteren Teil der wertvollen Lampe unten in eine große Tasche gesteckt und obenauf ihre Kleidungsstücke gelegt. Die Tasche mit der Lampe war sehr schwer und sie musste auf den Bahnsteigen große Treppen hinunter und hinauf. Voller Aufregung und Angst eilte sie schnell und sehr vorsichtig über die Treppen und schaffte es auch unbeanstandet durch die Grenzkontrolle. Bei den letzten Treppenstufen war sie so froh, dass alles so gut geklappt hatte, dass sie im Hochgefühl und in ihrer Erleichterung einen Moment unaufmerksam war, mit der Tasche gegen die Treppe knallte und der Körper der Lampe völlig zu Bruch ging. Sie kam verzweifelt und voller Selbstvorwürfe zu uns und war todunglücklich. Wir nahmen es gelassen und sagten uns, es hat eben nicht sollen sein, dass wir irgendetwas aus unserer alten Wohnung behalten können. Aber wir fanden eine wunderbare Restauratteurin, die die Lampe später in aufwändiger Arbeit wieder herstellte, sodass sie auch heute in unserer Wohnung steht.

Und noch ein wertvolles Stück aus unserer Wohnung gelangte auf Umwegen zu uns in den Westen. Es war eine alte Bilderuhr, die wir sehr liebten. Sie wurde uns gebracht, als wir gerade unsere erste Wohnung bezogen hatten, und war damals das erste schöne und wertvolle Einrichtungsstück in unserer neuen Behausung.

Kurz danach hatten wir Silberne Hochzeit, die wir mit einigen Freunden und entfernten Verwandten sowie meiner Mutter in der gerade notdürftig hergerichteten Wohnung ein wenig feierten. Im Laufe des Abends wurden auch Fotos gemacht, wobei einer unserer Gäste sich für eine Aufnahme etwas niederbeugte und dabei mit dem Rücken unter unsere an der Wand hängenden Uhr geriet. Beim Aufrichten hebelte er sie so unglücklich ab, dass sie hochgehoben wurde, zu Boden fiel und in viele Stücke zerbrach. Was soll man in dieser Situation sagen? Wir sagten nichts. Wieder einmal, es hat nicht sollen sein …

Unser Sohn hatte schon 1986 – also vor unserer Flucht – eine eigene kleine, schwer vermietbare Wohnung mit unserer Hilfe und viel Aufwand für sich bewohnbar gemacht und nachdem die Stasi unsere Wohnung versiegelt hatte, versuchte er die Erlaubnis zu bekommen, ein paar Möbel und einige noch ihm gehörende oder ihm ans Herz gewachsene Dinge herausnehmen zu dürfen. Es wurde ihm aber untersagt; er durfte sie nicht einmal käuflich erwerben und die Räume nie mehr betreten.

Wir hatten, als wir die DDR verließen, noch einen gefüllten Kühlschrank und einen ebenfalls gefüllten Tiefkühlschrank zurückgelassen. Nachdem die Stasi unsere Wohnung durchsucht hatte, stellte sie die Elektroanlage ab und versiegelte die Wohnung. Sie hatte dabei aber nicht bedacht, dass dadurch in den folgenden Wochen Kühlschrank und Tiefkühler abtauten, und so ergoss sich die ganze Soße in unseren Räumen, lief, wie wir unseren Stasi-Akten entnehmen konnten, bis über die Auslegware in Flur und Wohnzimmer und richtete einen riesigen Schaden an, für den wir haftbar gemacht wurden. Alles Geld, das noch auf unseren Konten war, wurde für die aufwändige Renovierung angerechnet, obwohl wir den Schaden gar nicht verursacht hatten.

Westberlin

Unser Weg bis zu einem neuen Zuhause in West-
berlin war nicht ganz einfach und ging durch mehrere Instanzen. Wir
hatten zwar die Besuchserlaubnis zum Geburtstag meiner sehr lieben,
warmherzigen Tante Alice, aber wir wussten von vornherein, dass wir
ohne jegliche Hilfe von Verwandten auf die eigenen Füße kommen
müssen und dass wir durch das Aufnahmelager Marienfelde gehen
würden. Für die ersten drei Tage unseres Aufenthalts in Westberlin
hatte uns Rotraud Schindler, meine Freundin aus Zeitzer Theater-Ta-
gen, ihre gern angenommene Gastfreundschaft angeboten, damit wir
überhaupt erst einmal durchatmen und alles noch einmal überdenken
können, bevor wir uns endgültig entscheiden und im Lager melden.
Aber für uns gab es kein Zurück mehr, wir waren fest entschlossen, im
Westen zu bleiben.

Am übernächsten Tag war der Geburtstag meiner Tante, zu der ihre
Kinder mit ihren Ehepartnern sowie der Neffe mit seiner Frau aus
Westberlin und meine Mutter aus dem Osten kamen. Diesen Geburtstag werde ich nie vergessen. Kaum hatten wir der Familie unsere
Entscheidung, im Westen zu bleiben, mitgeteilt, da brach ein Sturm
der Entrüstung los: Was uns einfällt, wir sollten machen, dass wir
wieder in den Osten zurückkämen, wir würden ihnen später die Rente
„wegfressen", sie würden dadurch von der Stasi verfolgt, könnten nicht
mehr in den Osten fahren und vieles mehr. Wir hatten zwar von
unserer Verwandtschaft weder Hilfe noch Verständnis erwartet, aber
dieses hasserfüllte Echo machte uns doch sprachlos. Wir standen fassungslos vor unseren „Verwandten" und wollten die Geburtstagsfeier
sofort verlassen, aber die beiden alten Schwestern, die dem Geschehen
entsetzt zuschauten, versuchten mit aller Kraft die Wogen zu glätten.
Mit Rücksicht auf sie blieben wir noch, aber niemand von all jenen
hat uns in den nächsten schwierigen Monaten einmal mit Rat oder

Tat zur Seite gestanden. Gerade in dieser ersten Zeit im Westen wäre beratende Hilfe sehr wichtig gewesen, um entscheidende Fehler zu vermeiden. Selbst als wir uns ein paar Wochen später eine erste eigene, kleine Wohnung über Zeitungsanzeigen gesucht hatten und meine Tante für kurze Zeit um die Leihgabe von zwei kleinen Schränken, die bei ihr in der Abstellkammer verstaubten, für unsere noch leere Wohnung baten, haben es ihr ihre Kinder untersagt mit der Begründung, dass sie die Schränke selbst bräuchten. Bis zu ihrem Tode viele Jahre später verstaubten sie weiter in der Abstellkammer und wurden dann entsorgt.

Übrigens hatten wir in den ersten Tagen im Westen noch ein aus heutiger Sicht wirklich kurioses Erlebnis. Als wir noch bei Rotraud wohnten, ging mein Mann morgens zum Bäcker, um Brötchen zu holen. Beim Rückweg sah er vor einem Haus auf dem Schutt einer Baustelle einen entsorgten Teppich liegen. Er sah ihn sich an und da er ihm recht hübsch und fast einwandfrei schien – nur mit ein paar ganz kleinen Flecken –, holten wir ihn uns anschließend und trugen ihn – wie die sieben Schwaben – auf unseren Schultern zu Rotraud – sozusagen als unser erstes Einrichtungsstück für unsere zukünftige eigene Wohnung im Westen. Die starrte uns und unseren Teppich fassungslos an und nach dem ersten Schock und Entsetzen durften wir ihn für die folgenden Wochen in einer Abstellkammer in ihrer Wohnung ablegen. Ich muss noch heute lachen, wenn ich daran denke, was wir ihr da voller Naivität und Tatendrang ins Haus geschleppt und zugemutet haben. Benutzt haben wir ihn später nur ganz kurze Zeit, denn er sah auch gereinigt grauenvoll aus und wir haben ihn schnellstens wieder entsorgt.

Am nächsten Tag bedankten wir uns herzlich bei ihr für die uns gewährte Gastfreundschaft und meldeten uns im Aufnahmelager Marienfelde. Wir waren nur wenige Flüchtlinge aus der DDR, meist waren es entlassene, herausgekaufte ehemalige Häftlinge, oft noch ganz jung, unter 20 Jahre alt, denen wir dann in den folgenden Tagen auf dem Weg durch viele Instanzen immer wieder begegneten, die kaputt, resigniert, völlig ohne eigenen Willen und ohne zu sprechen, vor den

Türen der jeweiligen Büros saßen und darauf warteten, dass sie aufgerufen werden. Zum ersten Mal habe ich da so junge, von der Stasi zerstörte Menschen erlebt, die meist wegen geringer Vergehen – oft nur eventuell geplanter Republikflucht – für Jahre eingesperrt waren, deren Lebenswillen gebrochen war und deren weiteres Schicksal davon abhing, ob sie jemals wieder zu einem normalen Leben zurückfinden würden. Auch ein Neffe von mir wurde als 17-Jähriger von der Straße weg verhaftet, weil er mit anderen Jugendlichen den Plan hatte, in den Westen zu flüchten. Das wurde von einem Mädchen verraten und brachte ihn für mehrere Jahre ins Gefängnis, obwohl er praktisch noch gar nichts unternommen hatte. Nach Abbüßung seiner Strafe wurde er wieder nach Ostberlin entlassen, kam dann aber durch eine lancierte Heirat nach Westberlin, hat Abitur und Studium auf eigene Faust nachgeholt und eine bewundernswerte Entwicklung genommen. Über seine Zeit im Stasi-Gefängnis aber hat er nie gesprochen.

Nach der ersten Aufnahme unserer Daten wurde uns im Lager ein Zimmer in einer Wohnung in einem der vielen kleinen Häuser zugewiesen. Ein Doppelstockbett, ein Tisch, zwei Stühle und ein Schrank waren das ganze Inventar. Danach bekamen wir an der Warenausgabestelle jeder eine Decke, Bettwäsche, zwei Handtücher, ein Geschirrtuch, Teller, Besteck und einen Kochtopf pro Familie sowie jeder eine Fahrkarte von der BVG, mit der wir uns außerhalb des Geländes bewegen konnten. Die ersten Tage waren voll ausgefüllt mit der Abarbeitung unseres Laufzettels, der den Arzt, das Arbeitsamt, die Sozialversicherung und alle für die Aufnahme in der Bundesrepublik wichtigen Institutionen einschließlich des BND und der Alliierten Geheimdienste aufwies, die alle ihre Büros in dem Aufnahmelager hatten und vor denen man tagelang immer wieder den gleichen Personen begegnete. Wir mussten die ersten Tests über uns ergehen lassen; mein Mann wurde zum Beispiel um die Entschlüsselung eines ärztlichen Attestes gebeten für einen angeblich erkrankten Neffen des Befragers und unsere Einstellung zu den Amerikanern wurde in einer fingierten Situation auf die Probe gestellt. In jedem dieser Büros kam aber ganz nebenbei immer wieder die Frage, ob unser Sohn von unserer Flucht gewusst habe und immer wieder haben wir diese Frage strikt verneint. Wie sehr wir damit unseren Sohn vor Repressalien bewahrten, haben wir erst später nach dem Fall der Mauer erfahren. Da stellte sich heraus, dass es gerade auch in Marienfelde im Aufnahmelager viele Spitzel aus der DDR gab, die ihr Wissen schnellstens an die entsprechenden Stellen weitergeleitet haben.

Als wir z.B. am zweiten Tag das Aufnahmelager verließen, um zum Bus zu gehen, sprach uns direkt vor dem Ausgang ein Mann an – wie er zu erkennen gab, ein ehemaliger ärztlicher Kollege meines Mannes –, der angeblich auch geflohen war und nach seinen eigenen Angaben schon seit längerer Zeit im Lager wohnte. Nach kurzem Gespräch gingen wir weiter, aber schon innerhalb weniger Stunden war in der Klinik meines Mannes in Ostberlin und auch im Gorki-Theater, wo ich ja bis zuletzt gearbeitet hatte, bekannt, dass wir im Aufnahmelager in Westberlin waren und nicht zurückkehren würden, obwohl wir es noch niemandem sonst mitgeteilt hatten.

Unser Sohn wurde nach seiner Rückkehr aus dem Ferienlager zwar acht Stunden von der Stasi verhört, da ihm aber keine Kenntnis unserer Flucht nachgewiesen werden konnte, blieb er weitgehend ohne Repressalien.

Auch in den folgenden Wochen hatten wir vollauf mit unserer Eingliederung in die Bundesrepublik zu tun. Wir mussten alles nachweisen, was es nur nachzuweisen gab, von der Geburt bis zu sämtlichen Ausbildungen, Abschlüssen, Arbeitsstätten usw. Besonders schwierig erwies es sich für meinen Mann, alle Unterlagen für seine weitere Tätigkeit als Arzt mit Approbation und Facharztanerkennung, den Nachweis der deutschen Staatsbürgerschaft usw. beizubringen. Welch ein Glück, dass wir fast sämtliche Unterlagen bei meiner Mutter aufbewahrt hatten, die sie uns unter großen Ängsten am Körper verborgen hinüber schmuggelte. Trotzdem mussten Approbation und Facharztanerkennung noch einmal neu beantragt werden und es dauerte mehrere Wochen, bis wir uns um Arbeit bemühen durften.

Nach einer Woche wurden wir von Marienfelde ins Außenlager Friedrich-Olbricht-Damm verlegt. Es war ein ehemaliges Obdachlosen-Asyl, das nun als Flüchtlingslager genutzt wurde, mit großen Waschräumen, Gemeinschaftstoiletten und einer riesigen Küche für alle. Es war schon alles äußerst primitiv, aber das empfanden wir als unwichtig; wir hatten einen Neuanfang gewagt und waren voll auf unser zukünftiges Leben konzentriert.

In den ersten Wochen in Westberlin erhielten wir Arbeitslosenunterstützung, da wir ja aus festen Arbeitsverhältnissen kamen und vor Abschluss aller Anmeldungen, Ummeldungen und Anerkennung unserer Unterlagen noch nicht wieder arbeiten konnten.

Außerdem braucht man schon eine ganze Weile, bis man psychisch dazu in der Lage ist. Nach all der Aufregung, dem Stress und auch der Depression, die sich fast bei allen einstellt – so auch bei uns –, muss man erst einmal innerlich „ankommen", um mit neuen Kräften im neuen Land durchzustarten zu können.

Wir waren zu dieser Zeit auch psychisch noch nicht bereit, an Festen, Theatervorstellungen oder dergleichen teilzunehmen. Einmal wurden wir in den ersten Wochen zu einem großen Feuerwerk auf dem Tempelhofer Feld eingeladen. Wir gingen nach kurzer Zeit wieder weg, weil wir noch nicht wieder fähig waren, uns mit all den Menschen neben uns zu freuen. Bei einer vom Lager Marienfelde veranstalteten Stadtrundfahrt, die auch zu einer Aussichtsplattform an der Grenze zu Ostberlin mit dem Blick nach „drüben" führte, sind wir im Bus sitzen geblieben, weil wir das zu diesem Zeitpunkt noch nicht verkrafteten. Die „Ruferin" auf der Straße des 17. Juni vorm Brandenburger Tor aber hat uns tief beeindruckt und ist für uns auch heute noch ein bewegendes Mahnmal und eine Erinnerung an die Zeit des geteilten Berlin.

Nach etwa drei Wochen hatten wir alle Eingliederungsbesuche in den vorgesehenen Abteilungen abgearbeitet. Wie gut, dass mein Mann und ich alles zu zweit machen konnten, da war doch vieles leichter, als wenn ich allein mit der neuen Situation hätte fertig werden müssen in dieser für mich neuen Welt, wo alles in Frage gestellt wurde, was unser Leben bisher bestimmte. Kaum jemand gab uns nützliche Ratschläge, und so machten wir viele Fehler, waren auf die harten Realitäten des Alltags wenig vorbereitet. Wir schlossen völlig unnütze Versicherungen ab und wussten nicht, dass man für gewisse Käufe, wenn man gut verhandelt, große Rabatte erzielen kann, so zum Beispiel für Kühlschrank, Waschmaschine oder ein Auto.

Aber zunächst wollten wir uns schnellstens eine eigene, bezahlbare Wohnung zu suchen. Das stellte sich als ziemlich schwierig heraus, denn beim Wohnungsamt konnte man uns keinerlei Wohnraum nachweisen und setzte uns auf eine lange Warteliste. Wir aber wollten so bald wie möglich aus dem Lager heraus und uns wieder ein eigenes Zuhause und damit den Einstieg in ein neues normales Leben schaffen. Also durchforsteten wir alle Wohnungsangebote in den Tageszeitungen und nach mehreren untauglichen Objekten fanden wir eine kleine 2-Zimmer-Wohnung gegenüber der Deutschen Oper. Und obwohl wir die Wohnung selbst gesucht und gefunden hatten, verlangte der Hausverwalter noch eine kräftige Vermittlungs-Courtage, die wir in aller Unwissenheit bezahlten, auch weil wir froh waren, so schnell wieder eine eigene Wohnung zu haben. Sie war hübsch, aber renovierungsbedürftig. Man erzählte uns, dass sie zuvor einer Art „Puff" gedient hätte. Na ja, der Gedanke daran störte uns wenig, immerhin waren noch recht geschmackvolle Gardinen dran, sauberer, heller Teppichboden lag und es war ein moderner Esstisch mit vier Stühlen vorhanden sowie ein hübscher Kleiderschrank. Wir kauften ein Bett und einen Kühlschrank und Bekannte schenkten uns eine ausrangierte Polstergarnitur. So hatten wir erst einmal die notwendigste Einrichtung zusammen und wieder unser eigenes Zuhause.

Plötzlich standen auch zwei Ehepaare vor der Tür, die uns gar nicht persönlich kannten, aber von uns gehört hatten. Es waren die Schwestern der Frau eines Cousins meines Mannes, die wir noch nie gesehen hatten. Sie boten uns ganz spontan ihre Hilfe an, und die konnten wir in unserer Situation wirklich sehr gut gebrauchen. Zunächst musste unsere Wohnung gestrichen werden. Am anderen Morgen standen sie vor der Tür mit allen Utensilien zum Malern einschließlich einer Leiter; wir kauften die Farbe und schon ging es los. Am nächsten Tag brachten sie uns einen Waschkorb mit tausend Kleinigkeiten für den

Haushalt – Tassen, Teller, Bestecke, Tischdecken, Kochtöpfe usw. – und einen kleinen Couchtisch mit dem Bemerken, wir sollten die Dinge so lange benutzen, wie wir sie brauchten und könnten sie ihnen danach ja wieder zurückgeben. Das war eine unglaublich hilfreiche Geste, die uns sehr gerührt hat und an die wir noch oft denken. Diese beiden Paare und der Cousin mit seiner Familie haben uns von da an in ihren Freundeskreis einbezogen. Wir haben Feste mit ihnen gefeiert – noch bis heute sind wir jedes Jahr am Himmelfahrtstag im großen Garten ihres Hauses mit toller Dixieland-Band eingeladen –, wir haben zusammen gekegelt, die dabei gesammelten „Ratten" auf gemeinsamen Kurzreisen ausgegeben und fühlten uns durch diese eigentlich „fremden" Menschen bald in unsere neue Heimat integriert.

Ein paar Tage nach dem Einzug in diese Wohnung – wir hatten sogar schon Telefon – erreichte uns ein sehr seltsamer Anruf. Ein Herr von der Stasi hatte meine Tante als unser ursprüngliches Reiseziel in West-berlin angerufen, sich als ein Freund von uns ausgegeben und sich von ihr unsere Telefonnummer erbeten, die sie ihm in aller Unwissenheit auch gab. Daraufhin rief uns Herr Dr. W., Urologe, aus dem ehema-ligen Krankenhaus meines Mannes in Köpenick an und bat uns im Auftrag des Krankenhauses und des Gorki-Theaters um ein Gespräch. Wir lehnten verblüfft ab und legten auf. Kurze Zeit später rief er wieder an und sagte uns, es sei sehr wichtig, wir hätten nichts zu befürchten und er würde gern zu uns kommen. Wir erklärten uns schließlich mit einem Treffen einverstanden, allerdings nicht in unserer Wohnung, sondern in einem Café und schlugen ihm das Café Möhring am Kurfürstendamm vor. Kurze Zeit später saß er uns gegenüber und unterbreitete uns den Vorschlag, in die DDR zurückzukehren. Wir könnten straffrei unsere alten Arbeitsplätze wieder einnehmen und sogar ein Auto mitbringen, allerdings keine Schulden. Außerdem übergab er uns einen Brief unseres Sohnes, in dem Oliver uns dringend bat, nach Hause zurückzukommen – wie wir später erfuhren, hat er den Brief unter Aufsicht der Stasi schreiben müssen, um uns unter moralischen Druck zu setzen. Aber wir ahnten die Zusammenhänge und lehnten eine Rückkehr sofort ab; es gab für uns keinerlei Grund, in die alten

Verhältnisse in der DDR zurückzugehen. Nach dem kurzen Gespräch verabschiedeten wir uns sehr schnell. Wie wir in unseren Stasi-Akten später lesen konnten, war der Bericht des Herrn Dr. W. über diesen Besuch in seiner zynischen Beurteilung unserer Lage wirklich widerwärtig. Er sprach uns beruflich jede Möglichkeit auf dem Arbeitsmarkt ab und frohlockte über unsere Arbeitslosigkeit – knapp sechs Wochen nach unserer Flucht!!! Der Mann, der mich gar nicht kannte, bezeichnet mich als „Möchtegern-Schauspielerin" ohne jede berufliche Chance im Westen. Glücklicherweise bekam ich gleich darauf viele Angebote und habe in den folgenden 25 Jahren fast ununterbrochen Theater gespielt und synchronisiert, und mein Mann erhielt kurz darauf eine Oberarztstelle in einem Berliner Krankenhaus. Nach dem Mauerfall hat Herr Dr. W. in Ostberlin eine eigene Urologische Praxis eröffnet. Ich hoffe, dass ihm seine herabwürdigende Beurteilung über uns im Auftrag der Stasi noch heute schwer im Magen liegt. Glücklicherweise konnten wir sie ja widerlegen. Persönlich haben wir ihn nie wiedergesehen.

Übrigens, als wir uns gerade im Café Möhring am Adenauerplatz von ihm verabschieden wollten, fuhren vor dem Café eine Reihe von Mannschaftswagen der Polizei vor. Herr Dr. W. erbleichte, aber wir konnten ihn beruhigen, wir hatten sie nicht bestellt. Sie waren wegen einer ganz normalen Demonstration in Bereitschaft.

Ankunft

Da wir uns noch nicht um Arbeit bemühen durften, nutzten mein Mann und ich im Herbst zwei Wochen, um unseren ersten Urlaub im Westen zu machen. Westdeutschland und das ganze westliche Europa waren für uns eine einzige weiße Fläche auf der Landkarte und so wollten wir uns Deutschland und Österreich zuerst einmal mit dem Auto erfahren, um einen eigenen Eindruck zu erhalten. Allerdings mussten wir von Berlin mit dem Flugzeug nach Westdeutschland fliegen, denn als gesuchte Flüchtlinge durften wir ja nicht mit dem Auto über die Transitstrecke; wir standen auf der Fahndungsliste und wären sofort wegen Republikflucht verhaftet worden. Erst eineinhalb Jahre später wurde der Haftbefehl gegen uns aufgehoben, doch jeder Antrag auf Besuchserlaubnis in die damalige DDR wurde strikt abgelehnt. Ab Köln mieteten wir uns ein kleines Auto und fuhren zum ersten Mal gemeinsam über die Straßen der Bundesrepublik, sahen den Rhein, die Weinberge an der Mosel, den Schwarzwald und die imponierenden Alpen. Jeder Tag brachte uns neue und faszinierende Eindrücke. Wir erlebten aber auch erstaunliche Dinge über die Unkenntnis vieler Menschen in Westdeutschland vom Leben in der DDR; es interessierte sie eigentlich auch nicht. Für sie lag die DDR sehr weit weg, im tiefsten Osten, kurz vor Sibirien. Sie wussten fast nichts über die Auswirkung der Mauer, das geteilte Berlin oder über die verhasste Transitstrecke voller Wartezeiten und Schikanen. Die „Ostzone" war so fern und sie hatten ganz andere Probleme und Interessen.

Nach dieser ersten Reise kehrten wir voller neuer Eindrücke und mit wiedergewonnenen Kräften nach Berlin zurück. Ab 1. November erhielt mein Mann seine Stelle als Oberarzt, die allerdings auf anderthalb Jahre befristet war, und ich traf einen ehemaligen Kollegen vom Gorki-Theater, der schon länger im Westen lebte und mir den Tipp gab, mich doch mal in den Synchronateliers vorzustellen, da ich doch auch in der DDR schon viel synchronisiert habe. Er selbst besorgte mir den ersten Termin mit drei Takes, sozusagen als Test für weitere Aufgaben. Ich habe ihn bestanden und von da an viele Rollen in den Synchronstudios gesprochen und so mein erstes Westgeld verdient. Einer der wichtigsten Anschaffungen dafür war ein Anrufbeantworter, ohne den in diesem Job damals gar nichts ging. Für mich war es ein völlig neues technisches Gerät, denn im Osten waren Anrufbeantworter genauso verboten wie Videogeräte. Als wir zum Beispiel für unsere Vorstellung „Einer flog übers Kuckucksnest" unbedingt ein Videogerät für die Übertragung eines Baseball- Spiels im Fernseher auf der Bühne brauchten, benötigten wir von oberster Stelle im Ministerium die Genehmigung, uns für jede Vorstellung ein Gerät aus einer Auslandsvertretung persönlich abzuholen und es nach der Vorstellung sofort zurückzubringen. Auf Dauer wurde das dem Theater zu teuer und auch zu aufwändig, sodass wir später nur noch den Ton einspielten und den Fernseher einfach ohne Bild mit dem Rücken zum Publikum aufstellten.

Unser erstes Silvester feierten wir nicht in Berlin. Wir hatten von einem ehemaligen Kollegen meines Mannes, der schon viele Jahre zuvor in den Westen geflüchtet war, das Angebot bekommen, den Jahreswechsel in seinem Haus auf der Insel Sylt zu verleben. Es war unsere erste Begegnung mit der Nordsee und der wunderschönen Insel bei klirrender Kälte.

Inzwischen finde ich überhaupt den Winter an Nord- und auch Ostsee am reizvollsten, besonders wenn man sich nach einer langen Strandwanderung bei einem heißen Grog in gemütlicher Umgebung wieder aufwärmen kann. Die Insel war zum Jahreswechsel voller Gäste, die Geschäfte in der Friedrichstraße waren alle geöffnet und ungewohnt für uns standen überall an den kleinen Tischen draußen in der Kälte die Gäste, wo es neben wärmenden Getränken auch Champagner und Austern gab.

Wir verlebten auf Sylt ein paar wunderschöne Tage, hatten aber auch ein befremdliches Erlebnis. Als wir mit unseren Gastgebern an einem Nachmittag zum Kaffee bei ihren dortigen Bekannten eingeladen waren, erzählte einer der Gäste von seinem Umzug nach Dahlem, einer edlen Berliner Wohngegend. Völlig naiv sagte ich darauf: „Ach, da möchte ich auch wohnen!", worauf der Gastgeber knallhart und eiskalt antwortete: „Da werden Sie nie wohnen!"

Es war das erste Mal, dass wir die Arroganz eines Wessis so direkt zu spüren bekamen. Was gab ihm das Recht, uns so etwas knallhart ins Gesicht zu sagen? Nur weil wir von „drüben" kamen und ganz von vorne anfangen mussten, waren wir doch nicht auf dem Abstellgleis und ohne Aussicht auf ein besseres Leben, waren doch nicht verurteilt zu einem Leben nur am Rande. Wir wollten und konnten arbeiten und hatten gute Berufe. Diese – ob gedankenlose oder aggressive – Äußerung uns direkt ins Gesicht geknallt, machte mich damals und auch noch heute fassungslos und ich habe sie nie vergessen.

Der Zufall wollte es, dass wir nur einige Zeit später tatsächlich in Dahlem wohnten.

Eines Tages im November '87 rief mich meine Freundin Rotraud an und fragte mich, ob ich für sie eine sehr schöne Theaterrolle in einem Off-Theater, dem TAK in Kreuzberg, spielen wolle. Man hatte ihr diese Rolle angeboten, aber sie hatte bereits andere Verpflichtungen und die Proben liefen schon. Es handelte sich um eine sehr starke Doppelrolle, der Geliebten und der Ehefrau in dem Stück „Der Wetterpilot" von Gert Heidenreich, die Geschichte des amerikanischen Piloten, der vorausflog, um das Flugwetter für den Atombombenabwurf auf Nagasaki zu testen, und der – wie viele seiner Kollegen – an seiner Schuld oder Mitschuld an dem schrecklichen Tod von hunderttausenden unschuldiger Menschen zerbrach, ein Stück, das mich sofort faszinierte.

Noch am selben Tag war ich auf der Probe und lernte mit dem Regisseur Georg Tryphon und seinem Ensemble ein wunderbares Team kennen, das mir mit Rat und Tat beistand bei meinem Umstieg von einem staatlich bezahlten größeren Theater in der DDR zu einem kleinen, privaten Off-Theater, wo kein Geld da ist, wo man auf Teilung spielt – aber kaum etwas bekommt, weil Miete und Beleuchtung zu viel kosten –, wo man Kostüm und Requisiten selbst beschafft und am Abend auch selbst verwaltet, wo kein Inspizient da ist, der einen auf die Bühne schickt, und wo es vor allen Dingen keine Souffleuse gibt. Dies schien mir zunächst das Erschreckendste, da es sich um ein sehr wortreiches Stück handelte. Aber alle beruhigten mich und sagten: „Du wirst sehen, es geht auch ohne Souffleuse und außerdem sind wir ja auch noch da und bisher ist es noch immer weitergegangen". Sie hatten recht. Und in den folgenden über 25 Jahren habe ich bei Vorstellungen fast nie mehr eine Souffleuse gehabt und die Stücke liefen immer weiter. Außerdem hört man die Souffleuse, wenn man stecken bleibt und aufgeregt ist, sowieso nicht. Doch ein großes Defizit, das mir auch später immer wieder aufstieß, ist der Mangel an Probenzeit. Viele Ensembles arbeiten nur noch mit Stückverträgen für Schauspieler und andere künstlerische Mitarbeiter und da Proben kaum noch an einem Theater bezahlt werden, probiert man so kurz wie möglich, doch immerhin drei bis vier Wochen, täglich zwischen vier und acht Stunden, ohne einen Pfennig dafür zu bekommen. Deshalb hat man auch kaum noch Zeit, etwas in Ruhe zu erarbeiten, sondern muss mit gut gelerntem Text zur ersten Probe erscheinen, ziemlich schnell „fertig" sein, am besten gleich mit der premierenreifen Rolle kommen und zum Ausprobieren technischer Vorgänge bleibt sowieso kaum Zeit.

Der wunderbare Maler und Bühnenbildner Jörg Draeger machte damals im TAK beim „Wetterpilot" das Bühnenbild und tolle Fotos, die dann auch in vielen Zeitungen erschienen.

Wir hatten glänzende Rezensionen, denn zu dieser Zeit kamen noch die bekanntesten Kritiker in die kleinen Off-Theater der geteilten Stadt und schrieben in den wichtigsten Zeitungen. Auch mehrere Intendanten sahen unsere Vorstellung und auf diese Weise habe ich alle folgenden Engagements bekommen, ohne jemals irgendwo vorsprechen zu müssen – und vorzusprechen, heute sagt man „casting" dazu, ist wohl der Horror für jeden Schauspieler.

Übrigens habe ich mit meiner ersten Rolle im Westen auch als Künstlernamen den Namen meines Mannes angenommen. Ich heiße von da an nicht mehr Gerda-Luise Thiele, sondern Luise Lunow.

Abends nach der Vorstellung ging unser ganzes Team immer noch um die Ecke zum Griechen, um etwas zu essen. Vielleicht kann sich das jemand, der im Westen aufgewachsen ist, nicht vorstellen, aber ich kam mir vor wie vom Mond gelandet: Abgesehen davon, dass ich weder Griechenland noch Italien, noch ein anderes westliches Land kannte, weder Landschaft noch Gebräuche, noch Sprache und erst recht nicht die landestypischen Speisen, war in dieser Zeit alles für mich neu. Mit meinem Kollegen Georg Tryphon, einem gebürtigen Griechen, und allen anderen Kollegen vom Tak lernte ich unter viel Spaß so einiges über Land und Leute in Griechenland und natürlich die wunderbaren Gerichte kennen, von denen Tsatsiki und Moussaka noch heute zu meinen Lieblingsspeisen zählen. An den herben Wein Retsina mit dem typischen Geschmack von Harz musste ich mich erst langsam gewöhnen, aber heute gehört dieser Wein bei mir zum Standard, wenn ich griechisch esse und zum Abschluss oder Auftakt ist der Ouso genauso geliebter Brauch.

Von diesem kleinen Ensemble habe ich in den ersten Monaten so viel Wärme, Verständnis und Entgegenkommen erfahren, wie ich es nie erwartet hatte, und das so wichtig für mein Ankommen im Westen war. Es wurden mal bei diesem, mal bei jenem Kollegen improvisierte, unheimlich schöne Feste gefeiert, ohne viel Aufwand; jeder brachte was mit, es wurde viel gelacht und wir freuten uns ganz einfach zusammen zu sein. Auch unsere Partner waren meist dabei und so fühlten auch sie sich einbezogen in diesen Freundeskreis. Wenn es in einem alten Sprichwort heißt: Suche Dir Freunde in der Jugend – später findest Du keine mehr –, so kann ich nur sagen, wir haben in unserem „zweiten Leben" wunderbare neue Freunde gefunden, mit denen uns nun auch schon wieder so viele Jahre verbinden.

Im folgenden April waren wir bei meinem Kollegen Roman Viterbo zum Gänsebratenessen eingeladen, den er mit seinem Freund Detlev, einem Arzt, hervorragend bereitete. Beide waren seit langem ein Paar, wie man es sich unterschiedlicher kaum vorstellen konnte. Detlev war ein Bild von einem Mann, groß, stattlich, mit viel Humor und großer Hilfsbereitschaft. Zu ihm konnte man auch jederzeit außerhalb seiner Sprechzeiten kommen, wenn man Schmerzen oder andere Beschwerden hatte und er half sofort, ganz gleich, ob es abends, nachts oder sonntags war. Roman war Schauspieler, um die 40, klein und rundlich, mit langen blonden Locken und zarter Seele, dem es auch nichts ausmachte, im weißen kurzen Matrosenanzug in der U-Bahn zu fahren, und der sich amüsierte, wenn ihn die anderen Leute wie ein Phantom anstarrten. Als wir in die Wohnung von Roman kamen, glaubte ich meinen Augen nicht zu trauen: Es war Frühling, aber ein altdeutsch geschmückter, echter Weihnachtsbaum stand am Eingang, darunter Puppen, Puppenwagen, Schlitten, Spielzeug – alles aus der Zeit um 1900.

Er hatte wunderschöne alte Möbel – gemischt mit Dingen, die einen unwirklichen, völlig aus der Zeit gefallenen Eindruck machten. Ich glaubte mich fast in eine Oskar-Wilde'sche Welt versetzt, verzaubernd und doch völlig verwirrend und ungewöhnlich mit Rüschen, Kissen, Decken, Nippes, aber auch wunderschönem Geschirr und herrlichen Bildern. Roman und sein Freund waren die liebenswürdigsten, aufmerksamsten Gastgeber, freuten sich, uns so richtig verwöhnen zu dürfen und wir verlebten einen wunderbaren heiteren Abend.

Kurze Zeit darauf erkrankte Detlev schwer, niemand durfte ihn besuchen – er wollte nicht, dass wir ihn in seinem deprimierenden Zustand sahen –, und nur wenige Monate später starb er qualvoll. Roman wurde mit seinem Leben nun allein nicht mehr fertig; er passte allein gelassen nicht in diese Welt, er zog sich völlig von allen alten Freunden zurück, fand neue Freunde, die seine Großherzigkeit nur ausnutzten, und nahm sich kurze Zeit später verzweifelt und einsam in seiner Wohnung das Leben.

Nachdem unser Stück im TAK abgespielt war, bekam ich das Angebot vom Jungen Theater, in einem knallharten Stück von Reardon „Visionen von Glückseligkeit" die Ärztin Dr. Freytag zu spielen, eigentlich im Stück eine Männerrolle, die aber von der Regisseurin Ingrid Kaehler mit einer Frau besetzt wurde. Darin geht es um die Manipulation von Menschen durch von Ärzten ferngesteuerte, ins Gehirn eingepflanzte Sonden. Es ist ein böses, hartes Stück, das bis an die Grenzen des Erträglichen geht. Das Publikum mochte das Stück nicht und blieb weg und das Ensemble blieb sich so fremd wie das ungeliebte Stück. Nur die Kritiken zu unserem Stück, die waren gut.

Nach einem Abstecher in der „Tribüne", wo mir Intendant und Regisseur Rainer Behrend eine schöne Doppelrolle – Dienstmädchen und ehemalige Geliebte und Traumfigur – in einem Stück von Anouilh „Bäcker, Bäckerin und Bäckerjunge" anbot, spielte ich anschließend unter seiner Regie bei den „Vaganten" in fünf der irrsinnigsten Stücke von Tardieu „Unter den Lettern des Migränenwaldes" die unglaublichsten Charaktere. Vom Gruseldrama à la Strindberg, über einen skurrilen Krimi bis hin zur obskuren tanzenden Zwergin wurde dieser verrückte Abend ein bejubelter Erfolg. Wir waren fast immer gut besucht, aber leider haben wir diese Vorstellungen nicht sehr lange gespielt; die Maueröffnung brachte viel Veränderung und vorübergehend leider auch weniger Theaterbesucher, die Menschen hatten für kurze Zeit andere Interessen.

Während die Vorstellungen für den Tardieu liefen, erhielt ich einen Anruf des Regieassistenten von Peter Stein mit der Bitte um ein Vorsprechen für seine Inszenierung „Roberto Zucco" an der Schaubühne, zu der schon die Proben liefen, aber eine erkrankte Schauspielerin ersetzt werden musste. Ich dachte, dass mich jemand per Telefon verulken will, lachte nur und fragte, wer mich da auf die Schippe nehmen will. Nachdem mir die Ernsthaftigkeit der Anfrage klar geworden war, fuhr ich kurz darauf zum Vorsprechen bei Peter Stein. Das verlief, obwohl ich mitten im Text vor Aufregung stecken blieb, für mich erfolgreich, aber beim anschließenden Vergleich der Termine für die baldige Premiere und die folgenden Vorstellungen stellte sich heraus, dass sie sich mit dem bereits angesetzten und verkauften Vorstellungen bei den Vaganten an vielen Tagen überschnitten. Eine Umbesetzung war bei dem Umfang und der Kompliziertheit der Rollen in den fünf Stücken aber nicht ohne größten Aufwand machbar. Doch so traurig ich über die entgangene Chance war, ich wusste, vertragsbrüchig zu werden, um an einem anderen Theater eine Rolle zu spielen, das geht gar nicht. Darüber waren wir uns letztendlich einig. Ich musste verzichten. Schade.

„Wahnsinn"

Auch am Abend der Maueröffnung zeigten wir gerade diesen Tardieu. Es war eine ganz normale, ausverkaufte Vorstellung und anschließend trafen wir Schauspieler uns noch alle in einer kleinen Kneipe in der Nähe, als ein Kollege, der sein Auto dorthin gefahren hatte, plötzlich völlig aufgeregt hereinkam und sagte: „Ich weiß nicht, ob ich mich im Radio verhört habe, aber ich glaube, die Mauer ist offen". Wie aufgescheuchte Hühner verließen wir sofort die Kneipe und jeder stürzte in eine andere Richtung, entweder zur Grenze, um selbst zu sehen was dort vor sich ging, oder nach Hause wie ich, weil ich hoffte, unser Sohn würde kommen. Mein Mann und ich verfolgten am Fernseher aufgeregt das unglaubliche Geschehen und wagten es nicht, selbst zur Grenze zu fahren, weil wir sehnsüchtig auf Oliver warteten. Unser Sohn kam allerdings erst am nächsten Tag. Er hatte an dem Abend bei Freunden gefeiert, war dann nach Hause gegangen und hatte geschlafen, ohne Radio zu hören oder fernzusehen und verschlief so das von ihm so sehnsüchtig herbeigewünschte Öffnen der Mauer. Am nächsten Morgen weckte ihn seine Freundin und erzählte von dem Unglaublichen. Er zog sich an, raste zum nächsten Übergang nach Westberlin, sah die Menschenmassen dort, rannte zurück, holte Ausweis und Freundin, dachte immer nur „wenn sie bloß nicht wieder zumachen, wenn sie bloß nicht wieder zumachen ..." Oliver und seine Freundin kamen über den Übergang am Schlesischen Tor, nahmen die U-Bahn, und endlich konnten wir sie in die Arme schließen!! Wir hatten ja keinen Schritt aus dem Haus gewagt aus Angst sie zu verpassen und sie hatten ja kein Telefon, um uns zu verständigen.

Es war eine unglaublich glückliche Stunde des Wiedersehens; sie wollten alles wissen, alles sehen, wir fuhren zum Ku'damm, gingen essen, überall lachende aufgeregte Gesichter, die Stadt brodelte, die Autos hupten, fremde Menschen luden ihnen unbekannte Leute aus dem Ostteil ein, beschenkten sie. Abends kamen unsere Kinder in die Vorstellung bei den Vaganten; sie sagten hinterher, sie hätten kein Wort begriffen, in ihren Köpfen rauschten die vielen Eindrücke vorbei – ein Phänomen, das auch ich bei ersten Besuchen im Westen erlebte. Anschließend gingen wir noch in die „Eierschale", auch dort ausgelassene Stimmung; die Gäste aus dem Osten bekamen Sekt und alle Getränke umsonst. Ich glaube, das Wort „Wahnsinn", in dieser Zeit oft gebraucht, trifft wirklich all das Unglaubliche, Glückliche, Unfassbare dieser Wochen, das sich gerade in Berlin, dem zentralen Punkt der Trennung, abspielte.

Natürlich war mir klar, dass diese Hochstimmung nicht ewig anhalten könnte, aber bis über Silvester hinaus, wo in Berlin eine riesige Feier startete, waren wir alle in einer Ausnahmesituation allgemeinen Glücks, das nicht wiederholbar sein wird.

Ost und West feierten zum ersten Mal wieder zusammen den Jahreswechsel, und so wurde besonders das Brandenburger Tor zum Mittelpunkt der Feier mit einem riesigen Feuerwerk und unzähligen mutigen Kletterern, die oben auf das Tor stiegen und ausgelassen jubelten und winkten.

Auch in Ostberlin traten nun Veränderungen und langsam Verbesserungen in der Lebensqualität ein. Unser Sohn konnte endlich seine schwer vermietbare Wohnung in einem heruntergekommenen Haus in Friedrichshain in eine etwas bessere, ihm gegenüberliegende 2-Zimmer-Wohnung mit Ofenheizung tauschen. Wir organisierten, dass ihm eine Gasheizung eingebaut wurde, für die es damals gerade die ersten staatlichen Zuschüsse gab, um bessere Wohnbedingungen im Osten zu schaffen und die umweltverschmutzenden Ofenheizungen möglichst schnell abzuschaffen. Von Ikea besorgten wir hübsche einfache Möbel und versuchten, ihm mit unseren begrenzten Mitteln ein schöneres Zuhause zu schaffen. Außerdem hatte die neue Wohnung eine Innentoilette und sogar eine Dusche, die allerdings in der Küche eingebaut war. Das war eine wesentliche Verbesserung zur vorherigen Wohnung, die nur eine Toilette eine halbe Treppe tiefer im Außenflur hatte. Zwar hatte sein Vormieter eine Toilette in der Küche eingebaut, aber die war schon lange nicht mehr benutzbar. Als unser Sohn bei seinem Auszug alles sauber machen wollte, ging er auch in diese Toilette in seiner alten Küche und öffnete den Toilettendeckel, als ihm plötzlich eine dicke Ratte ins Gesicht schaute. Entsetzt ließ er den Deckel zufallen und hat die Küche nie mehr betreten.

Neustart

Mit Beginn des neuen Jahres trat auch bei uns der Alltag ein und ich hatte Glück: Bei mir folgte nun ein Engagement dem anderen. Im Renaissance-Theater spielte ich eine Reporterin in einem Stück, in dem es um das Thema Sterbehilfe geht, „Ist heute der Tag". Es war ein Thema, das damals wie heute für harte Diskussionen sorgte. Zwei Tage vor der Premiere musste aus ethischen Gründen und wegen der noch ungeklärten Rechtsfragen – inwieweit ist Sterbehilfe möglich, wann ist sie strafbar – der ganze letzte Akt gestrichen werden und meine Rolle, die eigentlich das Thema in die Öffentlichkeit brachte und provozierte, reduzierte sich auf ein Minimum.

Kurz danach – wir wollten zwei Tage später in den Urlaub fliegen – rief mich Klaus Sonnenschein von der „Tribüne" an und fragte, ob ich innerhalb weniger Tage die Hauptrolle in „Familie Schipanowsky" übernehmen könnte; seine Frau Edith Hancke sei schwer erkrankt und müsse ins Krankenhaus und das Stück stände noch für einige Monate im Spielplan. Es handelte sich um den absoluten Publikums-renner an der Tribüne mit einer Bombenrolle für Edith Hancke. Sie war der resolute Mittelpunkt des Stückes, das in Berlin-Kreuzberg in einer typischen Berliner Familie mit all ihren Freuden, Sorgen und Nöten in diesem Multi-Kulti-Bezirk spielte, und sie sammelte Abend für Abend die Lacher, nein, man kann schon sagen, die Brüller ein. Ich überlegte nicht lange – auch mein Mann war damit einverstanden – und sagte sofort zu. Wir stornierten die Reise trotz der vollen Stornie-rungskosten und ich stürzte mich in die Proben. Das Stück im tiefsten Kreuzberg, mitten zwischen Deutschen und Türken, behandelte auf urkomische Weise aktuelle Probleme des Kreuzberger Alltags. Ich war ja noch nicht lange im Westen und viele der dort angesprochen Begriffe und Orte waren mir völlig unbekannt, wie z.B. Kichererbsen, Döner, Kebab oder Naunynstraße, Skalitzer Straße und Mariannenplatz. Ich kam in diesem Stück mit einer mir völlig neuen Welt in Berührung.

Aber der Regisseur Klaus Sonnenschein, der zugleich in dem Stück meinen Ehemann spielte, gab mir so viel Vertrauen, Ruhe und Sicherheit, dass wir nach wenigen Tagen das Stück wieder in den Spielplan bringen konnten. Das Schwierige bei der Übernahme war, dass man bei dem Text auch nicht im Geringsten improvisieren konnte, sondern ihn absolut wortgenau bringen musste, weil er knallhart auf Pointe geschrieben war. In diesem Stück kam mir zum ersten Mal mein Ur-Berliner Dialekt zu Hilfe, der die Figur der Martha Schipanowsky sehr authentisch machte. Während meiner ersten Vorstellung stand Rainer Behrend mit dem Textbuch hinter der Bühne für den Fall, dass ich mal einen Hänger hätte, aber glücklicherweise habe ich ihn nicht gebraucht. Selbst die Lacher und Brüller kamen wie geplant, das Publikum war sehr zufrieden und mir hat es riesigen Spaß gemacht.

Lehrstunde: Paris

Anschließend holten wir unseren versäumten Urlaub nach und machten unsere erste Kurzreise nach Paris, ein Traumziel im Frühling wohl für jeden, noch dazu, wenn er wie wir unser Leben bis dahin im Osten verbracht hatte. Wir buchten ein Hotel mitten im Zentrum und waren erstaunt, dass es doch verhältnismäßig billig war. Am ersten Abend merkten wir dann aber schnell warum. Kaum waren wir ins Bett gegangen, läutete unmittelbar neben uns eine Kirchenglocke und das setzte sich alle halbe Stunde die ganze Nacht hindurch fort. Trotz geschlossener Fenster fielen wir von dem durchdringenden Geläut fast aus dem Bett. Am liebsten wären wir gleich wieder ausgezogen, aber das war aus Geldmangel nicht möglich. Erschöpft von unseren Besichtigungstouren quer durch die Stadt schliefen wir aber von der zweiten Nacht an wie die Murmeltiere und hatten uns schon an das Geräusch gewöhnt. Wir durchstreiften Paris mit all seinen Schönheiten und Sehenswürdigkeiten, aßen in kleinen Bistros draußen in der ersten Frühlingssonne und gingen abends in ein gemütliches Restaurant, um eine Flasche Wein zu trinken – als ehemaliger Ossi allerdings in den Gepflogenheiten völlig unerfahren, dass es in Paris natürlich absolut unmöglich ist, abends in einem Restaurant nur etwas zu trinken ohne zu essen; niemand hatte es uns gesagt, jeder „Wessi" hatte es als selbstverständlich vorausgesetzt. Wir bekamen einen hübschen Tisch, der Ober brachte uns Brot und Butter, wir bestellten eine Flasche Wein und ließen uns Brot und Butter schmecken. Dann kam der Ober, um die Bestellung für das Essen aufzunehmen, aber wir sagten, danke, wir möchten nicht essen. Der Ober verzog keine Miene, einige Zeit später bezahlten wir und gingen. Am letzten Abend beschlossen wir, mal nicht billig in einem Bistro zu essen, sondern zur Krönung unseres Aufenthalts noch einmal in dasselbe Restaurant zu gehen und diesmal ein gutes Menu zum Wein zu bestellen. Wir bekamen wieder einen Tisch und der Ober war mit Butter und Brot bereits auf dem Wege zu uns, als der Oberkellner auf ihn zu schoss, ihm etwas zuflüsterte, der Kellner wieder kehrtmachte und mit Butter und Brot verschwand. Wir waren verblüfft, bestellten trotzdem Wein und Essen, aber haben die kleine Lehre begriffen, dass wir am ersten Abend einen ziemlichen Faux-pas begangen haben und dass es gewisse Gepflogenheiten gibt, die wir im Osten nie gelernt haben.

Theater – Theater

Nach diesem Kurzurlaub stand ich in äußerst unterschiedlichen Rollen auf der Bühne.

Zunächst spielte ich an der „Tribüne" in „Schuldig geboren" – Kinder aus Nazifamilien erzählen – von Sichrovsky. Das waren Szenen, die unter die Haut gingen; in jeweils fast halbstündigen Monologen berichten junge Menschen, wie sie erst spät von der Nazi-Vergangenheit ihrer Eltern erfahren haben und wie sie heute damit leben können, tief berührende, nachdenklich machende Gedanken völlig unterschiedlicher Lebenswege. Und der berühmte Kritiker Friedrich Luft beschenkte uns mit einer wunderbaren Kritik im RIAS.

Nach einem kurzen Abstecher bei den „Wühlmäusen", wo ich für Rotraud als Partnerin von Dieter Hallervorden einsprang, fragte mich Katja Nottke, mit der ich in meinem ersten Stück an der Tribüne zusammen auf der Bühne gestanden hatte, ob ich nicht bei ihr im neu gegründeten Kama-Theater die Mutter in „Schmetterlinge sind frei" von Gershe spielen wolle. Sie hatte dieses Stück nach mündlicher Absprache mit Liedern von Herbert Grönemeyer ergänzt, die ganz wunderbar passten. Eine Woche vor der Premiere musste sie dann allerdings die gesamte Musik aus rechtlichen Gründen noch gegen andere austauschen, was zwar toll gelang, aber mit viel Aufregung für uns alle verbunden war. Claudio Maniscalco spielte meinen blinden Sohn und Anna Bolk seine Freundin. Es war eine sehr harmonische Arbeit; wir alle haben dieses Stück und die Inszenierung geliebt und das Publikum kam gern in dieses kleine Kama-Theater in der Schwiebusser Straße in Kreuzberg.

Ein Wermutstropfen fiel allerdings in diese schöne Inszenierung: Bei einem Kollegen aus unserem Team brach nach nur wenigen Vorstellungen seine Aids-Erkrankung aus und er musste umbesetzt werden. Er besuchte uns später noch oft, konnte aber schon nicht mehr laufen und wurde im Rollstuhl gefahren. Er war heiter und kommunikativ bis zuletzt. Sein Lebensgefährte hielt zu ihm und hat ihn liebevoll bis zu seinem frühen Tode gepflegt.

Nach dem Kama-Theater bekam ich einen Anruf von Jürgen Wölffer vom „Theater am Kurfürstendamm". Wolfgang Spier, der ungekrönte König des Boulevards, inszenierte „Trauben und Rosinen", ein Stück des amerikanischen Autors Laurence Roman, in dem es um die Liebe eines lebenslustigen Seniors geht, der eine Reihe von Liebschaften mit reiferen Damen hat, bis er endlich an die Richtige, in diesem Falle Maria Sebaldt, gerät. Ich spielte eine dieser Damen, eine temperamentvolle „Rosine" mit roten Haaren und Cocaracia. Wir haben dieses Stück über 550 mal in wechselnder Besetzung – nur Wolfgang Spier, Marianne Prenzel und ich waren durchgehend dabei – in Berlin, München, Hamburg, Köln, Essen und auf einer großen Tournee gespielt. Wolfgang Spier war damals schon über 70 Jahre alt, aber äußerst temperamentvoll und ein charmanter Verführer – trotz seiner vier Hüftoperationen! Verschmitzt sagte er, es sei schon Tradition, dass er bei jeder neuen Ehefrau eine neue Hüfte brauche, damals bei der vierten Frau also die vierte Hüfte! Inzwischen hatte er schon die sechste oder siebte Hüfte – aber immer noch dieselbe Frau: Brigitte. Mit seinen tollen Pullovern in Rot oder Gelb fuhr er mit Vergnügen sein schnelles Auto und war einer der ersten, der ein Navi in seinem Wagen hatte. Mit fast kindlicher Freude lud er uns ein, das tolle neue Gerät in fremden Städten auszuprobieren. Auch einen Computer hatte er sich zu dieser Zeit mit Begeisterung angeschafft und sich von einem Fachmann alles Notwendige erklären lassen. Gab's auf der Tournee Probleme damit, so rief er ihn an und hat sich per Telefon oft stundenlang so lange mit ihm beraten, bis auch das komplizierteste Problem gelöst war.

Sein Markenzeichen war seine hohe Stimme; unverwechselbar setzte er sie auch mit manchem „Kiekser" humorvoll für seine Pointen ein. Diese Stimmlage sorgte allerdings auch immer wieder für Verwechslungen. Als ich ihn einmal anrief, sagte ich: „Könnte ich wohl bitte Ihren Mann sprechen, Frau Spier", worauf er antwortete, „Na, Mensch, ich bin doch am Telefon!" Peinlich für mich, aber er nahm es nicht krumm. Er war immer gut gelaunt, äußerst großzügig und ein prächtiger Organisator. Auf Tourneen ist es allabendlich ein Problem, nach der Vorstellung, wenn alle hungrig sind, noch irgendwo etwas zu essen zu bekommen, weil die Restaurants bereits Küchenschluss haben. Er organisierte immer eine Möglichkeit, wo wir noch essen und gemütlich zusammen sitzen konnten – und das war meist bei einem Italiener. Es waren fast familiäre Tischrunden mit viel Spaß und unzähligen Anekdoten aus seinem langen Theaterleben, die er uns erzählte, und ich glaube, wenn wir zehn Jahre unterwegs gewesen wären, er hätte Abend für Abend neue spannende Geschichten für uns gehabt und wir hätten fasziniert zugehört und viel gelacht.

Nun gibt es ihn nicht mehr. Er starb im März 2011. Nach einer weiteren großen Hüftoperation starb er kurz darauf nach einer verhältnismäßig kleinen OP. Sein Herz machte einfach nicht mehr mit.

Erst ein halbes Jahr davor hatten Freunde und Kollegen seinen 90. Geburtstag mit ihm in der Komödie am Kurfürstendamm gefeiert.

Als wir „Trauben und Rosinen" zwei Monate lang in Köln spielten, hatte ich eine hübsche 1-Zimmer-Wohnung mit Balkon im ersten Stock in der Wehrgasse in der Altstadt, fast unmittelbar am Rhein. Es war Sommer, und wenn ich abends nach der Vorstellung nach Hause lief, saßen überall die Menschen draußen an den Tischen der vielen Restaurants und tranken gemütlich ihr Kölsch. Ich fühlte mich außerordentlich wohl in dieser Stadt, die so lebendig und aufgeschlossen war. Aus meiner Wohnung blickte ich auf einen weiträumigen Innenhof und kam ich spätabends nach Hause, öffnete ich erst mal die Balkontür, zog die Gardine vor, stellte den Fernseher an und ging ins Bad.

Eines Abends hörte ich im Bad plötzlich eine laute Männerstimme, die über den Hof brüllte. Mir war, als rief sie: „Was machen Sie da, verschwinden Sie", oder Ähnliches, das ich nicht genau verstand und erschrocken glaubte, mein Fernseher wäre vielleicht wegen der offenen Balkontür zu laut. Ich raste halbnackt zur Balkontür, um sie zu schließen, und stand plötzlich in ungefähr einem Meter Entfernung einem fremden Mann gegenüber. Geistesgegenwärtig knallte ich die Tür zu und rief die Polizei, die auch sofort da war. Der Mann allerdings war verschwunden, nur ein unter meinen Balkon gerückter Tisch und darauf ein Stuhl aus einem benachbarten Café zeigten den Weg des Unbekannten. Jemand aus den gegenüberliegenden Häusern musste ihn beobachtet haben und hat mir mit seinem couragierten Brüllen vielleicht das Leben gerettet, aber auf jeden Fall hat er mich vor einem Überfall bewahrt – wie die Polizei erleichtert feststellte. Leider konnte ich meinem Retter nicht einmal danken, denn ich habe nie herausbekommen wer es war.

Praxis mit Vergangenheit

Gehen wir noch einmal zurück in das Jahr 1990; es war nur wenige Monate nach dem Öffnen der Mauer. Mein Mann hatte in Berlin einen neuen Schritt gewagt und mit einem kleinen Empfang für Freunde und Kollegen und im Beisein unseres Sohnes am 7. Januar eine eigene Praxis eröffnet.

Da seine befristete Oberarztstelle 1989 zu Ende ging, dachten wir, dass die Zeit für eine selbständige Praxis gekommen sei. Zunächst mussten wir Räume finden, am besten wäre natürlich die Übernahme einer bereits bestehenden Praxis mit dem entsprechenden Patienten-Klientel gewesen, aber das erwies sich als äußerst schwierig, denn gut gelegene gingen sozusagen „unter der Hand" weg, und die offen angebotenen hatten viele Nachteile, von der ungünstigen Lage bis zu überalterten, äußerst renovierungsbedürftigen Räumen. Nach monatelangem Suchen – mein Mann war für kurze Zeit arbeitslos – fanden wir eine an sich schöne, aber äußerst erneuerungsbedürftige Praxis im Tiergarten. Eigentlich musste die gesamte Ausstattung vom Ultraschallgerät bis zu den Computern und sonstigen Behandlungsgeräten neu angeschafft werden, die Anmeldung ausgebaut, das Wartezimmer eingerichtet und alles renoviert werden. Allein schon dies erforderte eine riesige Investition. Auch war der Patientenstamm sehr klein, da der Vorgänger schon alt war und sich weder dem aktuellen medizinischen Standard angepasst noch die notwendigen Geräte dazu angeschafft hatte. Aber wir hatten keine Wahl und auch keine Zeit mehr, um auf bessere Konditionen zu warten. Trotzdem war die finanzielle Abfindung an ihn für die Übernahme sehr hoch, aber das war durchaus gängige Praxis und ist sozusagen die Altersabsicherung des Verkäufers. Nachdem die Verhandlungen fortgeschritten und der Kredit bei der Bank beantragt war, nutzte er allerdings unsere „Zwangslage" aus und forderte eine weitere hohe Summe, obwohl er von unserer nahen Vergangenheit wusste. Wir hatten keine Alternative und mussten auch dieser Forderung noch nachkommen. Der wunde Punkt dabei war, dass wir durch unsere erst zwei Jahre zurückliegende Flucht und die Notwendigkeit, uns ein neues Zuhause mit sämtlichem Inventar einzurichten, keine eigenen Ersparnisse einsetzen konnten und unsere gesamte Existenz von einem ziemlich hohen Bankkredit abhängig machen mussten. Den zu erhalten, erwies sich auf Grund dieser Voraussetzungen und des Alters als äußerst schwierig und wurde von mehreren Banken – darunter auch die Standesbank der Ärzte – als für sie zu riskant knallhart abgelehnt. Letztendlich erhielten wir aber durch Vermittlung eines befreundeten Kollegen doch noch einen Kredit und haben ihn in hohen Raten über viele Jahre bis fast zu Beginn des normalen Rentenalters abgezahlt. Die Belastung war allerdings sehr groß, denn auch das Einkommen der Ärzte war in den vergangenen 25 Jahren erheblich geschrumpft. Auch der Eintritt in die Ärzteversorgung wurde meinem Mann verwehrt, da er das Höchsteintrittsalter gerade überschritten hatte, genau wie mir der Eintritt in die für Schauspieler zuständige Bayerische Versicherung aus demselben Grunde versagt wurde. Kurios: Als beim Zusammenschluss beider deutscher Staaten alle Ärzte aus der DDR die Möglichkeit bekamen, ohne Berücksichtigung des Alters der Versicherung beizutreten, genauso wie die Schauspieler aus der DDR, gehörten wir inzwischen zum Westen und fielen wieder durch den Rost!

Wenige Wochen nach der Eröffnung der Praxis bekamen wir einen interessanten Brief vom Bezirksbürgermeister von Tiergarten, in dem er uns mitteilte, dass am 22. Februar 1990 im Foyer des Gesundheitsamtes in der Turmstraße eine Gedenktafel für Ernst-Boris Chain, einem der drei Entdecker des Penicillins, enthüllt werden würde, zu der wir herzlich eingeladen wurden. Aus diesem Anlass erfuhren wir, dass der Biochemiker Professor Sir Ernst-Boris Chain, der 1945 zusammen mit Howard Walter Florey und Alexander Fleming den Nobelpreis für Physiologie und Medizin erhalten hat und mit seiner spektakulären Entdeckung Millionen Menschen das Leben rettete, seine Kinder- und Jugendjahren genau in den Räumen verlebt hatte, die heute unsere Praxis sind. Hier wurde er am 19.07.1906 geboren. 1932 schloss er sein

Chemiestudium mit der Promotion zum Dr. phil. ab. Und bereits wenige Monate später verließ er Deutschland aufgrund des aufkommenden Antisemitismus. Er betrat am 2. April 1933 englischen Boden und ab 1938 betrieb er dort seine erfolgreichen Forschungsarbeiten hinsichtlich der Penicillin-Entwicklung, deren Krönung der Nobelpreis war. Er starb am 12.08.1979. In der israelischen Holocoust-Gedenkstätte in Jerusalem Yad Vashem wird er neben anderen aus Deutschland emigrierten Persönlichkeiten wie z.B. Albert Einstein oder Franz Werfel mit einem Bild geehrt.

Zu der Enthüllung der Gedenktafel in Berlin – die ursprünglich an seinem Geburtshaus in Alt-Moabit angebracht werden sollte, was allerdings am Widerstand der Eigentümerin scheiterte – kamen seine Witwe Lady Anne Beloff-Chain und sein Sohn Dr. Benjamin Chain aus London.

Nach der Gedenkfeier waren sie sehr interessiert die Räume kennenzulernen, in denen er seine Jugend verbracht hatte und von denen er auch später immer noch voller Liebe sprach. Es wurde eine Begegnung von großer Freundlichkeit und Wärme mit der Familie Chain, als wir ihnen die Räume zeigten, an der auch eine nahe Verwandte von ihnen teilnahm, die die damalige Wohnung kannte und genau wusste, wer von der Familie in welchem Zimmer gelebt hatte.

Lady Chain war selbst Professorin an der University of Buckingham. Nach ihrer Rückkehr nach London schrieb sie uns einen langen Brief, bedankte sich herzlich für unsere Gastfreundschaft und lud uns und unseren Sohn zu einem Besuch in London ein.

Im Oktober 1990 flogen wir für ein verlängertes Wochenende nach London, wo uns die Familie liebevoll empfing und uns die Stadt und ihre berühmte Umgebung zeigte. Wir waren in Windsor, besuchten das Schloss, lernten Eaton kennen und hörten in der alten Londoner Oper Brittens „Sommernachtstraum". Es war ein wunderschöner Aufenthalt. Kurze Zeit später erkrankte Lady Chain schwer. Nach einer Operation wiederhergestellt, wurde sie aus der Klinik nach Hause entlassen, wo sie zwei Tage später ganz plötzlich an Herzversagen verstarb.

Publikumsrenner

In Berlin hatte sich inzwischen das Hansa-Theater bei mir gemeldet und mir die Rolle der Frau Peppone in „Don Camillo und Peppone" von Sabine Thiesler in der Regie von Klaus Rumpf angeboten, der auch zugleich der Intendant des Theaters war. Dieser Rolle folgten noch viele an diesem schönen alten Theater, aber auch einige Zwischenfälle, die ich unversehrt überstand, wie einen gewaltigen Treppensturz auf der Hinterbühne, weil bei der Generalprobe zu diesem Stück noch ein Teil des Geländers fehlte und ich in Windeseile vom Abgang oben zum Auftritt unten laufen musste, den ich aber unverletzt überstand.

Das Hansa-Theater, das auch besonders durch seine Berliner Volksstücke bekannt und beliebt beim Publikum war – so stand auch „Tratsch im Treppenhaus", wo ich die Klatschtante Meta Boldt spielte, lange auf dem Spielplan –, brachte Mitte der neunziger Jahre mit „Hochzeit bei Zickenschulze" den Publikumsrenner der letzten Jahrzehnte heraus. Es war ein Volksstück von Sabine Thiesler mit witzigen Couplets und einer chaotischen Hochzeit in einem Berliner Gartenlokal. Dagmar Biener und Klaus Sonnenschein waren das reife angehende Ehepaar; ich spielte die Tante Lieselott. In diesem Stück wurde nichts ausgelassen, was dem Amüsement des Publikums dienen könnte, von der Torte, die ins Gesicht flog, bis zur Stuhlschlacht auf dem Höhepunkt der Feier. Bei der Premiere klatschte das Publikum so stark und so lange, dass wir den gesamten letzten Akt unter dem Jubel des Publikums noch einmal wiederholen mussten. Es stand monatelang auf dem Spielplan und war immer ausverkauft. Leider wurde es nach einem halben Jahr abgesetzt und ein neues Berliner Volksstück „Und Zille mittenmang" kam auf den Spielplan. Trotz eines aufwendigen, tollen Bühnenbildes konnte es nicht an den vorherigen Erfolg anschließen und die Erfahrung zeigt, dass es sehr schwer ist, zwei Gipfelpunkte nebeneinander zu setzen und dass sich ein Spitzenerfolg kaum wiederholen lässt.

Als Geburtstagsgeschenk für meinen Kollegen Friedrich Schönfelder zum 80. Geburtstag spielte das Hansa-Theater das Stück „Münchhausen" von Hasenclever. Ich hatte das Glück, mit diesem Grandseigneur des Theaters, diesem zauberhaften und charmanten Kollegen zusammen auf der Bühne zu stehen und durfte seine Schwiegermutter, die Baronin von Brünn, spielen. Die sehr junge Braut war damals Debora Weigert, die auf einer Schaukel hoch übers Publikum schwang und dabei Todesängste ausstand. Natürlich spielten wir auch hier das sehr wortreiche Stück ohne Souffleuse und wenn dann unser hochbetagter, aber noch sehr fitter Kollege mal einen Hänger hatte, blieb er ganz cool, grinste und raunte: „Jetzt häng ick wie 'ne Bogenlampe, jetzt häng ick wie 'ne Bogenlampe" … , aber natürlich ging es weiter. Es war eine wunderbare, heitere Atmosphäre bei diesem Stück mit sehr liebenswerten Kollegen.

Auch Friedrich Schönfelder ist nun schon tot. Er starb im August 2011 im Alter von 94 Jahren. Bis zuletzt stand er auf der Bühne und bezauberte mit seinem Charme und seiner wunderbaren Stimme das Publikum.

Kater Moritz

Unsere erste „West"-wohnung 1987 in der Bismarckstraße in Charlottenburg, die, wie sich herausstellte, doch wahnsinnig laut und auch ohne einen Sonnenstrahl war, haben wir nach einem Jahr gegen eine Wohnung im Grünen getauscht und waren darin so rundherum glücklich, dass wir am liebsten bis an unser Lebensende dort wohnen geblieben wären. Zum ersten Mal hatten wir auch eine voll automatisierte Küche einschließlich Geschirrspüler. Unsicher im Umgang mit ungewohnter Technik, wagte ich allerdings zwei Jahre lang nicht dieses Gerät zu benutzen und wusch mein Geschirr weiter wie gewohnt per Hand ab. Eines Tages besuchte mich eine Kollegin, zeigte mir kurzentschlossen, wie es funktioniert, und von da an hatte ich ein bequemeres Leben. Im Umgang mit unbekannter Technik habe ich nach wie vor meine Probleme und ein schwer überwindbares Misstrauen.

In dieser schönen Wohnung haben wir uns sogar wieder eine Katze angeschafft; genauer gesagt, es war ein Kater, der uns da unerwartet auf leisen Pfoten ins Haus geschritten kam, ein wunderschöner, grau-brauner Perser, dem wir den Namen Moritz gaben. Er war der Star unter all unseren Katzen. Mein Cousin Heinz hatte ihn in einem Tierheim bei Bremen entdeckt und da er wusste, dass ich eine Schwäche für Katzen habe, hat er ihn mir ohne Vorwarnung eines Tages einfach geschenkt. Mein Mann war zuerst entsetzt über unseren neuen Hausgenossen – was sollte mit ihm werden, wenn wir verreisen, denn ein Stück von der Welt wollten wir unbedingt noch kennenlernen –, aber meine Mutter erklärte sich bereit, Moritz in diesem Falle zu versorgen, und so zog er bei uns ein. Bei mir war es wirklich Liebe auf den ersten Blick, als er mich mit seinen großen bernsteingelben, rätselhaften Augen ansah. Er unternahm einen Rundgang durch unsere Wohnung und beschloss: Hier bleibe ich. Natürlich hatte uns das Tierheim mitgeteilt, dass er als

Perser ein absolutes Wohnungstier sei und nicht in den Garten dürfe, aber es war Sommer, die Terrassentür stand offen, da musste er einfach hinaus und die Welt erkunden. Zuerst machte er ein paar zaghafte Schritte, war erschrocken über all die unbekannten Geräusche, die ihn umgaben, Vögel, Schmetterlinge, Bienen, Wind und vorbeifahrende Autos. Auch das Gras auf der Erde irritierte ihn; vorsichtig zog er zuerst die Pfötchen zurück, dann wurde er immer mutiger, schlich die paar Schritte über den Rasen bis zu den Sicherheit gebenden Büschen. Mit der Zeit dehnte er seine Spaziergänge immer weiter aus, stattete dem Büro im Nebenhaus seinen allmorgendlichen Besuch ab und fand immer wieder nach Hause zurück, wo er dann vor der Terrassentür saß, bis sie geöffnet wurde. Im Sommer war er oft stundenlang draußen und wenn er Hunger hatte, weil keine Maus seinen Weg gekreuzt hatte, wartete er ungeduldig auf der Terrasse auf mich. Kam ich dann endlich nach Hause, machte die Tür auf und beugte mich zur Begrüßung zu ihm nieder, konnte es geschehen, dass er mir ratz-patz rechts und links ein paar Ohrfeigen gab, um mich für die lange Wartezeit zu bestrafen. Allerdings immer mit eingezogenen Krallen, sodass er mich nie verletzte. Er zerkratzte weder Möbel oder Wände, verstand ein Verbot sofort und tat alles, um sich unsere neugewonnene Liebe zu erhalten. Natürlich schlief er abends bei uns im Bett, was wir eigentlich vermeiden wollten, aber er legte sich so selbstverständlich dazu, dass wir es nicht übers Herz brachten, ihm die Tür zu weisen. Seine Lieblingsbeschäftigung war, mir, wenn ich schlief, die Haare mit seinen Pfoten zu kämmen. Das war mit seinen Krallen allerdings ganz schön schmerzhaft und so musste ich manchmal die Flucht ergreifen.

Leider lief nach fünf Jahren unser Mietvertrag mit dieser schönen Wohnung aus und der Besitzer wollte selbst einziehen. Damit hatten wir nie gerechnet und waren darüber sehr unglücklich. Jetzt hieß es, wieder einmal eine neue Wohnung zu finden und zwar ziemlich schnell, da ich für einige Monate in ein Engagement nach Köln gehen wollte. Nach einigem Suchen fanden wir eine sehr attraktive Wohnung in der Bismarckstraße in Wannsee. Doch manchmal sind gewisse Vorhaben von Zeichen begleitet, die man nicht übersehen sollte. Auf unserem Weg zum Vertragsabschluss wurden wir von Rettungswagen und

Feuerwehren überholt, die zu einem gerade stattgefundenen großen Zugunglück mit Toten und Verletzten auf der Strecke Wannsee-Griebnitzsee fuhren, also in unmittelbarer Nähe unserer neuen Wohnung. Wir sind in dieser Wohnung trotz der schönen Lage nie glücklich gewesen, unangenehmste nachbarliche Erlebnisse verbunden mit großen Geldeinbußen machten uns dort das Leben so unerträglich, dass wir nach einigen Jahren wieder auszogen und eine Wohnung näher der Innenstadt suchten.

Zuvor hatten wir allerdings nochmal ein Erlebnis mit unserem Moritz. Eines Nachmittags klingelte mein sympathischer Kollege und zugleich unser Nachbar Udo Schenk an unserer Tür und sagte, unser Kater wäre vor einem Hund geflohen und sitze hoch oben auf einer Kiefer, miaue und käme nicht mehr runter. Ich lief sofort in den Garten, aber trotz aller Lockrufe schaffte es Moritz nicht herabzusteigen, er hockte zusammengekrümmt auf einem Ast in ungefähr 15 Metern Höhe! Wir brauchten eine Leiter. Udo fand eine sehr lange und sehr schmale Dachleiter auf unserem Nachbargrundstück. Wir stellten sie an den Baum, Udo hielt sie fest und todesmutig stieg ich hinauf – was tut man nicht alles, wenn das geliebte Tier in Not ist! Ich muss schon sagen, es war ganz schön gefährlich und ich durfte gar nicht hinuntergucken und dachte immer nur, hoffentlich kippt sie nicht um und wie komme ich mit Moritz die schmalen Stiegen wieder runter … Langsam näherte ich mich unserem Kater, der mir aber auch nicht einen Schritt entgegenkam, ängstlich kauerte er auf seinem Ast. Erst als ich noch höher stieg, konnte ich ihn von oben fest greifen und langsam mit ihm im Arm hinabsteigen. Auf dem Boden angekommen, riss er sich mit ein paar kräftigen Bewegungen los und rannte in Panik davon. Erst am späten Abend kam er zurück. Er ist nie wieder auf einen Baum geklettert – ich allerdings auch nicht!!

Unser Kater Moritz hat unseren Umzug nach Grunewald nicht mehr mitgemacht; er ist ein paar Monate zuvor gestorben. Wie alt er wurde, wissen wir nicht, er war ja ein Findelkind. Schon bei dem vorherigen Wohnungswechsel ging es ihm sehr schlecht. Wie traumatisiert er war, merkten wir damals, als Teppiche zusammengerollt und

Umzugskisten angeliefert wurden, er verfiel zusehends, sah sein Paradies in Gefahr, zog sich in dunkle Ecken zurück, fraß nicht und wurde ein kleines Bündel ohne Lebenswillen. Erst langsam erholte er sich nach dem Umzug von seinem Schrecken. Er erinnerte sich wohl an die Situation, bevor er ins Tierheim kam, als er bei einem Umzug einfach „vergessen" wurde, und man ihn allein auf der Straße zurückließ.

Unheilbar deutsch

Als wir in München „Trauben und Rosinen"
spielten, war es Sommer und ich hatte vom Schauspieler Klaus Dahlen
eine schöne Wohnung mit einem großen Balkon in Laim am Berg mit
dem Blick auf die fernen Alpen gemietet. Dort saß ich nun jeden Tag
und lernte eine neue Rolle, die ich anschließend in der „Tribüne" in
Berlin spielen sollte. Rainer Behrend inszenierte „Unheilbar deutsch"
von Sichrowski, bei dem ich ja schon am selben Theater in „Schuldig
geboren" dabei war. Es war wieder ein knallhartes Stück, mit mehreren fast halbstündigen Monologen, die Missstände in unserem Alltag
aufdecken. Ich war die Hauswartsfrau in einem großen Mietshaus, in
dem aus Geldgier einzelne Wohnungen an mehrere ausländische Familien vermietet werden und oft 20 oder 30 Personen in zwei oder drei
Zimmern einer Wohnung leben, wo Kellerräume mit Asylsuchenden
vollgestopft sind, die Toiletten überlaufen, der Müll sich stapelt und
Leute damit viel Geld verdienen, ohne Rücksicht auf die Menschen,
denen sie ein unerträgliches Leben zumuten. Meine Rolle ging durch
alle Höhen und Tiefen dieser bedrückenden Situation und war für
mich als Schauspielerin eine tolle Rolle und zugleich eine starke
Herausforderung. Ich hatte allerdings große Befürchtungen, wie das
Publikum wohl auf diese harte Konfrontation reagieren würde, zumal
wir auch ältere Schulklassen in unseren Vorstellungen hatten. Aber es
war immer der gleiche Ablauf: Vor Beginn des Stückes herrschte ziem-
licher Krach im Zuschauerraum, man unterhielt sich laut, brüllte sich
was zu, lachte. Ich stand etwas nervös hinter der Bühne. Dann wurde
es dunkel, knallharte Rockmusik ertönte, die Musik brach ab und
mein Auftritt kam. Es dauerte nicht zehn Sekunden und es herrschte
absolute Stille im Zuschauerraum, ich hatte das Gefühl, ich könnte
die berühmte Stecknadel fallen hören. Es herrschte angespannte, fast
ungläubige Aufmerksamkeit und das hielt über den ganzen aufregen-
den Abend an.

Am Ende tiefe Betroffenheit und starker Beifall. Oft hatten wir nach der Vorstellung noch Gespräche mit dem Publikum, die uns zeigten, wie brisant die Probleme sind, die wir mit unserem Theaterabend angesprochen haben, und dass sie viel Stoff zum Nachdenken und zur Diskussion gaben.

Die im Dunkeln sieht man nicht

Neben meiner Arbeit am Theater habe ich auch in vielen Hörspielen gesprochen. Eine meiner liebsten Serien-Rollen aber ist die Hexe Mania in „Bibi Blocksberg", die ich von der wunderbaren Schauspielerin Tilly Lauenstein nach deren Tod übernommen und seither in vielen Folgen gesprochen habe. Sie war während der Aufnahmen zu einer Folge plötzlich schwer erkrankt und der Regisseur Ulli Herzog suchte nach einer Stimme, die der von Tilly ähnlich war und probierte es mit mir. Ich sprach in der Folge quasi von einem Satz zum nächsten die Rolle der Mania weiter und es klappte, ohne dass es zu bemerken war. Leider kehrte Tilly nicht mehr ans Sprecherpult zurück und verstarb bald darauf.

Wie in einer Familie haben wir uns alle bei der Firma „Kiddinx" gefühlt, wenn wir wieder einmal zu einer neuen Folge zusammenkamen. Nach dem plötzlichen Tod von Ulli Herzog im Jahre 2003 hat seine Frau Jutta Buschenhagen die Leitung des Hauses übernommen und engagiert und erfolgreich und mit großer menschlicher Wärme weitergeführt. Leider hat dieses besondere Team noch einige Kollegen durch den Tod verloren. Ja, wenn ich so zurückblicke, sind schon viele Lücken in den Reihen meiner Schauspielerkollegen entstanden, die neue Kollegen zwar schnell ersetzen, aber wehmütige Erinnerung an die „Entschwundenen" nicht verdrängen können. Ich denke nur an Barbara Rattey, Gisela Fritsch oder Helga Sasse.

Im Synchronstudio habe ich unzähligen interessanten Schauspielerinnen meine deutsche Stimme geliehen, um nur einige zu nennen: Annie Girardot, Bette Davis, Anna Massay, Ellen Albertini, Liz Sheridan, Mary Beth Peil, Anne Bancroft oder der über 90-jährigen Gisèle Casadesus in „Das Labyrinth der Wörter".

Ziemlich zu Anfang meiner Synchronarbeit hatte ich eine der interessantesten Begegnungen mit dem Altmeister der Synchronregisseure in der DDR, Johannes Knittel. Ich wurde zu Probeaufnahmen für die Rolle der Dolly in dem russischen Film „Anna Karenina" mit Tatjana Samoilowa in der Titelrolle eingeladen. Zuvor hatte ich meinen Probetext erhalten; es waren zwei volle Seiten mit zwei großen Szenen, die ich dafür auswendig lernen sollte. Bei den Aufnahmen wurde dann jeweils eine lange einseitige Szene mit einem Riesenausbruch ohne Unterbrechung aufgenommen. Der Text musste dabei perfekt sitzen, damit ich mich voll auf das Bild und die Emotionen der Originalschauspielerin konzentrieren konnte; für einen Blick aufs Manuskript blieb keine Zeit. Knittel arbeitete hart mit mir, jagte mich immer wieder in die Szene und ich glaubte nicht, dass er mich für die Rolle letztendlich auswählen würde, zumal ich sehr starke Konkurrentinnen hatte. Außerdem hatte die Originalschauspielerin Ija Sawina einen ganz anderen, nämlich hohen, piepsigen Stimmcharakter. Aber ich bekam die Rolle, weil er durch meine Stimme die ganze Figur der Dolly kräftiger anlegen wollte, was auch sehr gut passte.

Zur DDR-Premiere des Films am 15. November 1968 waren wir Synchronschauspieler auch geladen und beim anschließenden Empfang im Künstlerclub „Möwe" saßen wir noch mit dem russischen Regisseur Alexander Sarchi und seinen Schauspielern zusammen. Ich hatte den Eindruck, dass er nicht ganz glücklich mit unserer Synchronisation war, da wir in fast allen wichtigen Rollen andere Stimmcharaktere als im Original hatten, dem deutschen Empfinden allerdings etwas mehr angepasst. Tatjana Samoilowa, die Hauptdarstellerin und von mir hochverehrte Schauspielerin seit dem Film „Die Kraniche ziehen", saß die ganze Zeit still und ziemlich abwesend am Tisch und sprach fast kein Wort. Sie wurde auch von ihren Kollegen kaum beachtet. Ich hatte den Eindruck, dass es ihr damals nicht gut ging und sie schwere Probleme hatte.

Dieser Film wurde fast parallel auch im Westen für das deutsche Publikum synchronisiert, und so gibt es von diesem wunderbaren Film gleich zwei deutsche Fassungen.

Übrigens bekam man damals in der DDR seinen Synchrontext immer vorher nach Hause geschickt, damit man ihn auswendig lernen konnte, denn die Takes waren sehr viel länger als heute und die Regisseure legten großen Wert darauf, dass man sich voll auf das Bild konzentrieren konnte, ohne auf den Text zu schauen. Bis vor einigen Jahren war es auch selbstverständlich, dass Dialoge im Synchronatelier mit den entsprechenden Partnern aufgenommen wurden, heute dagegen spricht man seinen Part fast ausschließlich hintereinander allein im Studio, was zwar für den einzelnen Schauspieler sehr viel schneller geht, aber für die künstlerische Arbeit nicht von Vorteil ist.

Als ich 1987 in die Westberliner Synchronateliers kam, war ich vollkommen verblüfft, als ich dort im Atelier drei oder vier Hunde von Kollegen liegen sah, die völlig selbstverständlich und absolut ruhig die Synchronarbeiten verfolgten. Kam das rote Licht für die Aufnahmen, so hatte ich den Eindruck, dass sie während dieser Zeit den Atem anhielten und sich nicht rührten. Es waren alles perfekte „Synchronhunde", die ihre Besitzer zur Arbeit begleiteten. Das hat mich fasziniert, denn das kannte ich aus den östlichen Synchronateliers nicht. Ein paar Jahre später wurde das Betreten der meisten Ateliers allerdings für Hunde verboten und heute liegt nur noch vereinzelt ein absolut ruhiger Synchronhund während der Aufnahmen im Atelier und wird von den Kollegen stillschweigend toleriert.

Eine der spannendsten Arbeiten aber war Anfang der siebziger Jahre eine Live-Synchronisation im DDR-Fernsehen, wie sie damals noch häufig üblich war. Der polnische Film „Die Grenzstraße" von Andrzej Wajda, der im Warschauer Ghetto zur Zeit des dortigen Aufstandes spielt und das Leben von zwei Kindern und ihren Kampf ums Überleben beschreibt, war ein zutiefst berührender Film, der teils in direktem Synchron als auch „overlay" gesprochen wurde, das heißt, der deutsche Text wird über dem Originaltext und nicht genau lippensynchron eingesprochen. Gerry Wolf, Hans-Peter Minetti und ich waren die drei Sprecher dieses etwa anderthalb-stündigen Films, dessen Synchronfassung danach das polnische Fernsehen gern erwerben wollte, die es aber leider nicht gab, weil diese Live-Produktionen damals fast nie aufgezeichnet wurden.

Vor einem Jahr habe ich nochmals in einem Film von Andrej Wajda synchronisiert. Es war sein bisher letzter Film „Das Massaker von Katyn", das die Geschichte der über 40.000 polnischen Offiziere aufrollt, die in den vierziger Jahren in russischer Gefangenschaft hinterrücks ermordet wurden. Ein grauenvolles Verbrechen, das nach Jahren des Verschweigens in den vergangenen Jahren offiziell aufgedeckt wurde. Er hat damit auch das Schicksal seines Vaters aufgearbeitet, der diesem Massaker zum Opfer fiel, und ihm mit der Gestalt des Professors in diesem Film ein Zeichen des Erinnerns gesetzt.

Früher und bis zuletzt in der DDR wurden die Namen der Synchronschauspieler im Abspann eines Filmes immer unter dem Namen des Originalschauspielers eingefügt. Heute ist das – aus welchen Gründen auch immer – nicht mehr üblich. Sie leben unbekannt im Dunkel der Ateliers.

Drei Fragezeichen und
ein Enkelschreck

Schauspieler haben das Glück, mit dem Renten-
alter nicht unbedingt arbeitslos zu werden. Natürlich wird das Rollen-
angebot etwas schmaler, und so freue ich mich über jede interessante
und oft auch unerwartete Rolle, die man mir anbietet.

Im Sommer 2010 erhielt ich eines Tages einen Anruf von Oliver Rohrbeck, mit dem ich schon Ende der achtziger Jahre in „Schuldig geboren"
zusammen auf der Bühne gestanden habe und bei dem ich auch schon
einige Rollen in seiner Hörspielfirma gesprochen hatte. Er fragte mich,
ob ich Lust zu einer Tournee mit den „Drei Fragezeichen" hätte, die
im Herbst durch die großen Hallen Westdeutschlands führen soll. Als
ehemaliger Ossi hatte ich zwar keine Ahnung vom Kultwert dieser
Hörspielserie, die seit 30 Jahren und etwa 150 Folgen im Westen auf
dem Markt ist und sich ungeheurer Beliebtheit bei der jüngeren, aber
inzwischen auch schon älteren Generation erfreut, aber ich war neugierig geworden und sagte gern zu. Oliver Rohrbeck, Andreas Fröhlich
und Jens Wawrczeck sind die drei Detektive und Markenzeichen dieser
Serie und sie sind von Anfang an dabei. Damals, als sie begannen diese
Folgen zu sprechen, waren sie Kinder von zwölf Jahren, heute sind sie
erwachsen, aber die Figuren sind mit ihnen gewachsen und sie lösen
ihre komplizierten Fälle mit der gleichen Begeisterung wie vor Jahren,
und das Publikum folgt ihnen ebenso begeistert weiter und füllt riesige
Hallen. Neben den drei Hauptdarstellern waren wir fünf Schauspieler –
zwei Frauen, drei Männer –, die die übrigen Rollen sprachen. Ich hatte
mit der Lady Strathersmith, der Mrs. King und der Mrs. Harries drei
völlig unterschiedliche Figuren darzustellen, die skurril, verrückt, ja
ungewöhnlich waren. Auf der Bühne fand das Lesetheater mit Musik,
tollen Beleuchtungseffekten und viel Action unter der Regie von Kai

Schwindt statt, der zugleich der Autor dieser spannenden Folge war. Das Publikum jubelte uns wie den Rock-Stars zu und reagierte auf jede noch so versteckte Anspielung aus einer der vielen Folgen dieser Reihe. Ein besonderer Liebling der Zuschauer war unser Geräuschemacher Peter Klinkenberg, der mitten auf der Bühne saß und verschmitzt die irrsinnigsten und manchmal recht frechen Effekte herstellte. Wir spielten in Hallen mit bis zu 8.000 Zuschauern und wurden auch von unserer Betreuung unglaublich verwöhnt, hatten einen fast luxuriösen Bus mit einer gemütlichen Lounge im hinteren Teil und einem kleinen Buffet. Ich hatte ja schon einige Theater-Tourneen hinter mir, aber da spielten wir vor 300 oder 400 Personen am Abend, also war viel weniger Geld da und entsprechend weniger Luxus; hier hatten wir 10 bis 20 mal so viele Zuschauer und einen riesigen technischen Apparat. Wir waren ein besonders harmonisches Ensemble; alle an dieser Tournee Beteiligten waren im Umgang miteinander von großer Freundlichkeit und Harmonie, ob es sich um das Schauspiel-Ensemble handelte, unseren liebenswerten Regisseur, die Organisatoren, die vielen Techniker mit ihren Riesenlastern und nicht zu vergessen die tollen Köche unseres Caterings.

Bei dieser so erfolgreichen Tournee wurde eines Tages der Gedanke wach, ob wir unsere Vorstellung nicht auch einmal in der Waldbühne in Berlin spielen könnten, die mit ihren großen Events wohl berühmteste Freilichtbühne Deutschlands mit fast 20.000 Plätzen. Am 21. August 2010 wurde der Gedanke zur Realität. Nach wechselhaftem Wetter an den Tagen zuvor war es ein extrem heißer Tag, an dem wir vormittags noch einmal für die Abendvorstellung probierten. Die Sonne knallte auf uns herab und so mussten die Veranstalter schon gleich am Morgen vor der Probe für uns alle Sonnenmützen besorgen, um uns vorm Sonnenstich zu bewahren. Für den Geräuschemacher, die Musiker und die technischen Anlagen wurden zum Schutz vor der Sonne Zeltdächer aufgestellt. Der große Auftritt unserer drei Detektive wurde als Besonderheit für die Waldbühne in einem offenen weißen Rolls Royce vorbereitet, den sein Besitzer sicher die steile Auffahrt hinunter zur Bühne und flott rückwärts wieder hinauf steuern musste. Bei den Proben dafür beobachteten wir alle aufgeregt – besonders die drei

Akteure, die mitfahren mussten –, ob er das auch wirklich schaffen würde, aber er war ein perfekter Fahrer, der sein Riesenschiff auch am Abend trotz aller Aufregung sicher hinunter und über den steilen Anstieg rückwärts wieder hinauf lenkte.

Es wurde eine selten schöne Sommernacht, lau, mit klarem Sternenhimmel, wie gemacht für unseren Abend. Es ist schon ein seltsames Gefühl, auf dieser Bühne zu stehen, auf die vielen tausend Menschen zu schauen, die wirklich gekommen sind, um unser Live-Hörspiel mitzuerleben, ihre drei Helden und ihre Mitspieler zu sehen, zu hören und zu feiern.

Und ich darf dabei sein. Ich sehe in die Gesichter bis in die höchsten Ränge der riesigen Arena, die lachen, jubeln, still zuhören und mit glänzenden Augen ganz einfach glücklich sind. Es ist ein Abend, der emotional weit außerhalb von allem liegt, was ich bisher gemacht habe und ich bin dankbar, dass ich so etwas miterleben durfte.

Übrigens brachte diese Vorstellung jedem von uns einen Eintrag in das Guinnessbuch der Rekorde für die höchste Zuschauerzahl, die je für ein Live-Hörspiel erreicht wurde, es waren wirklich 15.211 (!!!) Besucher.

Und nun komme ich noch zu einem tollen Altersangebot, dem „Enkelschreck", einer fiktiven Figur, die ein unerwartetes Echo fand.

Eines Tages im April 2011 rief eine Agentur bei mir an und fragte, ob ich schon mal gerappt hätte oder Lust hätte, einen Rap zu singen. Sie würden mich gern für „Enkelschreck" casten, die „Oma aus dem ersten Stock, die Alte, die mit 80 Jahren immer noch aufs Derbste rockt …", einer Werbeaktion der ARD, mit der sie besonders ein junges Publikum für sich gewinnen wollte. Ich hatte kaum jemals einen Rap gehört – das lag nun wirklich so ziemlich außerhalb meiner Altersklasse –, geschweige denn gesungen. Nur der Name Bushido war mir bis dahin als Rapper bekannt. Aber da ich ein neugieriger und unternehmungslustiger Mensch bin, dachte ich mir, warum nicht, ich kann es ja mal versuchen, was hab ich zu verlieren? Also nahm ich am Casting teil und – habe es gewonnen!! Es ist wirklich ein äußerst witziger, skurriler, ja sogar ziemlich respektlos frecher Text, der mir da in den Mund gelegt wurde, aber die Aufnahmen mit der jungen Crew haben mir unheimlichen Spaß gemacht. Natürlich war die Arbeit daran sehr anstrengend, denn so ein Rap hat ja ein Wahnsinnstempo und ist quasi eine Schnellsprechübung, aber da im Radio „Acid auf Rädern" rauf und runter gespielt wurde und innerhalb kürzester Zeit über 11.000 Facebook-Fans, über 180.000 Google-Hits und im Internet auf Youtube schon über zweieinhalb Millionen mal gehört wurde, scheint er nicht so schlecht geworden zu sein. Noch heute, nach vier Jahren, ist er voll im Trend und wird noch viel heruntergeladen. Ja, eine agile Oma, die in ihrem Rap die Homies von der Bühne battelt, Rentner-Clans zwischen Dissen und Dialyse feiert und behauptet, „hab Punchlines so fett, dass mir ab und zu der Kragen platzt und Tapes so Dope, die vertickt man auch als Grasersatz", hat bei der staunenden Enkelgeneration dafür gesorgt, dass selbst härtesten Szenejungs die Spucke wegblieb und die irrsinnigsten Spekulationen über meine Person angestellt wurden. Niemand glaubte an eine reale Alte, die das singt, sondern spekulierte über eine elektronisch hergestellte oder veränderte Stimme eines bekannten Sängers. Leider sind mehrere Bemühungen, diesen Erfolg mit einer CD fortzusetzen im Vorfeld gescheitert. Warum, das hab ich nie erfahren.

Übrigens bin ich noch am Abend der ersten Schaltung über Radio und Internet zu Hause so unglücklich gestürzt, dass ich mir die Hüfte gebrochen habe und operiert werden musste, ein toller Einstieg als Rapperin! Ja, die „Oma aus dem ersten Stock", die ging gleich an zwei Stöcken in ihre steile Alterskarriere! Passte ja wie die Faust aufs Auge. Aber trotzdem habe ich die unzähligen Blogeinträge und Kommentare sowie die abstrusesten Mutmaßungen über meine Person mit Vergnügen verfolgt und freue mich, dass für mich mal wieder eine so unerwartete, tolle Aufgabe quasi vom Himmel fiel und ich weiterhin keine Zeit habe, nur alt und nur Rentnerin zu sein.

Nein, ich habe inzwischen noch in „Ladykillers" bei Dieter Hallervorden im Schlosspark-Theater gespielt und hatte viel Spaß mit zauberhaften Kollegen in einem wunderschönen Theater mit berühmter Vergangenheit.

Fazit

Ja, das war's erst mal aus meinem kurvenreichen und recht bunten Leben, dem Sprung ins kalte Wasser eines völligen Neubeginns und dem Glück, auch heute noch gebraucht zu werden. Ob noch viel Schönes oder Interessantes kommt, weiß ich natürlich nicht, aber solange Kopf, Körper und Mundwerk noch funktionieren, bin ich offen für alles Neue.

Die Haut wird allerdings nicht nur faltiger, sondern auch immer dünner; das Märchen von der Elefantenhaut, die man sich im Laufe des Lebens zulegt, ist natürlich nicht wahr. Außerdem sind Elefanten äußerst sensibel! Ich kann die „Schläge" des Lebens immer weniger wegstecken und reagiere empfindlicher auf Verletzungen, die mir absichtlich oder unabsichtlich zugefügt werden. Aber Sensibilität ist wahrscheinlich die Voraussetzung für meinen Beruf und ein „dickes Fell" wäre falsch am Platz. Ich reagiere zurückhaltender auf einen Erfolg – auch wenn ich mich innerlich noch so sehr freue – und fühle einen Misserfolg umso stärker.

Man sagt, ein Schauspieler steckt seine Kindheit in die Tasche – ich habe meine Puppe Christel, die mit mir im Luftschutzkeller vor den Bomben zitterte, über 80 Jahre – selbst über unsere Flucht hinweg – aufbewahrt. Sie lag gut verpackt im Wäscheschrank, bis sich vor kurzem ein schweres Zwischenbrett löste und meine Puppe beim Herunterfallen erschlug. Es mag ja kitschig sentimental sein, aber die zerschlagene Puppe aus meinen Kindertagen hat mich zum Weinen gebracht. Mit ihr ging ein Stück meiner Kindheit verloren.

Es ist schon ein großes Glück, wenn man in einer guten Partnerschaft lebt und jeglichen Frust im Beruf mit dem Partner noch einmal durchsprechen kann. Allein dieses Gefühl hilft schon beim Überleben und lässt manchen Ärger weniger schlimm erscheinen.

Mein Mann und ich kennen uns nun schon über 50 Jahre. Mein Gott, wo ist die Zeit geblieben?! Wir haben ein ziemlich ereignisreiches Leben gemeinsam gelebt und nicht selten werde ich gefragt, wie man eine so lange Ehe überhaupt durchhalten kann? Ehrlich gesagt, ich weiß es auch nicht. Wir hatten uns damals ja sozusagen „vom Fleck weg" geheiratet, hatten nur eine äußerst spartanische Hochzeitsfeier, kein Geld für ein Hochzeitskleid und nur eine sehr primitive Wohnung, aber wir haben alle Schwierigkeiten des Ehealltags voller Krisen und Glück gemeinsam durchgestanden. Und wir haben einen wunderbaren Sohn.

Natürlich gab und gibt es auch in unserer Ehe manchmal Eifersucht und Krieg; ich bin ziemlich temperamentvoll und mein Mann recht stur – er ist eben ein gebürtiger Mecklenburger, da fliegen schon mal die Fetzen, wenn auch keine Tassen oder Teller!! Aber manchmal kann mich natürlich auch das sprichwörtliche Phlegma der Mecklenburger zum Wahnsinn treiben. Als zum Beispiel an einem Weihnachten die Kerzen so weit heruntergebrannt waren, dass der Weihnachtsbaum zu brennen anfing, rief mein Mann, der im Sessel im Wohnzimmer saß: „Luise, der Baum brennt" und blieb seelenruhig sitzen, während ich aus der Küche herbeistürzte, eine Decke griff, das Feuer erstickte und mir dabei beide Hände verbrannten, sodass wir noch einen Notarzt aufsuchen mussten!

Und – natürlich – ist mein Mann zwischendurch auch mal zur „Seite gesprungen", hatte recht attraktive Freundinnen – wer kann schon sein ganzes Leben lang unberührt an schönen Frauen vorübergehen! (Oder ich an interessanten Männern!)!! Und wären sie nicht meine Konkurrentinnen gewesen, hätte ich sie sogar sympathisch gefunden, denn guten Geschmack hat er!

Als unser Sohn so etwa drei Jahre alt war und hinten im Auto saß, während wir uns vorn ziemlich wortreich stritten, sagte er plötzlich sehr direkt: „Ich glaube, es ist besser, Ihr wäret gescheidet!" Das hatte uns doch sehr getroffen und wir haben uns vorgenommen, uns im Beisein unseres Kindes mehr zusammenzunehmen. Sicher ist das nicht immer gelungen, aber wir haben uns zumindest bemüht.

Ich denke, Humor und eine lange Leine sind in der Ehe schon ganz gut. Lass dem Partner seinen Freiraum, Platz für Hobbys und Träume, interessiere dich für seinen Beruf und begreife rechtzeitig, dass man einen Menschen nicht ändern kann, also mit seinen Schwächen und Fehlern leben muss. Am besten man akzeptiert sie gleich von Anfang an, dann spart man Nerven und überflüssige Erziehungsversuche.

Unsere gemeinsame Flucht mit allen Härten und dem absoluten Neubeginn in einer für uns völlig fremden Welt war eine Prüfung für unsere Ehe, die wir gut bestanden haben – aber selbstverständlich ohne Garantie für alle Zeiten.

Mit Hilfe unseres Sohnes haben wir uns meinen Jugendtraum erfüllt und ein hässliches Büro am Königssee in Grunewald zu einer schönen Wohnung altersgerecht ausgebaut und hoffen, dass wir den faszinierenden Blick auf den See noch ein Weilchen genießen dürfen. Ja, der „Hasensprung" ist in meiner Nähe geblieben und hat mich durch viele Stationen meines Lebens begleitet und immer, wenn ich dort spazieren gehe, halten die beiden springenden Hasen meine Erinnerungen wach.

Und damit wäre ich am Ende meiner Geschichte, hab etwas aus meinem über 80-jährigen Leben erzählt und – vielleicht warten ja noch ein paar interessante Dinge auf mich?!!!

Made in the USA
San Bernardino, CA
18 March 2017